SMART CITY D.N.A.

스마트 도시의 D.N.A.

윤주선

박영사

머리말

✏️

우리는 이미 스마트 도시 속에서 살아가고 있다. 그러나 사람들은 기술변화의 속도를 잘 느끼지 못하고 있으며, 전문가들조차 그 실태를 제대로 파악하지 못함으로써, 스마트 도시의 계획과 조성, 그리고 그 속에서의 삶의 질에 관한 국민적 합의 없이 스마트 도시라는 분야에 천문학적 예산만 낭비하고 있다는 비판이 많다. 또한 이것을 관장하는 국가기관도 중앙의 컨트롤 타워 없이 기능에 따라 분산되어 있다 보니 어디서부터 중심을 잡아야 하는지도 헷갈리는 형국이다.

1998년에 필자는 「정보화신도시 개발마케팅」이라는 연구서를 펴낸 바 있다. 당시 부산정보화신도시 조성계획¹의 사업화 방안 컨설팅을 총괄하면서, 부산시 여론 주도자들과 함께 일본의 동경 텔레포트, 말레이시아 MSC, 싱가폴 IT 2000, 프랑스의 라데팡스, 영국의 런던 독랜드, 프랑스의 퓨처로스코프 등 해외 선진지를 벤치마킹하면서 정리한 연구 자료들이었다. 이즈음 MIT 교수 윌리암 미첼이 「비트의 도시(City of Bits)」²를 출간하였다. '정보화 신도시(텔레포트)'는 지금의 스마트 도시의 1차 버전인 셈이다.

2000년대 중반에 우리나라 도시계획 학계에 '유비쿼터스'가 유행처럼 번졌고, 유비쿼터스 관련 법률이 제정되었다. 한국토지주택공사는 국내 제2기 신도시는 물론, 유비쿼터스 도시를 수출하고자 세계로 뛰어나갔고, 사우디아라비아, 인도에서 유비쿼터스 도시를 건설하고 있다. 필자는 고양시 덕이지구 도시개발사업을 총괄하면서 이 개념을 도입하였다. 이 당시는 미국의 서브 프라임 모기지 사태로 발원된 세계 경제 위기와 우리나라 소득 수준의 한계로 인해 주민들이 운영유지 관리비용의 과다를 민원으로 제기함으로써, 애써 민간이 조성한 초기 유비쿼터스 주택단지가 활성화되지 못했다. 이 초기 유비쿼터스 도시가 스마트 도시의 2차 버전이다.

2010년대 중반부터 '융복합'이라는 용어가 도시계획을 비롯한 여러 학문과 산업 분야의 만병통치약처럼 등장하면서 필자는 부동산박람회와 각종 세미나 등에

---

1 현재의 부산 센텀시티로 1997년부터 SK텔레콤과 부산시가 수영부산정보단지(주) 민관합동법인을 만들어 추진한 사업이다. 외환위기로 중단되었다가 부산시가 주도해서 신시가지로 조성되었다.

2 William J. Mitchell, 「City of Bits, space, place, and the infobahn」, MIT paperback edition, 1996

서 도시계획 및 부동산개발 분야의 융복합 방향을 제시하고[3] (사)도시부동산융합학회의 창설에도 주도적인 역할을 했다. 동시기에 (사)건설주택포럼 창립 20주년 기념 논문집 「주택의 미래, 주택산업의 미래」에 저자로 참여하여 "융복합 시대의 주택산업 전망"이라는 글을 기고했다. 이 '융복합 도시'가 바로 스마트 도시의 제3차 버전에 해당한다.

2016년 다보스 포럼에서 클라우스 슈바프가 '제4차 산업혁명'이라는 말을 꺼내면서 제4차 산업혁명이 세계적 이슈로 등장하게 되었고, 1, 2, 3차 버전을 아우르는 좀 더 발전된 모습의 '스마트 도시'가 구체적으로 드러나고 있다. 우리나라에서는 관련 법규도 유비쿼터스 법에서 스마트 도시법[4]으로 개정되었다. 이렇게 용어는 변했지만, 사실 그 본질은 하나이다. 인간이 성장해서 어른이 되더라도 개인의 DNA는 변하지 않는 것처럼 말이다.

본서에서는 스마트 도시 D.N.A.의 핵을 크게 세 가지, 즉 '빅데이터', '인공지능', '블록체인'으로 보았다. 스마트 도시는 데이터로 이루어지는 세계이며, 인공지능이 빅데이터를 바탕으로 인간의 생각과 능력을 도와주고, 모든 빅데이터의 처리와 인공지능의 활동이 블록체인 기술을 통해 보안성이 유지 내지 강화된다고 보기 때문이다.

본서는 스마트 도시의 입문서로 기술과 산업의 현황을 주로 다루다 보니, 스마트 도시를 어떻게 만드는가에 대한 부분은 부족하다. 도시계획, 건축설계, 토목설계 등과 같은 사회경제적 및 물리적 계획에 관해서는 두 번째 책에서 다룰 생각이다.

1장에서는 스마트 도시의 DNA를 논의한다. 왜 이 세 가지, '빅데이터', '인공지능', '블록체인'이 핵심 기능이며 어떻게 작동하고 있는가. 이 세 가지 기술들의 융합을 통한 미래의 비전은 무엇인가 하는 것이다.

2장에서는 빅데이터 시장과 기술 동향을 국내외로 나누어 설명하고 빅데이터 기술의 주요 솔루션으로 클라우드 서빗, 빅데이터 분석 및 시각화 플랫폼, 빅데

---

3 "융복합산업시대 부동산개발 전망", 시티스케이프 2016, 한국경제신문 주관, 2016.6.12
4 "유비쿼터스도시의 건설 등에 관한 법률"(2008. 3. 28)에서 "스마트 도시 조성 및 산업진흥 등에 관한 법률"(2017. 3. 21)로 개정됨

이터 기반 마케팅 인텔리전스 플랫폼, 공공 빅데이터 수집 및 분석 시스템, 스마트 헬스케어를 위한 빅데이터 수집 시스템, 유통/물류 빅데이터 구축 및 분석 시스템, AI 기반 데이터 가치 고도화 플랫폼을 다루었다.

3장에서는 인공지능의 시장, 기술 동향을 국내외로 나누어 기술하고, 인공지능 기술의 주요 솔루션으로, 인공지능 플랫폼, 인간 – 인공지능 협업 시스템, 영상 데이터 기반 AI 서비스, AI 기반 교육서비스, AutoML 솔루션, eXplainable AI(XAI), Robotic Process Automation에 관하여 상세하게 설명하였다.

4장에서도 우선은 블록체인의 시장, 기술 동향을 국내외로 나누어 설명하고, 블록체인 기술의 주요 솔루션을 블록체인 기반 분산 ID 및 인증 시스템, 블록체인 기반 디지털 콘텐츠 관리 플랫폼, 암호자산 기반 서비스의 보호를 위한 암호키 관리 시스템, 블록체인 기반 공유경제 서비스, 블록체인 기반 소유자 이력 관리 시스템, 블록체인 기반 불법 거래 탐지 시스템, 블록체인 기반 인증 서비스에 대해서 상술하였다.

본서에 기술한 내용이 독창적이라고 할 수는 없으나, 시장 실태와 기술 동향을 다루는 책이기 때문에 기존에 여러 자료에 분산된 자료를 취합하여 주요 핵심 기술들을 '스마트 도시의 DNA'로 정의하고 엮어 나감으로써 독자들에게 새로운 통찰력을 제시하고자 했다. 스마트 도시의 연구자나 계획가, 그리고 기술자와 사용자에게 스마트 도시와 관련된 또 다른 방향을 모색하는 데 많은 참고가 될 것이다.

스마트 도시 관련 기술은 지금도 엄청난 속도와 양으로 발달하고 있다. 모든 기술이 스마트 도시와 연관되어 있다. 이 기술들은 크게 '빅데이터', '인공지능', '블록체인' 기술 분야로 나누고 주요 핵심 솔루션을 각각 7가지로 선별하여 정리했다. 이 21가지 솔루션들에 대한 지식을 갖게 되면 기술적 발달과정을 인지하게 되고, 또 다른 미래 기술에 대한 창의력을 얻게 될 것이다. 본서를 스마트 도시 기술의 밑그림으로 해서 이 위에 독자 여러분들이 더 습득한 지식과 경험을 덧칠해 나가면 매우 좋은 자료가 될 것이다.

인간은 완성되는 것이 아니라 성숙하는 것이다. 마찬가지로 스마트 도시도 완성을 향하여 나아가고 있지만, 결코 완성을 보지 못할 것이다. 끊임없이 새로운 기술이 인간과 경쟁하거나, 조화를 이루면서, 새로운 기술의 발전과 함께 인간의

삶을 더욱 풍요롭게 할 것이다. 이런 현장에 우리의 역할과 사명이 있다. 스마트 도시의 기술은 IT 종사자들의 전유물이 아니다. 도시계획가, 건축가, 그리고 사회경제학자, 철학자 등 사람과 환경을 다루는 모든 지식인이 알고 적응하고 발전시켜야 한다. 미래를 향하여 걷고 있는 당신에게 이 솔루션에 관한 지적 탐구가 없다면, 미래를 투영하는 올바른 눈을 가질 수 없을 것이다.

본서의 독자들에게 열릴 새로운 지평을 필자의 마음속에 그려본다. 우리는 모두 초의식, 초능력, 초연결, 초절제, 초월자의 삶을 살게 될 것이다. 제4차 산업혁명의 세계는 4차원의 세계를 열어 가는 마음의 창이기 때문이며, 우리는 모두 스마트 도시의 D.N.A.를 갖게 될 것이기 때문이다.

끝으로, 본서가 나오기까지 자료를 모으고 집필해 준 공저자라고 해도 무방한 홍익대학교 환경개발연구원의 김기홍 박사에게 깊은 감사의 마음을 전한다. 또한 출판을 허락해 주신 박영사 안상준 대표님을 비롯해서 어려운 교정 작업과 표지 디자인 등 고된 일을 마다하지 않고 도와주신 박송이, 배규호님께도 진심으로 감사 드린다.

2021. 8.
와우산 자락에서
윤주선 씀

차례

CONTENTS

Chapter 01 스마트 도시

차례

CONTENTS

차례

CONTENTS

Chapter 04 **블록체인**

부록

CHAPTER

01

스마트 도시

CHAPTER 01 스마트 도시

| 01 스마트 도시 산업

1. 스마트 도시의 정의 및 필요성

1) 스마트 도시의 정의

　스마트 도시는 기술적으로는 사용자가 도시 생활에 필요한 교통, 환경, 보안, 행정 등의 다양한 공공적 서비스들이 구현 및 제공되고 있고 이를 위해 유무선 통신망과 통합관제센터가 인프라의 성격으로 운영되고 있는 도시를 의미한다.[1] 하지만 국가별 또는 회사에 따라 스마트 도시에 대한 개념을 다양하게 정의하고 있다.

　우리나라에서는 건설, 정보 통신기술을 융·복합하여 건설된 도시기반시설을 바탕으로 다양한 도시 서비스를 제공하는 지속 가능한 도시로 정의하고 있으며, 미국에서는 도로, 교량, 터널, 철도, 지하철, 공항, 항만, 통신, 수도, 전력, 주요 건물을 포함한 모든 중요 인프라 상황을 통합적으로 모니터링함으로써, 대시민 서비스를 최대화하면서 도시의 자원을 최적화하고 예방 유지에 효과적인 도시로 정의하고 있다. 유럽에서는 디지털 기술을 활용하여 시민을

---

1 KT, 스마트 도시의 동향과 추진 방향 (2019.10.30.)

위해 더 나은 공공 서비스를 제공하고, 자원을 효율적으로 사용하며, 환경에 미치는 영향을 감소시켜 궁극적으로 시민의 삶의 질을 개선하고 도시 지속 가능성을 높이는 도시로 정의하고 있으며, 영국은 정형화된 개념보다는 도시가 보다 살기 좋은 새로운 환경에 신속히 대응 가능한 일련의 단계로 정의하고 있다.

이처럼 다양하게 정의되고 있는 스마트 도시는 국가별로 중요하게 생각하는 요소에 따라 관련 스마트 도시의 기술과 서비스에 초점을 두고 개발하고 있다.

출처: 제3차 스마트 도시 종합계획(2019~2023), 2019

2) 스마트 도시의 필요성

스마트 도시의 필요성은 크게 3가지 정도로 정리할 수 있다.

첫째는 4차 산업 혁명으로 신산업이 대두되었기 때문이다. 빅데이터, 인공지능, 네트워크, 블록체인 등 디지털 기술이 경제/사회 전반에 융합되면서 도시 내 초연결 및 초지능화가 가속화되고 있다. 또한 주거, 이동, 경제 활동 등에서 유연성, 연계성, 지능화 등이 확대되고 있으며, 자율자동차, 수소 경제 등 다양한 신산업 출현으로 산업구조 혁신 및 일자리 수요 변화가 나타나고 있다. 스마트 도시는 이러한 변화와 확대가 이루어질 수 있는 기반이 되는 시스템이자 플랫폼이기 때문에 첨단 기술과 서비스를 구현하기 위한 토대이다.

둘째는 지속가능한 도시모델에 대한 관심이 확대되고 있기 때문이다. 지구온난화 등 기후변화로 미세먼지 등 환경 문제는 국민 안전 등을 크게 위협하는 요소로 작용하고 있는 상황에서 유럽 등 선진국은 유럽 등 선진국은 노후화와 기후변화에 대응하는 지속가능 모델로서 스마트 도시를 추구하고 있다.

셋째는 스마트 도시의 기술과 서비스를 통해 새로운 먹거리를 창출할 수 있기 때문이다. 스마트 도시는 관련 서비스 사업의 유형이 교통, 행정, 환경, 에너지, 수자원 등 다양화되어 있어 각 부문별로 관련 서비스 확대가 가능하다. 또한 기존 인프라 구축 중심에서 탈피, 데이터 중심 플랫폼 구축 및 신산업 창출과 연계된 혁신공간 창출로 전환에 관심이 높아져 스마트 도시의 기술과 서비스가 확대되고 있다. 그리고 일정지역 내에서 진행하는 도시개발이나 도시재생 사업에 적용이 가능하고, 단일 또는 융복합 솔루션을 특정지역의 문제를 해결하는 데 활용할 수 있다.

2. 스마트 도시 산업의 분류

스마트 도시는 스마트 인프라, 스마트 서비스, 스마트 데이터 등 인프라를 기반으로 사용자 체감 및 도시 가치 향상을 위해 새롭게 설계된다. 이 과정에서 새로운 부가가치 창출을 위한 통신 인프라, 융합 플랫폼, 데이터/서비스 기반의 상호 운용성 확보를 목표로 하며, 통신 인프라를 통해 스마트 도시화, 초연결사회, 가상현실 보편화 등 도시 전체를 연결할 수 있다.

스마트 도시 관련 산업은 사회구조와 도시의 문제해결을 위한 서비스 유형에 따라 산업유형이 복잡하게 구성되는데, 「스마트 도시 조성 및 산업 진흥 등에 관한 법률」(이하. 스마트 도시법) 제2조에서 스마트 도시 산업은 스마트 기반시설, 스마트 기술, 스마트 서비스 등 3가지 유형으로 구분하고 있다.

스마트 도시법 제2조에서 명시 된 내용을 요약하면 스마트 도시산업은 '스마트 기반시설, 스마트 기술, 스마트 서비스 등 3가지 유형이 복합적으로 연계된 산업'으로 정의할 수 있으며, '① 스마트 기반시설을 통하여 수집된 도시 정보를 ② 정보통신 융복합기술 등을 활용하여 도시의 기능을 향상할 수 있는 유무형의 산출물로 가공하여 ③ 도시민들에게 제공되는 복수의 서비스를 제공하는 산업'으로 해석이 가능하다.

‖ 스마트 도시 산업 범위 ‖

후방산업	스마트 도시 산업	전방산업
ICT 통신 및 네트워크 등 통신인프라, 센서 등 하드웨어, 융복합 플랫폼, 데이터 기반 및 서비스 활용 기술	IT 융합 기술 접목한 스마트 도시 산업	행정, 교통, 경제, 에너지 환경, 수질, 빌딩 에너지

스마트 기반시설 산업은 스마트 도시 인프라의 실시간 서비스 확장성을 제공하고, 스마트 도시의 구성 요소를 가상화하여 최적의 도시 분석, 예측 및 시각화 서비스를 제공하는 기술·고신뢰·실시간 등의 서비스 특성에 따른 차별적 대규모 데이터 수집 및 안정적 IoT 네트워크를 제공하는 산업이다. 스마트 도시 환경용 엣지 컴퓨팅 기반 사물 지능/협업 디바이스 기술, IoT 인프라 지능형 운영 기술, 대용량/실시간 클러스터링 IoT 네트워킹 기술, 자율형 IoT 네트워킹 기술, 3D 공간정보 인프라 기술 등이 여기에 해당한다.

스마트 기술 산업은 초연결 네트워크 환경 내 빅데이터, 클라우드, IoT 인프라, 인공지능 및 데이터 분석을 통해 도시 인프라, 행정, 시민 커뮤니티 등에서 발생하는 방대한 정보들의 실시간 연계·공유, 데이터 기반 협업, 분석 및 의사결정 환경을 제공하는 산업이다. 개방형 데이터 허브 기술, 지능형 통합

관제 기술, IoT 기반 데이터 분석 및 지능화 기술, 고신뢰 기반 데이터 유통·공유 기술, 지능형 에지 컴퓨팅 및 분산 데이터 수집/처리 기술 등으로 구성된다.

스마트 서비스 산업은 스마트 도시의 각종 정보를 융합하여 도시 문제를 해결하기 위한 산업이다. 스마트 모빌리티 활용한 MaaS 서비스 기술, 도시 대기환경 모니터링 기술 및 예측 기술, 주택·빌딩·공장·공공시설물 통합 에너지 관리 기술(xEMS), 스마트미터링(물·전기·가스) 기술, 주거환경개선 기술, 농어촌 스마트 빌리지 기술 등으로 구성된다.

┃ 스마트 도시 산업의 분류 ┃

분류		관련 기술
스마트 도시 산업	스마트 기반시설	• 개방형 데이터 허브 기술, 지능형 통합 관제 기술, IoT 기반 데이터 분석 및 지능화 기술 • 고신뢰 기반 데이터 유통·공유 기술, 지능형 에지 컴퓨팅 및 분산 데이터 수집/처리 기술
	인프라 적용기술	• 스마트 도시 환경용 엣지 컴퓨팅 기반 사물 지능/협업 디바이스 기술, IoT 인프라 지능형 운영 기술, 대용량/실시간 클러스터링 IoT 네트워킹 기술, 자율형 IoT 네트워킹 기술
	스마트 서비스	• 도시 대기환경 모니터링 기술 및 예측 기술, 주택·빌딩·공장·공공시설물 통합 에너지 관리 기술(xEMS), 스마트 미터링(물·전기·가스) 기술

출처: ICT R&D 기술로드맵 2023, 정보통신기획평가원 재구성

02 스마트 도시의 시장, 기술 동향

1. 국내·외 스마트 도시 시장 동향

1) 국내 시장 동향 및 전망

　스마트 도시의 국내시장 규모는 2018년 6조 2,176억 원 규모에서 연평균 34.0% 성장하여 2024년에 35조 9,957억 원 규모로 성장할 것으로 전망되고 있다. 국내 스마트 도시 시장은 정부 주도로 스마트 도시 발전 방향을 제시하고 해외진출을 도모하고 있어 급성장이 기대되고 있다

┃ 국내 스마트 도시 시장 전망 ┃

(단위: 억 원, %)

구분	'18	'19	'20	'21	'22	'23	'24	CAGR
국내시장	62,176	83,316	111,643	149,602	200,467	268,625	359,957	34.0

출처: KEIT, 스마트 도시 성공과 표준, 2018, 윕스 재가공

　국내 스마트 도시 생태계 현황은 크게 스마트 에너지 부문, 스마트 환경 부문, 스마트 교통 부문, 스마트 빌딩 부문 등으로 구분할 수 있다.

　스마트 에너지 산업은 도시 자체의 에너지 공급비율을 높이는 것을 목표로 하고 있다. 이를 위해 신재생 전력설비가 지속적으로 확충될 것으로 예상되며 지능형 전력관리를 위한 검측장비(AMI: Advanced Metering Infrastructure)에 대한 수요가 지속적으로 증가할 것으로 전망되고 있다.

┃ 스마트 에너지 주요 구현 서비스 ┃

구분	구현 방법(실증단지 적용기술 및 시장제품을 기준으로 함)
AMI	• 실시간 전력 소비 데이터 수집 분석, 전기 요금 절감 컨설팅 제공 등이 가능하도록 AMI 구축 • AMI/IoT 계량기/스마트 가전 등이 연동 및 제어되는 시스템 실증
에너지 스마트	• 계통 및 협조 운전을 통해 전력품질과 공급신뢰도 향상, 공중 및 작업자

거래 관리 시스템	의 안전 확보, 비정상 상황에서 계통과 분산전원을 보호하는 등의 원만하고 효과적인 계통연계 운전을 구현
AI 및 수요관리	• AI 분석(딥러닝)을 통한 스마트 가전 연동 및 제어 시스템(효율적 수요관리)

출처: 4차 산업혁명의 종합 플랫폼, 스마트 도시, 한상목(2018.11.19), 윕스 재가공

스마트 환경 산업은 ICT 기술을 적용하여 공급자와 수요자가 서로 정보를 교환하는 지능형 스마트 환경 시스템 구축과 연관되어 있으며, 수질 모니터링 및 대기환경 산업이 점차 증가함에 따라 스마트 도시 환경 산업도 성장할 것으로 전망된다.

❚ 스마트 환경 주요 구현 서비스 ❚

구분	구현 방법(실증단지 적용기술 및 시장제품을 기준으로 함)
스마트 수질	• ICT 기반 고도화된 수자원관리 기술개발, 플랫폼 기술 • 실시간 모니터링 바탕으로 다양한 수원을 활용하는 지능형 다중 수원 시스템
센서 & 커뮤니케이션 네트워크	• 센서를 활용한 실시간 모니터링
미세먼지·오존 등 대기환경 관리 시스템	• GIS에 기반한 악취 확산 예측 모니터, 미세먼지 모니터링 ICT 기술을 적용한 날씨 예측

출처: 4차 산업혁명의 종합 플랫폼, 스마트 도시, 한상목(2018.11.19.), 윕스 재가공

스마트 교통 산업은 기존의 ITS(Intelligent Transportation System, 지능형 교통시스템)기술에서 시작하였으며, 점차 스마트 도시 플랫폼에 연동되면서 상호협력을 통해 각 주체가 각자의 교통정보를 교환하는 개념으로 발전하고 있다.

‖ 스마트 교통 주요 구현 서비스 ‖

구분	구현 방법(실증단지 적용기술 및 시장제품 기준으로 함)
지능형 교통 시스템	• 우선 신호 시스템으로 교통흐름 관리 • 버스 정보 시스템, 간선 급행버스 체계
도로 요금 시스템	• 빅데이터 플랫폼 구축 통한 요금 절감 시스템
센서 네트워크	• 실시간으로 네트워크에 연결하여 교통 환경 감지
주차 관제 시스템	• 주차면 센서 활용 주차유도 시스템, 무인 주차관리 시스템 등
예측 분석	• 실시간 교통량에 따라 교토 신호를 제어하여 원활한 교통 흐름 유도
오픈 데이터 플랫폼	• 교통 등 도시 정보 시스템 연계

출처: 4차 산업혁명의 종합 플랫폼, 스마트 도시, 한상목(2018.11.19), 윕스 재가공

스마트 빌딩 산업은 ICT 기술이 융합된 첨단 건물로, 에너지 사용량을 계측하고 효율화하는 시스템을 구축하는 것과 관련되어 있다.

‖ 스마트 빌딩 주요 구현 서비스 ‖

구분	구현 방법(실증단지 적용기술 및 시장제품 기준으로 함)
지능형 빌딩에너지 관리시스템*	• 조명·공기조화·CCTV 등을 아우르는 통합관리 플랫폼 • ZEB(Zero Energy Building, 제로에너지빌딩)8) 기술개발
에너지 성능 관리	에너지 사용량 계측 및 소비전력 통제

출처: 4차 산업혁명의 종합 플랫폼, 스마트 도시, 한상목(2018.11.19) 윕스 재가공

2) 세계 시장 동향 및 전망

스마트 도시의 세계 시장은 2018년 673억 달러에서 연평균 24.7% 증가하여 2024년에 2,530억 달러 규모로 성장할 것으로 전망되고 있다. 가장 큰 이유는 국가마다 중앙/연방 정부 등 정부기관의 지원 확대로 스마트 도시가 확장되고 있으며, 에코 시스템 및 인프라의 발전은 스마트 도시 구축에 중요한 역할을 하기 때문이다.

스마트 도시 세계 시장 전망

(단위: 백만 달러, %)

구분	'18	'19	'20	'21	'22	'23	'24	CAGR
세계시장	67,300	83,900	104,600	130,500	162,700	202,900	253,000	24.7

출처: Grand View Research, 스마트 Cities Market Size, Share & Trends Analysis Report By Application (Governance, Environmental Solutions, Utilities, Transportation, Healthcare), By Region, And Segment Forecasts, 2020 – 2027(2020), 윕스 재가공

스마트 에너지, 스마트 빌딩, 스마트 교통 분야의 세계 시장 규모는 2018년 241억 달러에서 2024년에 908억 2,700백만 달러 규모로 성장할 것으로 전망되었고, 스마트 도시 중 스마트 에너지 16.6%, 스마트 빌딩 10.2%, 스마트 교통 9.1%의 점유율로 증가할 것으로 전망되었다.

스마트 에너지, 스마트 빌딩, 스마트 교통 분야 시장전망

(단위: 백만 달러, %)

구분	'18	'19	'20	'21	'22	'23	'24	CAGR
스마트 에너지	11,172	13,927	17,364	21,663	27,008	33,681	41,998	24.7
스마트 빌딩	6,864	8,558	10,669	13,311	16,595	20,695	25,806	24.7
스마트 교통	6,124	7,635	9,519	11,876	14,806	18,464	23,023	24.7
전체(합계)	24,160	30,120	37,552	46,850	58,409	72,840	90,827	–

* 출처: Weekly KDB Report(2018.11.19.); Grand View Research(2020), 윕스 재가공
추정 근거 1: Weekly KDB Report에 의하면, 2020년 스마트 에너지는 16.6%, 스마트 빌딩 10.2%, 스마트 교통 9.1%의 점유율을 보이고 있음
추정 근거 2: Grand View Research 의하면, 연평균 증가율이 24.7% 성장할 것으로 전망하고 있어 이를 대상으로 2024년까지의 데이터를 추정함

스마트 환경 분야는 수자원 관리, 친환경 생활환경 구축이 점차 확대됨에 따라 성장하고 있다. 수질모니터링 세계시장의 경우 2018년 3,182억 달러에서 연평균 5.8% 성장하여 2024년에는 4,475억 5,400만 달러까지 성장할 것으로 전망되었고, 대기환경 산업 세계시장은 2018년 794억 2,600만 달러에서 연평균 5.2% 성장하여 2024년 1,076억 6,100만 달러까지 성장할 것으로 전망되었다.

‖ 수질 모니터링 및 대기환경 시장 시장전망 ‖

(단위: 백만 달러, %)

구분	'18	'19	'20	'21	'22	'23	'24	CAGR
수질모니터링 세계시장*	318,200	336,655	356,384	377,268	399,376	423,778	447,554	5.8
대기환경 산업 세계시장**	79,426	83,556	87,901	92,472	97,280	102,339	107,661	5.2

* 출처: Inkwood Research, Global Water Quality Monitoring Market Forecast 2019−2027, 2019, 윕스 재가공
** 출처: 한국IR협의회, 대기환경, 2019, 윕스 재가공

2. 국내·외 스마트 도시 기술 동향

1) 국내 스마트 도시 기술 동향

(1) 표준화 동향

우리나라는 공적표준화 기구 ITU−T SG20, IEC SyC 스마트 Cities, ISO TC268 및 ISO/IEC JTC1와 공간정보 표준화기구 OGC의 국제 표준화 활동에 대응하기 위하여 국토교통부, 산업통상자원부 및 과학기술정보통신부가 참여하는 스마트 도시 표준화 거버넌스를 구축하였다.

ISO TC 268, IEC SyC 스마트 Cities 등 전반적인 스마트 도시 국제표준화 활동에 대한 대응은 국가기술표준원에서 수행 중에 있으며, ITU−T SG 20, JTC 1은 국립전파연구원에서 국제 표준화 전략에 대한 방향 제시를 하고 있다.

하지만 스마트 도시 인프라, 데이터, 서비스 등의 요소기술 표준 개발은 비교적 활발하나 가이드라인, 성과지표 등의 공통기술 표준개발은 미흡한 실정이다.

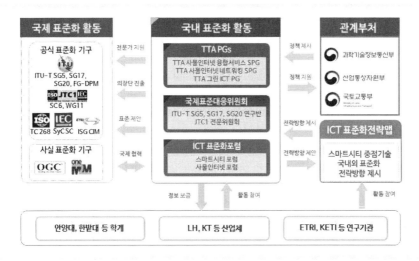

표준화 추진체계

* 출처: TTA표준화전략맵, 융합서비스(스마트 도시), 2018

(2) 데이터 기반기술 동향

국내 데이터 기반기술은 시스템 통합과 플랫폼 기반 서비스를 제공하는 장점이 있다. 특히 데이터 허브 기반 스마트 도시 운영관리 시스템은 향후 미래에 스마트 도시 기반 앱 서비스 개발에 대한 기반 플랫폼이 될 가능성이 높다. 또한 개방형 데이터 허브센터는 기존의 IoT 관련 국제표준인 oneM2M 규격을 기반으로 하여 개발된 스마트 도시 모델과도 연계되며, 기존의 도시 관리 시스템과의 연계, 데이터 통합이 원활히 이루어짐에 따라 시민에 필요한 서비스를 쉽게 제공할 수 있고, 서비스 개발 지원이 용이해졌다.

현재 데이터 기반기술은 도시에서 발생하는 다양한 크기와 형식의 데이터를 저장·처리하고, 유용한 가치를 발견함으로써, 빅데이터 활용이 가능한 상황이며, 구조화된 대량의 데이터와 구조화되지 않은 데이터를 지원하는 시스템이 지속적으로 증가하여 관련 기술은 더욱 발전할 것이다.

(3) 인프라 적용기술 동향

국내 스마트 도시 기술과 ICT 인프라는 해외 선진국에 비하여도 경쟁력이 있는 것으로 평가되고 있다. 하지만 대부분의 국가사업에서 주로 Hadoop, Oracle 등 해외 DB업체와 서버를 활용하고 있어 스마트 도시 구축과 운영에 적합한 국산 DB 업체의 육성과 해외진출이 필요한 상황이다.

현재 스마트 도시 수준을 측정할 수 있는 지표의 개발은 완료된 상황이며, 측정을 위한 지표의 개발을 완료하였으며, 기 구축된 스마트 도시 통합 플랫폼에 대한 성숙도를 측정하고 설문을 통해 도출한 시민의 체감도와 비교하여 지표의 정합 정도를 확인할 예정이다.

(4) 서비스 활용기술 동향

스마트 도시 부문의 지능형 서비스를 위한 정보의 원천은 대체적으로 공간, 주변 환경, 에너지 사용량, 로그 정보 등이며, 지능형 서비스의 주요 목적은 에너지의 절감 및 효율화, 사용자에 대한 환경 및 통신 최적화, 보안 서비스 등을 제공하는 것이다.

스마트 교통 서비스는 도로, 교통 기반시설, 차량 등 기존 교통 구성요소에 유무선 통신 인프라 기반 스마트 기술을 접목시켜 교통흐름의 효율성과 사용자의 생활 편의성을 증진시키고 있으며, 실시간 교통신호제어 서비스, 운전자 교통정보/돌발상황 관리 서비스, 대중교통정보/광역교통 정보 제공 서비스, 환승 종합교통정보 등의 서비스를 제공하고 있다.

스마트 환경은 도시의 대기, 수질, 토양 등의 오염 정보를 USN 등을 활용하여 실시간 모니터링하여 관련 정보를 제공 또는 관리하는 서비스를 구현하는 것이 목적이다. 환경포털 서비스, 하천모니터링 서비스, 감영성 폐기물관리 서비스, 대기오염관리 서비스 등이 서비스를 제공하고 있다.

스마트 도시민정보는 스마트 교통과 환경 등의 공공정보를 스마트폰, 키오스크 등의 기기를 통하여 시민들에게 제공하고 민원의 만족도를 높이는 것이 목적이며, 대시민 정보제공 서비스, 현장지도점검 서비스, 스마트 디바이스 연계 서비스 등을 제공하고 있다.

2) 국내 기업 기술 동향

국내 기업의 스마트 도시 기술 동향은 스마트 에너지, 스마트 환경, 스마트 교통, 스마트 빌딩 분야로 구분하여 살펴볼 수 있다.

먼저 스마트 에너지 관련 기술 동향을 살펴보면 KT는 과천에 에너지 통합 관제센터 'KT-MEG 센터'를 개관하는 등 현재까지 '소비-생산-거래' 분야에서 다양한 사업을 추진하고 있으며, 2018년부터 국내·외 50여 개 에너지 분야 회원사와 KT energy Alliance를 출범, 에너지사업 전 분야에 대한 에코 시스템을 조성하며 국내 에너지 신사업을 주도하고 있다. 그리고 삼성전자 및 LG전자는 전자제품 및 IoT 기술 접목한 스마트홈 서비스를 개발하였고, 누리텔레콤은 AMR 기술개발을 시작으로 다양한 통신기술을 이용한 AMI 솔루션을 개발하고 있다.

스마트 환경 기술 분야에서는 LG 유플러스가 자동차 안, 사무실, 카페 등 다양한 장소에서 공기질 측정이 가능한 기술을 개발하였다. SK 및 KT는 국가 측정망 센서 외에 다양한 인프라와 협업해 자체 미세먼지 정보를 제공하고 있으며, 코비는 환경측정기 사업 기반으로 사업장 최종 방류수 수질오염도 실시간 자동측정 및 전송하는 시스템을 구축하였다. 또한 서울주택도시공사의 경우에는 2020년에 시민 체감형 스마트 도시 구축의 일환으로 도시 내 미세먼지 저감 솔루션인 'SH 스마트 이끼타워'를 개발하였다.[2] SH 스마트 이끼타워는 도시환경에서 발생하는 오염물질을 흡수할 수 있는 식물의 특성 및 IoT 기술 접목한 클라우드 기반 솔루션으로서 자동관수 시스템을 통해 이끼에 필요한 수분을 공급해 실시간 기후정보 등과 연계, 관수가 작동되도록 연계되어 있다. 또한 스마트 미세먼지 저감 이끼타워 시스템의 실시간 정보가 클라우드를 기반으로 관리되며 스마트 도시 운영센터와 스마트폰 앱으로도 원격자동제어가 가능하도록 설계되었다.

스마트 교통 기술 분야에서는 LG CNS가 2018년 도시운영에 필요한 서비스 통합 관제 스마트 도시 통합 플랫폼 '시티허브'를 출시하였다. 시티허브는 빌딩, 가로등, 자동차 등으로부터 취득되는 데이터를 수집하고 관제하는 플랫폼으로, 수집한 데이터를 분석할 수 있는 인공지능 빅데이터 기술이 포함하며 CCTV, 드론 등으로 부터 수집된 정보 분석을 통해 교통량 예측도 가능하다.

---

2 SH공사, 스마트기술·그린인프라 활용 도시 미세먼지 해결…'스마트 이끼타워' 개발, 이투데이, 2020.07.01

LG CNS '시티허브' 운영 방식

* 출처: LG CNS 홈페이지

　　스마트 빌딩 기술 분야에서는 KT가 자회사인 KT estate와 함께 첨단 ICT기술로 빌딩을 효율적으로 관리할 수 있는 KT 스마트 빌딩 서비스를 출시하였다.[3] KT 스마트 빌딩 서비스는 2020년 6월부터 KT 광화문 EAST 빌딩에 '스마트 빌딩 AI'를 시범 적용해 안정성을 검증하였고, 2,700개의 센서에서 데이터를 수집하고, 하루 500만 개의 빅데이터를 분석해 최적의 상태를 찾아내며, 에너지 소비량까지 예측이 가능하다. 현재는 포스코ICT, LG CNS, 한화S&C 등도 스마트 빌딩 관련 사업에 진출하였으며, 그중에서도 포스코ICT는 국내 최초로 쿠웨이트 압둘라 신도시 건설 설계에 참여하여 해외 스마트 도시 시장에 진출하였다.

3) 해외 스마트 도시 기술 동향

(1) 표준화 동향

　　스마트 도시의 안정적인 구축과 확산을 위해 ISO, IEC, ISO/IEC JTC1, ITU 등의 공적 국제표준화기구에서는 스마트 도시 표준화를 추진하고 있다.

---

3 KT, AI가 빌딩관리하는 '스마트 빌딩' 서비스 출시,INFOSTOCK DAILY (2020.07.28.)

스마트 도시 표준화는 각 국가별 스마트 도시 서비스의 상호 운용성 확보를 위하여 스마트 도시 정의, 스마트 도시 플랫폼, 스마트 도시 성능평가 지표, 스마트 도시 참조구조, 스마트 도시 정보 모델, 식별자 및 해석 시스템, 스마트 도시 데이터 교환 표준 등이 추진되고 있다.

그러나 전 세계적으로도 스마트 도시 표준에 대한 논의는 아직 초기단계이다. 따라서 국가마다 스마트 도시 표준 대응을 위한 추진체계를 선제적으로 구축하고 있는 상황이다.[4]

현재 스마트 도시 구축 및 운영을 위한 기술적 해결방안에 대하여 본격적인 표준화가 전개되고 있음. 특히, ISO TC268 및 ITU-T SG20에서 관련 표준 개발이 활발히 진행되고 있다. ITU-T는 50여 개 도시와 업무협약을 체결하여 공동으로 스마트 도시 평가 작업을 진행 중이다.

┃ 스마트 도시 관련 국제표준화 기구 현황 ┃

표준화기구	구현 방법(실증단지 적용기술 및 시장제품 기준으로 함)
ISO	• 기술관리이사회(Technical Management Board, TMB) 산하에 Strategic Advisory Group on SmartCities(SAG_SCities)를 구성, 표준화 추진 전략 연구 • TMB 산하 Standing 스마트 Cities Task Force(SSCTF) 구성 (TC 268) 도시와 공동체에 대해 지속 가능 개발을 촉진할 수 있도록 요구사항, 지침, 프레임워크 및 관련기술 표준 개발
IEC	• System Evaluation Group on 스마트 Cities(SEG1)를 구성, 시스템 통합 성격을 갖는 스마트 도시 분야의 표준화 추진 방안 연구 • SyC 스마트 Cities: (WG2) 스마트 도시 관련 요구사항 분석을 위한 설문 설계, (WG3) 스마트 도시 참조구조를 정의하는 신규표준에 대한 NMIP 제안 예정
ITU-T	• ITU-T의 멤버가 아닌 전문가들도 참여할 수 있는 Focus Group on 스마트 Sustainable Cities(FGSSC)를 구성, 스마트 도시 관련 21개의 문서 개발 • (SG20) ICT 활용, 친환경 지속가능성 등의 평가를 위한 성능평가지표(KPI), 스마트 도시 구축과 운영을 위한 표준화 진행 • 스마트 도시 플랫폼 요구사항 및 참조구조 정의 권고안 Y.4201, 스마트 도시 플랫폼의 상호 운용성 요구사항 권고안 Y.4200 개발(2018.2.)
ISO/IECJTC 1	• Study Group on 스마트 Cities(SG1)를 구성, 스마트 도시 표준화 추진을 위한 사전 연구 • (WG11) IEC SyC 스마트 Cities 및 ISO TC 268과의 표준화 중복 방지 및 상호협력, 스마트 도시 참조구조, 성능평가 지표, 성능지표를 위한 온톨로지 정의 표준 개발

* 출처: 스마트 도시 국제 표준화 동향, 국가기술표준원(2019.11.27.)

---

4 4차 산업혁명위원회, 도시혁신 및 미래성장동력 창출을 위한 스마트 도시 추진전략(2018.1.29)

(2) 데이터 기반기술 동향

유럽에서는 도시 데이터를 수집 및 관리하는 빅데이터 인프라를 기반으로 하여, 데이터 허브를 구성하고 개별 서비스를 제공하는 형태로 발전하였다. 대표적으로 Citypulse 프로젝트를 통해 스마트 도시앱을 만들 수 있는 실시간 사물인터넷 스트림 처리 및 대규모 데이터 분석 가능한 Framework인 Citypulse 솔루션 개발을 진행하였다. Citypulse는 대규모 데이터셋에서 이벤트를 추출하기 위하여 복잡한 이벤트 처리 및 상황별 필터링 방법을 사용하는 솔루션이다. 미국의 경우에는 연방정부 및 세계표준 선도를 위한 프로토콜 등 플랫폼 기술을 중점으로 지원하고 있다.

(3) 인프라 적용기술 동향

유럽에서는 EU와 EC가 중심이 되어 진행하는 Framework Programmes에서 이기종 사물인터넷 처리 및 실시간 사물인터넷 스트림 처리 기술을 개발 추진 중이다. 이와 관련하여 여러 도시 내 서로 다른 위치에 설치된 다수의 이종 센서로부터 생성되는 데이터에 액세스하여 중앙 집중식 플랫폼을 제공하는 i-city 프로젝트가 수행 중이며, 대규모의 분산된 이기종 시스템에서 복잡한 이벤트를 감지하여 처리 가능한 이벤트 중심의 미들웨어 기술인 PLAY 미들웨어가 개발되었다. 미국에서는 연방정부 및 에너지 문제 해결을 위해 스마트그리드 기술을 중점으로 하여 추진 중이다. 3GPP RAN Workshop에서 발표된 스마트 도시 사물인터넷 관련 후보기술은 신규 Multiple Access 기술, LDPC code, Polar code 등 저속 전송에 적합한 새로운 코딩 기술이 제시되고 있다.

(4) 서비스 활용기술 동향

유럽에서는 에너지사용문제, 주차문제, 쓰레기문제 등 소비자가 실생활에서 체감할 수 있는 문제에 대한 문제 해결형 연구 및 서비스에 대하여 접근을 시도 중이며, 미국은 인공지능, 5G, 빅데이터, 클라우드 및 스마트카 등 스마트 도시에 적용 가능한 ICT 기술의 기초 및 응용기술 개발 분야에 활발한 연구를 진행하고 있다.

4) 해외 기업 기술 동향

　해외 스마트 도시 시장은 미국의 주요 기업들의 활동이 가장 두드러지며 그중에서도 Cisco가 가장 활발하다. Cisco는 자사의 네트워킹 기술을 바탕으로 다양한 분야에 참여 중이며, 'Smart+Connected Communities'라는 프로젝트를 통해 교통, 교육, 부동산, 전력, 스포츠/엔터테인먼트, 정부 등의 솔루션을 제공하고 있다. 이 솔루션은 네트워킹 디바이스와 클라우드 컴퓨팅 플랫폼 기능에 기반을 두고 가상회의, 원격교육, 헬스케어, 교통 등 기초분야에 초점을 두고 있다. 또한 현재 인구 100만 이상이 거주하는 도시에 스마트 도시를 구축하는 내용의 'Million Project'를 통해 중국, 인도, 중동 등지에 진출하였으며, 전 세계적으로 25개의 ICT 마스터 플랜을 기획 중이다. Cisco의 스마트 도시 프레임워크는 1) 도시문제 해결을 위한 전체 목표를 설정하고, 2) 도시의 지표 현황 파악을 통한 평가 수행, 3) 목표달성 실행 방안, 4) 실행 가능한 문제해결 방안, 재원조달, 운영방안 등을 논의하는 형태로 진행된다.

Cisco 스마트 도시 프레임워크

* 출처: 과학기술&ICT 정책/기술동향, 과학기술정보통신부 등, 2020.01.10

　그 외 미국 기업들을 살펴보면 AT&T는 디지털 인프라, 스마트 도시-운영센터, 스마트 관개, 구조 모니터링을 구축 중이며, IBM은 2019년에 도시 기반시설 감시 및 문제 탐지 시스템을 테스트하고 본격적인 상용화를 준비하고 있다. GE는 캐나다 전역에 GE의 IQ 플랫폼 기술로 스마트한 도시 만들기 협력 중이며 노키아의 통신망을 통해 데이터를 분배하는 디지털 인프라로 거리 조명의 용도를 변경하였다. Honeywell은 인도 100개의 스마트 도시 프로젝트의 일환으로 인도 주정부 및 지방 당국과 제휴하여 사업을 추진 중이다. 해당 프로젝트에는 1만 대의 CCTV 카메라 설치, 비상대응 솔루션, 자동 번호판 판독 시스템, 지능형 교통관리 기술 등이 포함되어 있다.

유럽에서는 영국의 BT 기업이 경제, 교통, 주거, 환경 등 8개 분야의 공공 데이터를 민간에 무료로 개방하는 스마트 도시 데이터플랫폼을 구축하였고, 스웨덴의 Ericsson은 5G를 스마트 도시의 발전의 핵심기술로 판단하고 중동, 아프리카의 최대 통신사인 Etisalat와 제휴하여 스마트 주차, 교통 관리에도 관여하고 있으며, 트래픽 관리 최적화에 대한 보다 통합된 접근방식을 제공하는 IoT 플랫폼을 개발하였다.

아시아에서는 일본의 FujisawaSST에서 에너지 절약형 스마트 라이프 스타일 제안 및 스마트 기반시설을 구축하는 프로세스의 일환으로 라이프 스타일 기반으로 한 단지를 개발하고 있다. 또한 Panasonic은 요코하마시, 쓰나시마에 스마트 타운을 개장하였다. 중국의 Huawei는 정저우, 난징 등 주요 대도시에 교통망·도시 인프라 관리시스템 등을 운영 중이며, ZTE는 전 세계 40개 국가의 140여 개의 스마트 도시 구축에 참여하고 있다. 싱가포르의 Singtel의 경우에는 스마트 도시 도시솔루션 기획 관리를 전담하고 있으며, 도시운영 노하우를 해외로 수출하고 있으며, 커넥티드 카 솔루션, 홈 오토메이션, 헬스케어 솔루션 등의 애플리케이션을 제공하고 있다.

03 스마트 도시 7가지 핵심 솔루션

1. 스마트 모빌리티 교통 정보 시스템

1) 정의 및 필요성

(1) 정의

스마트 모빌리티 교통정보 시스템은 택시 또는 자가용 등 개인 이동 정보를 빅데이터 기반으로 종합·분석하고 교통 이용자의 수요 패턴을 추출하여 기존 대중교통수단의 맞춤형 안내와 수요대응형 차량의 연계 운행으로 개인 이용자 요구에 따른 예약, 정보 제공, 이용 및 결제의 통합 모빌리티 서비스를 제공함으로써, 잠재적 자가용 이용자를 복합 대중교통수단으로 전환하는 새로운 교통정보제공 서비스를 의미한다. 다시 말해 대중교통 이용자의 요구에 따라 사용자가 원하는 출발 지점에서 도착 지점까지 교통수단의 노선을 설정하여, 원하는 시간대에 운영함으로써 교통수단 간 연계를 실시하고, 교통 약자들의 이동 편의가 증진될 수 있도록 하는 기술이다.

따라서 스마트 모빌리티 교통정보 시스템은 개인이 출발지에서 목적지로 이동할 경우의 기존 개별 수단 위주의 독립형 교통 서비스 제공 시스템에서 대중교통, 개인이동수단, 공유자동차 등 다양한 교통수단을 통합 및 운영하는 이용자 중심의 통합형 맞춤 교통 서비스가 제공되는 시스템이라고 할 수 있다.

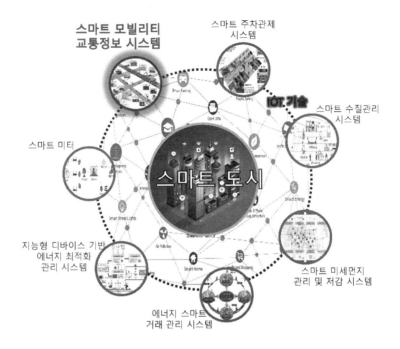

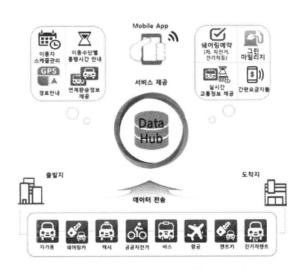

* 출처: 스마트 도시 국가전략프로젝트 연구개발사업 세부기획(국토교통부, 2018.06)

(2) 필요성

우리나라는 교통 혼잡, 예측 어려움, 비효율성 증대, 환경오염 및 온실가스 증가 등의 다양한 문제로 인한 전국 교통 혼잡 비용은 매년 증가하고 있으며, 선진국에 비해서 GDP 대비 높은 수치를 나타내고 있다. 또한 대중교통 수송분담률은 선진국 대비 우수한 지표를 보이고 있으나, 2014년 이후 40% 수준에서 정체되어 더 이상 수송분담률이 상승하지 못하고 한계를 보이고 있으며, 대중교통은 단계별로 개선되어 왔으나 각 지자체와 소규모 지역특성에 따라 수시로 변하는 교통수요에 민첩하게 대응할 수 있는 효율적인 운영방법과 함께 새로운 개념의 교통수단에 대한 공급 방법도 지속적으로 요구되고 있다. 그리고 대중교통 분야는 특히, 서유럽인 노르딕 지역을 중심으로 해외 MaaS[5] 사례들이 등장하며 수요 기반의 가입자 교통 패키지를 제공하고 해외로 진출하고 있다.

따라서 급격한 도시화에 따른 도시지역 교통 혼잡 완화를 위해 빅데이터 기반의 종합적 분석을 통한 대중교통수단의 맞춤형 안내와 수요 대응형 차량의 연계운행으로 개인 이용자 요구에 따른 정보 제공, 예약, 이용 및 결제의 통합 모빌리티 서비스를 제공하는 이용자 중심의 통합형 맞춤 교통 서비스 제공 시스템을 구축할 필요성이 있는 것이다.

2) 스마트 모빌리티 시스템의 용도별 분류

스마트 모빌리티 분야는 시민참여형 서비스 구상을 통해 다양하고 창의적인 서비스들이 발굴되고 있다. 대표적인 서비스로는 개인 교통형 공유 모빌리티 서비스, 대중 교통형 공유 모빌리티 서비스, 마이크로 모빌리티 서비스가 있다.

---

5 MaaS는 단일 플랫폼에서 다양한 교통수단을 포함한 복합 교통 정보를 제공하고, 통합 요금 결제 서비스를 제공하는 서비스를 의미한다.

∥ 스마트 모빌리티 시스템의 용도별 분류 ∥

분류	상세 내용
개인 교통형 공유 모빌리티 서비스(콜형)	1~2인승 규모의 개인수요 대응형 이동수단을 통해 정해진 노선이나 운영 시간 없이 개인의 호출과 목적지 지정에 따라 운영되는 퍼스트마일 & 라스트마일 서비스
대중 교통형 공유 모빌리티 서비스(순환형)	• 소규모(6~12인승) 자율주행셔틀 등의 소형 자율주행 이동수단을 통해 정해진 노선을 순환하는 서비스 • 이용자 정보 수집 기술을 통해 실시간(혹은 사전 조사된) 이용자 수요에 대응하여 차량을 운영(배차 등)
마이크로 모빌리티 서비스	• 전기 등의 친환경 연료를 사용하거나 1~2인승 개념의 소형 개인 이동수단을 의미하며 중·저속 전기차, 1인용 전기자동차, 전기자전거 등을 포함하는 수단

3) 국내 스마트 모빌리티 기술 개발 현황

KT 및 카카오는 카카오 모빌리티와 '스마트 모빌리티 공동 추진을 위한 업무협약'을 체결하였다. KT의 커넥티드카 플랫폼 기가 드라이브와 카카오 모빌리티의 카카오T 플랫폼을 결합해 신규 서비스를 개발 중에 있으며, 향후 카카오모빌리티는 가입자 2,200만 명을 확보한 국내 최대 모빌리티 플랫폼 카카오T를 통해 택시, 대리운전, 전기자전거, 내비게이션 등 종합적인 이동 서비스를 제공할 예정이다.

LH행복카는 임대아파트 입주민을 위한 공동체 카셰어링으로 LH공사가 자체적인 사업으로 전국 임대아파트 52개 단지로 시작하여 136개 단지로 확대하였으며, 2020년부터 전국 490개 단지로 단계적 확대할 계획이다. 영구임대 입주민에게는 시세 대비 80%의 저렴한 요금제와 그린라이트 행복카 서비스로 매월 무료 3시간 2회권, 수요일에는 무면허 어르신을 위한 운전자 동반서비스를 제공한다.

LG CNS에서 개발한 시티허브는 IoT 기술을 통해 수집된 도시 전체의 건물, 차량, 폐쇄회로TV, 가로등으로부터 데이터를 수집하고 이를 통합 관제할 수 있는 플랫폼이다. 이 기술은 데이터 분석을 위해 독자적으로 개발한 인공지능를 통해 CCTV, 드론 등에서 수집된 정보를 분석하여 교통량을 예측하고 교통 환경을 개선하는 데 사용된다.

현대자동차는 CES 2020에서 모빌리티가 바꾸는 미래 도시로서 도심항공이동기 S-A1과 도심형 자율주행 셔틀 S-Link와 두 교통수단을 이어 주는 허브 S-Hub를 이용해서 모빌리티 혁신과 미래 도시 설계 비전을 제시하였다.

2. 스마트 주차관제 시스템

1) 정의 및 필요성

(1) 정의

주차관제 시스템이란 여유 주변 주차 시설 안내, 주차 공간 예약, 주차장 진입 후 주차 시설 내 비어있는 주차 공간 안내, 주차 시설 내에서의 차량 안전 관리, 주차 위치 확인, 주차 요금 정산, 출차 시 주변 도로 상황 안내 등을 포함하여 주차에 관련된 모든 것을 관리하고 지원하는 모든 시스템들을 말하며, 스마트 주차관제 시스템이란 이러한 주차관제를 사람이 하지 않고, 자동으로 하는 시스템을 의미하며 지능형 주차관제 시스템이라고 한다.

스마트 주차관제 시스템에는 주차장에서 주차 가능한 주차면을 파악하는 시스템, 진입하는 차량을 주차장 내에서의 최적 경로 유도를 통한 최단시간 주차경로를 제공하여 비어 있는 주차 공간으로 유도하여 주차하게 하는 시스템, 주차된 차량의 위치를 제공하는 시스템, 주차 요금 정산 시스템, 주차 요금 모바일 전자 결제 시스템, 개별 주차장의 여유 주차면이 파악이 되면 인근 주차장과의 네트워크 시스템을 통한 여유 주차장 안내 주차 공간 예약 등을 통해 교통에 최소 영향을 주는 도로간 차량 이동 지원 시스템 등을 포괄한다.

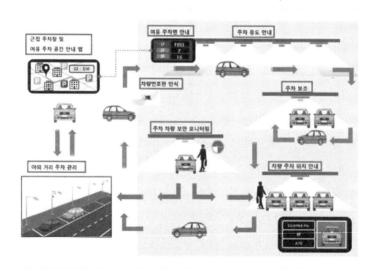

* 출처: 중소기업벤처부

(2) 필요성

　세계적으로 도시화 현상으로 인한 도시 인구 밀집 현상과 이동 교통수단으로서 자동차가 늘어나고 자동차의 대중화 보급으로 인하여 도심에서의 교통 문제가 나날이 커지고 있고, 특히 차량운행 후 주차는 필수적인 만큼 도심이나 중소형, 대형건물 안이나 주변도로에서의 주차난은 차량운행정책 만큼이나 갈수록 심각한 상태이다. 도시에서 발생하는 교통 정체의 약 30%의 원인이 운전자가 주차 공간을 찾고 있는 시간이나 상황 때문에 일어나는 것으로 조사 및 보고되고 있다.

　따라서 이러한 문제를 해결하기 위해 미국과 유럽 대도시들을 중심으로 스마트 주차 솔루션이 개발, 설치되고 있으며, 우리나라에도 적극적 도입이 필요한 상황이다.

2) 스마트 주차관제 시스템의 용도별 분류

　스마트 주차관제 시스템은 용도에 따라 여유 주차면 파악, 주변 빈 주차 공간 안내, 주차 경로 안내, 주차차량 위치 확인, 주차 요금 정산, 모바일 전자 결제, 주변 도로 상황 안내 등의 기술이 필요하며 이들 각 기술 분야의 시스템으로 분류된다.

┃ 스마트 모빌리티 시스템의 용도별 분류 ┃

분류	상세 내용
차량 출입 통제 시스템	• 허가된 차량의 주차장 진입 및 출차를 관리하거나, 진입 차량을 확인하고 출차 시에 주차 요금을 정산하도록 관리
차량 번호판 인식 시스템	• 입차되는 차량 및 주차된 차량의 번호판을 인식
여유 주차면 파악 시스템	• 주차면에 차량이 주차되어 있는지를 감지하는 센서 정보를 통해 해당 주차면이 여유 있는지를 감지
주변 여유 주차공간 안내 시스템	• 스마트폰 앱으로 인근 주차장의 빈 주차 공간 실시간 안내
주차 경로 안내 시스템	• 주차 경로 안내 시스템은 여유 주차면 정보를 바탕으로 진입되는 차량에 어느 주차 공간에 얼마나 여유 주차면이 있는지와 최단거리 주차면의 유도 방향을 안내

주차 차량위치 확인 시스템	• 주차 시에 차량번호판을 인식하여 주차 위치와 같이 기록해 놓고, 추후 차량 소유자가 스마트폰 앱 등을 통해 위치 확인을 요청할 때, 주차 위치 통보
주차 요금 정산 시스템	• 주차 요금 정산 시스템은 입차 시에 차량 번호 인식을 통해 입차 시간을 기록하여 놓고 출차 시에 주차 시간을 계산하여 요금을 정산
주차 요금 모바일 전자 결제 시스템	• 모바일 폰으로 서버(클라우드 서버 포함)에 접속하여 전자결제하도록 지원

3) 국내 스마트 주차관제 기술 개발 현황

현대자동차는 운전자가 디스플레이에 나타난 지시 문구에 따라 조향 휠에서 손을 뗀 채 후진기어를 넣고 브레이크만 조작하면 차가 알아서 빈 공간을 찾아 주차하는 자동주차 지원 시스템을 개발하여 상용화하고 있다. 현대자동차는 2018년 평창올림픽 개막에 맞춰 아이오닉 일렉트릭 자동주차 시스템 상용화를 목표로 하였고 이미 관련 기술의 초기 개발은 완료된 상황이다.

현대모비스는 자사가 개발 중인 R－SPAS을 CES2016를 통해 공개하였는데, 초음파 센서로 빈 주차공간을 탐지한 후 운전자가 하차해 리모콘의 버튼을 누르는 것만으로 주차를 할 수 있도록 구현하였다.

이전까지는 스마트키로 원격에서 자동차 문을 여닫거나 시동을 걸 수 있는 정도까지만 가능했으나 2016년 12월 신고가 필요 없는 무선국용 무선기기 가운데 '개폐 또는 시동 장치에 한함' 항목을 '개폐, 시동 또는 주차 장치에 한함'으로 개정하여 스마트키를 이용한 자동 주차를 허용하였다.

파킹 클라우드는 주차장 출입구에 설치된 차량 인식기와 출입차 관리기 등을 제공하는 업체들과 제휴를 맺고 주차에 관한 광범위한 서비스를 제공하고 있다. 하드웨어와 스마트폰 앱을 연동해 주차장 공유 시스템도 적용 가능하다. 주차장을 보유한 기업과 상가는 아이파킹 앱을 통해 빈 주차장을 공유할 수 있다. 특히 아이파킹 시스템이 설치된 주차장을 이용하면, 고속도로 하이패스처럼 모바일로 자동결제가 가능하다.

아마노코리아는 2019 세계보안엑스포를 통해 스마트형 통합 LPR, 스마트 LPR, 스마트 차단기 등 임베디드 시스템이 탑재된 신형 스마트 주차관제 장비를 선보였다. 해당 장비들에는 임베디드 솔루션이 탑재돼 있어 스마트 차량번호 인식과 통합차단기, 무인 정산기 등의 스마트 기능을 수행할 수 있다.

　SK텔레콤은 2019년 6월에 자회사인 ADT캡스와 함께 주차 앱 'T맵 주차'를 출시하였다. T맵 주차는 실시간 주차 공간 조회, 할인, 자동결제까지 원스톱 초간편 주차 서비스를 제공하고 있다. 또한 ADT캡스 직영 주차장, 제휴 주차장, 일반 주차장 등 가고자 하는 목적지 근처의 다양한 주차장 정보를 확인할 수 있고, 주차장으로 이동 시, '국민 내비'인 T맵으로 경로를 안내받을 수 있다.

3. 스마트 수질 관리 시스템

1) 정의 및 필요성

(1) 정의

　스마트 수질 관리 시스템은 수자원 및 상·하수도 관리의 효율 향상을 위하여 첨단 정보통신 기술을 융합하는 차세대 수질 관리 시스템이다. 하수 및 폐수 발생원의 수질 상황을 실시간으로 자동측정 및 자동 전송이 가능하고, 측정,

스마트 수질관리 시스템 개발

전송된 데이터의 빅데이터 기반 관리/분석 기술 및 최적 처리가 가능하다. 또한 처리수의 스마트 도시 용도별 수질 맞춤형 용수 확보 및 공급까지 가능하다.

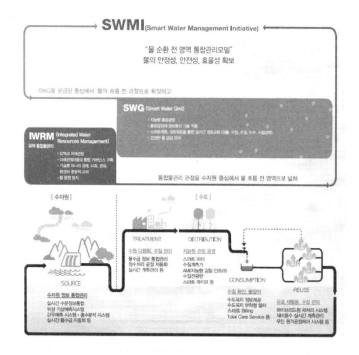

스마트 수질관리 시스템 개념도

* 출처: 한국수자원공사, 스마트 물관리 이니셔티브 개념도 홍보책자

(2) 필요성

수자원 관리 분야에서도 기후변화로 인해 과거와 다른 강우 패턴이 전 세계적으로 발생하고 있어 과거와는 다른 대응 방안이 필요하게 되었다. 우리나라의 경우 최근 동남아 지역 스콜 형태로 강우 패턴의 변화가 조금씩 관측되고 있다. 우리나라는 연간 약 1,200mm의 강수량이지만 여름 3개월 동안 900mm의 강우가 집중됨에 따라 수자원 안정성 확보에 노력을 기울여 왔으나, 동남아 지역 강우 패턴으로 변화는 수자원 안정성 확보에 더욱 많은 관심이 필요한 상황이다.

또한 스마트 도시 조성과 함께 강우 이외의 스마트 도시 내, 대체 활용 가능 수자원의 효율적 활용 전략이 필요하게 되었다. 도시에서 발생하는 하수에 대한 개념이 '처리하여 버리는 물'에서 '처리하여 안정적으로 재활용할 수 있는 수자원'으로 변화해 왔다. 하지만 재활용에 대한 필요성은 인식하였으나 하수 수질 및 수량 관리를 위한 On-Line, On-Site, On-Time 측정의 어려움 때문에 효율적인 수자원으로 활용하기에는 저장과 분배에서의 시간차가 발생하는 문제가 있었다. 그러나 최근 수질 센서, 처리, 관망 기술의 빠른 발전으로 수자원 관리에도 On-Line, On-Site, On-Time가 빠른 속도로 진행되고 있어 스마트 Water Gird의 현실 적용을 본격적으로 준비해야 할 필요가 있다.

2) 스마트 수질관리 시스템의 용도별 분류

스마트 수질관리 시스템은 깨끗한 물 및 지속 가능 개발에 효율성, 공평성 및 지속 가능성이 강조된 통합 물 관리 체계를 지향를 지향하고 있는데, 크게 분산된 자원, 측정기기, 양방향 실시간 유통, 서비스 패러다임으로 분류하고 있다.

▌ 스마트 수질관리 시스템의 용도별 분류 ▌

분류	상세 내용
분산된 자원	• 우수, 지하수, 하수 처리수 등의 다양한 수자원
측정기기	• 스마트 워터 미터 및 센서
양방향 실시간 유통	• 용수의 다원적 생산/관리, 활용 목적에 맞는 수량/수질 공급
서비스 패러다임	• 물의 질, 실시간 가격제 등

3) 국내 스마트 수질관리 기술 개발 현황

한국수자원공사는 스마트 물 관리 이니셔티브를 2017년부터 활발하게 추진하고 있다. 스마트 물 관리 이니셔티브는 스마트 디바이스 스마트 솔루션 스마트 서비스로 구성되어 있다. 현재 한국수자원 공사는 IT 기술을 활용한 스마트 상수도 운영관리 체계 구축 및 데이터 기반 취약계층 사회안전망 확충 등 국민 물 복지를 확대해 나가고 있다.

또한 사물인터넷 및 스마트 수도미터를 활용하여 사회적 약자의 수도 수용량과 사용패턴, 이동통신 통화이력 및 데이터 사용량을 빅데이터로 분석해 장시간 수돗물 사용이 없을 경우 위기 상황으로 판단, 사회복지기관에 알리는 '취약계층 위기 알림 서비슬'로 물복지 서비스를 확대해 나가는 사업을 추진 중이다.

스마트 수질관리 시스템의 용도별 분류

Smart Devices

지능형 센서링 등 다양한 스마트 장비를 활용해 물의 흐름과 현황을 파악하고 양방향 통신장치를 통해 정보를 공유합니다. 또, 로봇 기술과 첨단 진단 장비를 통해 지능화된 물 관리를 실현합니다.

Smart Solutions

강우 예측 시스템, 실시간 수문 정보 시스템, 홍수 분석 시스템, 저수지 용수 공급 시스템, 발전 통합 운영 시스템, 수처리 시설 통합 운영 시스템, 상수관망 진단/운영관리 시스템 등을 통한 과학적 분석과 운영을 실현합니다.

Smart Services

일방적인 데이터 수집이 아닌 양방향 통신을 통해 소비자의 수요에 즉각적으로 대응할 수 있습니다. 또한, 빅데이터를 적극적으로 활용하여 이전과는 획기적으로 달라진 소비자 중심 물 관리를 실현합니다.

* 출처: 한국수자원공사, 홍보책자

한국환경공단에서는 공공하수처리시설 지능화 체계 구축사업 착수하였다. 해당사업은 공공하수처리시설에 사물인터넷, 빅데이터, 인공지능 등을 적용해 지능형 신수처리 시스템을 구축하는 것이다. 이를 통해 대상시설에 설치된 사물인터넷 기반의 감지기가 수질오염, 온도 상승, 전력소비 증가 등 이상 징후 및 관련 정보 전송이 가능해진다.

SK텔레콤은 LTE 방식을 활용해 바닷속 통신기술 시험에 성공하였다. 해당 기술은 바닷속 수온과 염도·조류속도 등 10여 가지 정보를 측정할 수 있으며, LG유플러스는 지하수, 하천, 저수지 등의 수질오염 농도 실시간 측정 및 관리하는 서비스 실시하고 있는데, 실시간 수질 모니터링 및 조회 서비스 및 다양한 수질 상태 측정 서비스를 제공하고 있다.

4. 스마트 미세먼지 관리 및 저감 시스템

1) 정의 및 필요성

(1) 정의

　　스마트 미세먼지 관리 및 저감 시스템 기술은 도시, 산업단지 등 지역 특성을 고려한 대기환경물질 배출시설 분석을 위한 시스템으로 실시간 대기환경 모니터링 및 자동 대기질 정화 시스템이다. 대기환경관리에 접목시켜 대기질 데이터 고도화, 배출 시설 관리 등을 관리하는 대기환경 정보를 취합하고, 지능화 분석기술을 통해 실시간 축적된 대기환경물질을 상세하고 정확하게 분석한다. 그리고 자동으로 대기환경을 개선할 수 있도록 미세먼지 정화를 자동으로 시행할 수 있다.

스마트 미세먼지 관리 및 저감 시스템 개발

*출처: 구글이미지, 윕스 재가공

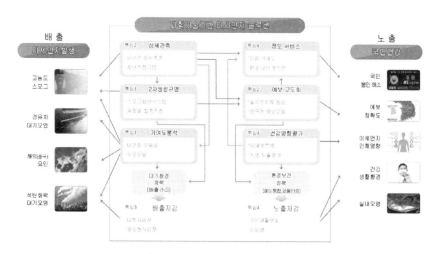

스마트 미세먼지 관리 및 저감 시스템 개념도

*출처: 한국과학기술기획평가원, 시민참여형 미세먼지 대응 정부 R&D 투자방향 수립 연구(2019)

(2) 필요성

　　스마트 미세먼지 관리 및 저감 시스템이 필요한 이유는 패러다임의 전환 때문이다. 관리지역, 관리방식, 국제협력, 중심정책, 대응기반에서 기존 패러다임과는 새로운 패러다임으로 전환되었기 때문에 이에 대응하기 위한 방안으로서 스마트 미세먼지 관리 및 저감 시스템 구축이 필요한 상황이다.

┃ 미세먼지 관리 및 패러다임 전환 ┃

구분	기존 패러다임	신 패러다임
관리지역	수도권 및 대도시 중심	전국 우심지역 중심
관리방식	개별적 오염물질 관리	통합적 관리 추진
국제협력	연구협력 단계	실질적 저감으로 전환
중심정책	일반 대기오염물질 중심	인체위해성 저감 중심
대응기반	개별, 분산된 연구	체계적, 통합적 연구

* 출처: 관계부처합동, 미세먼지 관리 종합 대책(2017), 윕스 재가공

2) 스마트 미세먼지 관리 및 저감 시스템의 용도별 분류

스마트 미세먼지 관리 및 저감 시스템은 ICT 기술의 융합을 통해 전 산업 분야에서 적용이 가능하다. 대표적으로 미세먼지 탐지, 개인 착용형 노출 저감 기구, 미세먼지 노출 저감기술, 건강영향 평가, 정보 서비스 등에 적용할 수 있다.

❚ 스마트 미세먼지 관리 및 저감 시스템의 용도별 분류 ❚

분류	상세 내용
미세먼지 탐지	• 실내공기 미세먼지 중 유해성분 탐지 기술(IoT 기반의 감지)
개인 착용형 노출 저감기구	• 마스크, 개인휴대용 탐지기구 등
미세먼지 노출 저감기술	• 주택, 대중교통, 다중이용시설 등 생활환경 실내공기지 관리 기술
건강영향 평가	• 미세먼지의 군지별 노출 정도 및 독성 평가 가능
정보 서비스	• 미세먼지 농도, 위해성, 오염지도 등 통합정보관리 및 대국민 서비스 가능

3) 국내 스마트 수질관리 기술 개발 현황

서울주택도시공사는 스마트기술과 그린인프라를 결합한 '스마트 이끼타워'를 개발하였다. 스마트 이끼타워는 오염물질을 흡수하는 식물의 특성에 사물인터넷 기술을 접목한 클라우드 기반 솔루션이며, 클라우드 시스템으로 관리해 기후 정보에 알맞게 자동으로 물 공급이 이루어지는데 스마트 도시 운영센터 및 스마트폰 앱으로 원격 자동제어가 가능하다.

* 출처: 매일경제, 미세먼지 잡는 '스마트 이끼타워' 나온다, 2020.07.01.

　　서울교통공사는 ICT기반 미세먼지 측정시스템을 구축하였다. 이를 통해 지하역사의 공기질을 신속하고 정확하게 측정하고 효과적으로 관리하기 위해 사물인터넷, 빅데이터, 인공지능 등 ICT 적극 활용하고 있다. 2020년부터 실시간 스마트 공기질 관리시스템을 100개 역에 구축, 각종 공기질 저감 장치를 최적으로 관리하고 있다.

　　포스코ICT는 산업현장의 분진을 마이크로 펄스, 배기가스의 유해물질을 저온 플라즈마 공법으로 제거하는 기술 보유 중이다. 현재 친환경설비 구축을 위해 현재 먼지가 흩날리는 것을 방지하는 밀폐식 구조물인 사일로를 포함해 179만 톤 규모의 33개 옥내저장시설을 운영 중이다. 또한 미세먼지 대응을 위해 미세먼지 원인물질인 질소산화물, 황산화물, 먼지 배출을 대폭 낮출 수 있는 최신기술의 저NOx 버너, 선택적 촉매환원법, 전기집진기 설비를 신설할 계획이다.

　　그랙터는 지능형 초미세먼지 IoT 솔루션 '엘리엇 스마트 에코'를 개발하였다. 미세먼지 외에 다양한 환경을 통합 관리할 수 있도록 자체 IoT플랫폼 '인케이스링크' 기술을 적용해 매일 수백 수천 건씩 발생하는 실시간 환경 데이터를 빅데이터로 축적해 정밀하게 모니터링이 가능하다.

5. 에너지 스마트 거래 관리 시스템

1) 정의 및 필요성

(1) 정의

에너지 스마트 거래 관리 시스템은 분산된 전력수요자원을 IT기반으로 통합함으로써 실시간으로 수요자원 및 공급자원의 상태 및 현황을 관리하고 제어하는 기술로서, 분산 자원의 에너지 거래를 이루는 단가산정, 계약, 과금, 분배 기능을 수행하는 플랫폼 역할을 한다.

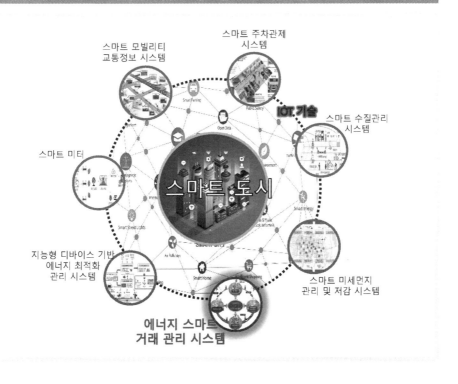

에너지 스마트 거래 관리 시스템 개발

이는 송전하는 단순기능의 수동적 시스템에서 자정작용, 고장구간 자동판단, 고장예지 등 첨단 IT기술을 적용한 미래형 시스템으로서 에너지 사용량을 실시간으로 계측하고 통신망을 통해 계량 정보 제공하여 에너지 사용량 제어하는 지능형 전력계량장치 및 스마트 미터링 시스템을 포함한다.

(2) 필요성

기존의 대규모 중앙 급전 발전기의 역할을 대체하기 위해서는 현재의 전력 및 ICT 인프라 개선 및 효과적인 연계 방안 수립 필요하다. 이에 대한 대안으로서 소규모 분산 자원[6]의 통합 운영이 필요하다. DER운영은 기존의 중앙 급전 발전기 중심의 중앙 제어 개념에서 새로운 분산 제어 패러다임으로 변화를 의미한다.

DER은 소비자 또는 인근에 위치한 소규모 발전설비로 필요한 전기의 일부 및 전부를 직접 발전하여 소비하며 남는 전력을 판매하는 새로운 형태의 전

분산형 전력공급 체계

*출처: 에너지경제연구원

---

6 소규모 분산 자원(Distributed Energy Resource; DER)은 최종 전기사용자가 자체 전력수요의 일부 또는 전부를 충당하기 위해 당해 사용자의 부지 내에 설치하는 소규모 전력생산시설 또는 에너지저장장치를 의미한다.

력사업자인 프로슈머 수준에서 활용 가능한 발전자원이기 때문에 현재 전 세계적으로 DER 보급 확대 및 활성화를 위해 국가차원에서 적극적으로 도입, 적용하고 있다.

2) 에너지 스마트 거래 시스템의 세대별 분류

에너지 스마트 거래 시스템은 스마트 도시의 다른 시스템과 달리 기술적 수준에 따른 세대별 분류가 가능하다. 세대별 분류는 1~4세대로 분류되며, 우리나라의 경우 2, 3세대에 지붕되어 있고, 4세대는 현재 연구단계 수준이다.

┃ 에너지 스마트 거래 시스템의 세대별 분류 ┃

구분	1세대	2세대	3세대	4세대
시기구분	1880~1930	1930~1980	1980~2020	2020~2050
공급온도	스팀 (200℃)	고온수 (100℃ 이상)	고온수 (100℃ 내외)	저온수 (30~70℃)
열원구성	석탄 보일러, 중유 CHP	석탄, 중유 CHP	중대형 CHP, 소각로 바이오매스 등	소각로 CHP, 지열, 연료전지, 태양열, 바이오매스 등
도입목적	편리성, 위험 감소	연료절감, 비용절감	공급 안정성 확보	지속가능한 에너지 시스템으로의 전환

* 출처: 한국수력원자력

3) 국내 에너지 스마트 거리 시스템 기술 개발 현황

국내의 경우, 에너지 프로슈머 산업에 대해 대기업 및 에너지 공기업을 중심으로 파일럿 프로젝트를 추진 중에 있다.

한국전력공사, 경상북도, 울릉군, LG CNS, 도화엔지니어링 등이 출자해 울릉도 친환경 에너지자립섬 법인을 설립했으며, 총사업비 3,902억 원을 투자해 본격적인 사업을 추진하였으나, 포항 지진으로 인해 2019년 초에 사업이 백지화 되었다.

한국전력공사는 정부 주도로 진행되는 '전력분야 10대 프로젝트'에 2조 9,000억 원을 투입하였다. 2016년부터 1조 원이 투입되는 전력신산업펀드 조성을 비롯해 전기차 충전인프라 설치, 원격검침인프라, 전력주파수조정용 에너지 저장장치, 학교 태양광 설비 사업 등에 투자하고 있다.

한국토지주택공사는 스마트 도시 '에너지거래 시범사업' 도입을 추진 예정이다. 에너지 분야 특화도시 조성을 위해 분산형 에너지시스템을 구축하고, 전기와 열을 상호보완적으로 사용할 수 있는 에너지네트워크 기술 확보와 '에너지거래 시범사업' 도입으로 에너지특화 사업을 가속화한다는 방침이다.

한화큐셀은 태양광사업을 육성하며 출하량 기준 세계 5위 자리를 차지하고 있는 한화그룹의 태양광사업 기업이다. 현재 모듈생산에 그치지 않고 태양광발전소를 직접 만들어 매각하는 새로운 수익모델도 개발하고 있다.

그리드위즈는 수요관리사업, 전기자동차 충전 인프라사업, 신재생에너지 발전사업, 에너지효율화사업 등을 운영, 에너지시장을 선도하는 기업으로 2016년부터 국내 ESS사업에 참여해 480MWh 이상의 요금 절감용 ESS를 실시간으로 운영하고 있다. 현재 다양한 산업의 고객들에게 대규모 ESS의 안정적인 운영실적을 인정받아 지속적으로 계약용량을 확대해 나가고 있으며, 대규모 태양광 및 풍력 연계 시스템도 보급하고 있다.

6. 지능형 디바이스 기반 에너지 최적화 관리 시스템

1) 정의 및 필요성

(1) 정의

지능형 디바이스 기반 에너지 최적화 관리 시스템은 건축물의 쾌적한 실내 환경 유지와 효율적인 에너지 관리를 위하여 에너지 사용내역을 모니터링하여 최적화된 건축물 에너지 관리 방안을 제공하는 계측·제어·관리·운영 등이 통합된 시스템이다. 설비제어, 전력제어, 조명제어 등 다양하고 독립적인 빌딩/자동화 시스템을 하나의 시스템으로 통합관리 및 운영이 가능하고, 건물 내 에너지 사용설비에 센서와 계측장비를 설치하고 통신망으로 연계하여, 에너지원별 사용량을 실시간으로 모니터링하고, 수집된 에너지 사용 정보를 최적화 분석 S/W를 통해 가장 효율적인 관리방안으로 자동제어가 가능하다.

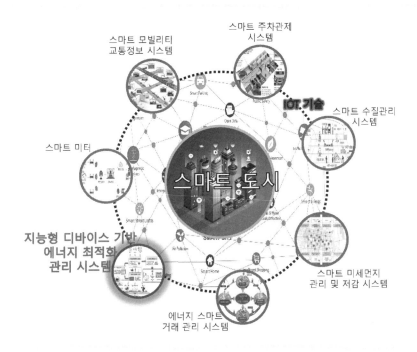

(2) 필요성

　　2017년 기준 건물부문은 전 세계 최종에너지 소비량의 약 30%를 차지하고 있는 것으로 나타나고 있다. 건물부문의 에너지원단위)는 2000년 이후 연평균 1.72% 감소하고 있으나 인구증가, 지구 온난화, 가전기기 보급률 증가 등의 원인으로 인해 개선효과가 상쇄되고 있다.

　　주요 선진국인 독일, 프랑스, 영국, 미국, 일본, 한국 등에서 건물부문의 최종에너지 소비 비중이 비교적 높게 나타나고 있어 이를 개선하기 위한 국가적 노력이 필요하다.

　　한편 IEA는 온실가스 저감을 위해 전 세계적으로 건물 에너지 효율 분야에 투자가 증가할 것으로 전망하였다. 현재 전 세계적으로 기존 건물 에너지 관리 시스템 측면에서의 건물 에너지 효율화에서 한 단계 앞선 최신의 ICT 기술을 접목하는 새로운 시도가 진행되고 있으며, 건물부문은 소재산업의 탈탄소화 및 에너지 시스템의 유연성 향상, 전력부문 집중 투자가 가능하며, 이를 통해 청정에너지 전환에서 중요한 역할을 하게 될 것이다. 따라서 신속하고 적극적인 건물부문의 청정에너지 전환을 위한 장기 투자 필요한 상황이다.

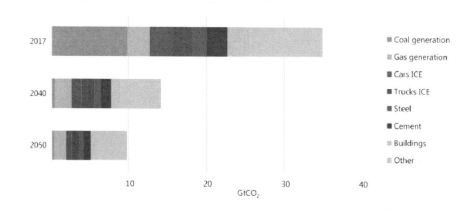

Faster Transition Scenario에서 2050년까지의 범주별 CO_2 배출량 전망

*출처: IEA, Perspectives for the Clean Energy Transition: The Critical Role of Buildings, 2019

2) 지능형 디바이스 기반 에너지 최적화 관리 시스템의 용도별 분류

지능형 디바이스 기반 에너지 최적화 관리 시스템을 위한 건물 관리 시스템 구축에는 열원, 공조, 신재생 분야, 시스템에어컨, 전력 분야 등이 있어 센서 또는 측정 장치를 통해 서버와 통신하여 모니터링을 실시하는 기술 분야가 핵심이다. 또한 건물에 대한 자동화 시스템 및 최적화에 있어서 설비 자동 제어 또는 배전반, 차단기 등의 전력/조명 제어 등의 기술이 필요하다. 이러한 기술들을 용도별로 구분하면 빌딩자동화 시스템, 사무자동화 시스템, 정보통신 시스템, 시스템 통합의 4개 분야로 구분이 가능하다.

스마트 미세먼지 관리 및 저감 시스템의 용도별 분류

분류	상세 내용
빌딩자동화 시스템	• 건물관리 시스템 / 보안 시스템 / 에너지 관리 시스템
사무자동화 시스템	• 사무생산 시스템 / 정보관리 시스템
정보통신 시스템	• 유/무선 인프라 / 센세 네트워크 / Web 기반 통신망 구축
시스템 통합	• 시설관리 시스템 / 통합 모니터링 시스템 / 원격 검침 시스템

3) 국내 에너지 스마트 거리 시스템 기술 개발 현황

현대건설은 기존 기술보다 한 단계 더 발전된 시뮬레이션을 제공하고 건물의 에너지 절감뿐만 아니라 쾌적한 실내 환경을 구현할 수 있는 '스마트 BEMS'를 현대오토에버와 공동 개발하였고, GS건설은 태양광, 지열, 신재생에너지 등을 이용한 신재생에너지 최적화 기술을 개발 중에 있다.

포스코건설은 비주거시설 건설로 국내 첫 '제로에너지 인증'을 획득하였다. 해당 건축물은 외기냉방 공조시스템 및 고효율 LED 조명이 적용됐으며, 단열성능 강화 및 냉방부하 절감 등 다수의 첨단기술들을 적용하고 옥상 및 아트리움 상부에 태양광을 설치해 전력을 생산하고, 빌딩 에너지관리 시스템을 통해 효율적인 전력사용 도모가 가능하다.

삼성물산은 자체 개발한 에너지 절감 기술인 '그린 투모로우'를 통해 에너지 사용 제로 건축 시대를 열어가고 있으며, 삼성전자는 공조·기계전력, 조명, 네트워크, CCTV 등의 무선화로 구축기간과 설치비용을 절약하고 다양한 설비의 효율적 통합관리와 최적화된 에너지 효율 운전으로 운영비용을 절감시키는 b.IoT 솔루션 개발하였다.

LG전자는 건물의 공조, 조명 장치의 작동 상태, 전력 사용량 등을 모니터링 하는 시스템 BECON을 개발하여 건물 전체의 에너지 사용량을 분석하고 예측해 에너지를 가장 효율적인 방식의 제어를 시행하고 있으며, KT는 머신러닝 방식의 인공지능 엔진을 통해 고객의 에너지 소비 패턴을 진단하고 소비, 생산 예측이 가능한 에너지관리 플랫폼 'KT-MEG'을 개발하고 대형 공장·빌딩 에너지 효율화, 신재생에너지 사업, 전기차 등 다양한 사업을 추진 중이다.

한국전력은 ESS를 활용한 지능형 사옥에너지관리 시범사업 착수하고 구리 남양주 지사에 ESS 50kWh 활용 스마트그리드 스테이션을 개발하였다.

SK텔레콤은 에너지 데이터의 분석 관리, 실행, 제어 기능을 수행해 최적의 에너지 활용 방안을 도출해 건물의 에너지 환경을 최적으로 관리할 수 있는 플랫폼 EDAS117) 개발을 개발하였다.

* 출처: SK텔레콤(2019. 10)

7. 스마트 미터 시스템

1) 정의 및 필요성

(1) 정의

스마트 미터는 소비자와 전력회사 간에 양방향 데이터 통신을 활용하여 전기사용량 정보를 고객에게 실시간으로 제공함으로써 소비자가 전기를 스마트하게 사용할 수 있게 하는 전자식 계량기를 말한다. 시간대별 전력 사용량을 측정하여 실시간 정보를 발전소, 송전·배전시설 및 전력 소비자에게 송신 연결하여 전력 수급의 효율적 관리가 가능하며, 양방향 통신을 가능하게 하는 모듈을 탑재, 에너지 소비 자동제어를 통해 전력 공급자 및 사용자의 검침 비용 및 에너지 절약의 효과를 거둘 수 있다.

스마트 미터 시스템

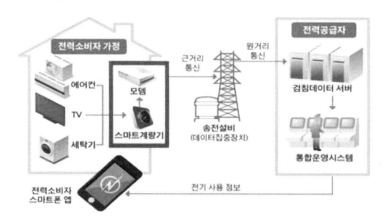

* 출처: 한국에너지공단 에너지이슈브리핑, 세계 스마트 시장 동향, 2019

스마트 미터 구성도

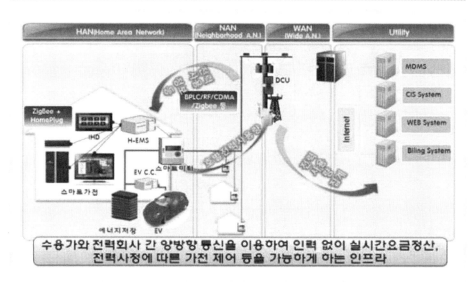

* 출처: 한국인터넷진흥원, 스마트에너지 사이버보안 가이드, 2019.12

(2) 필요성

저탄소 녹색성장과 기후변화 대응을 위해 각국은 신재생에너지를 정책적
으로 확대하기 위해 노력하고 있다. 2000년대 이후 EU 등 선진국을 중심으로

FIT와 RPS를 통한 신재생에너지 육성이 본격화되었다. 이로 인해 전력수요가 공급보다 빠르게 증가하고 신규 공급설비의 건설 환경은 점차 어려워지는 반면 피크시간대에 짧게 유지되는 최대부하 충족을 위해 대규모 공급설비를 건설하는 자원의 낭비를 최소화하기 위해 수요관리의 필요성이 증가하고 있다.

이는 에너지 수요자와 공급자에게 직접적인 영향을 미치게 되며 스마트 가전/홈, 스마트 도시, 스마트그리드 등 응용분야에서 경제적 활성화를 기대할 수 있다. 또한 에너지 공급자는 전력 소비 패턴분석을 통해 예비전력량을 확보할 수 있으며, 시간대별 에너지 수요보다 정확하게 예측할 수 있다. 그렇기에 스마트 미터 시스템에 대한 개발과 적용을 위한 적극적인 추진이 우리나라에서도 필요한 상황이다.

2) 스마트 미터 시스템의 용도별 분류

스마트 미터는 스마트 그리드 구현에 가장 중요한 구성 요소로 전력이 공급되는 모든 가정, 건물, 공장 등에 설치되어 운영되는데, 기존 전력량계 대비 진화된 형태로 시간별 전력 사용량을 측정 저장하고 다양한 요금제에 대응하는 기능을 가진다. 또한 기존의 전력량계는 총전력 사용 누적량만 알 수 있었으나, 스마트 미터는 내부에 메모리를 탑재하여 전력의 시간별 사용량을 일정 기간 저장할 수 있고 이러한 기능을 통해 사용자의 전력 사용 추이와 패턴 등을 파악하여 시간과 연동된 다양한 요금제 구현이 가능하다. 이러한 스마트 미

┃ 스마트 미터 구성 ┃

분류	상세 내용
네트워크 인터페이스	• PLC(Power Line Carrier), BPL(Broadband over power lines),Copper or optical fiber, 무선(RF), 인터넷
MCU(Microcontroller Unit)	• 메모리(RAM, ROM, Flash 등)에 시간 및 데이터를 저장하기 위해 제어 입출력, 스마트 애플리케이션 실행, 스마트 미터 중요 활동에 대한 로그 저장
AFE(Analog Front End)	• 아날로그를 디지털 데이터로 변환하여 마이크로컨트롤러에 전달
메모리	• Flash memory
LCD	• 데이터 표시

터는 크게 네트워크 인터페이스, MCU, AFE, 메모리, LCD로 구성되어 있다.

스마트 미터를 용도별로 구분하면 Meter Data 관리, 통신, 미터로 구분이 가능하다.

▎ 스마트 미세먼지 관리 및 저감 시스템의 용도별 분류 ▎

분류	상세 내용
Meter Data 관리	• 서버, DB, 지능형 시스템, 소프트웨어/응용분야 • 스마트 미터기의 데이터를 전력회사로 전송하는 네트워크 인프라 제공 • 대량의 데이터를 처리하고 관리하는 소프트웨어 제공
통신	• PLC, Zigbee, Wi−SUN, Wi−Fi 등의 통신기술 • 이동 네트워크 접근성 제공
Meter	• 시스템, 유닛, 서비스, 스마트 미터 설치 등 • 스마트 미터기

3) 국내 에너지 스마트 거리 시스템 기술 개발 현황

한국전력은 다양한 전력 통신기술 기반으로 전력회사와 소비자 간 양방향 수요반응을 통해 소비자 중심의 에너지 효율화 위한 인프라와 서비스 제공하고 있다. 현재 Open Standard 기술 및 국제 표준 프로토콜 적용으로 상호 호환성 확보하였으며, LTE, Digital TRS, 광통신, Wi−Fi 등 다양한 WAN 통신 방식을 지원하고 있다.

LS전선은 양방향 통신 기반의 수요정보 시스템, 스마트 그리드의 수요반응 구현을 위한 핵심 기반 설비를 구축하였다. 이는 스마트 그리드 운영에 있어 스마트 미터를 기반으로 하는 핵심 인프라로서 최종 소비자와 에너지 공급자 간의 정보 기반의 전력 서비스 인프라 구축이 가능해졌다.

KT는 2020년 우즈베키스탄 수도 타슈켄트에 전국 800만 가구의 전력 사용량을 관리하는 중앙 전력관제 데이터센터 구축을 완료하였다. 이를 통해 우즈베키스탄 전체의 전력 사용을 제어하는 지능형 전기검침 사업을 추진하고 있으며, 검침 데이터들의 AI 빅데이터 분석을 통해 전기 사용 시간대별 요금을 차등 적용하여 피크타임의 전기 사용을 분산시키고 있다.

04 스마트 도시의 D.N.A.

1. 스마트 도시의 구성 요소

　국내 스마트 도시와 관련한 여러 연구 보고서는 스마트 도시의 구성 요소를 크게 인프라, 데이터, 서비스로 구분하고, 세부 요소는 도시 인프라, ICT 인프라, 공간정보 인프라 등 7개 계층으로 구성하고 있다.

　여기서 인프라는 스마트 도시 산업 분류에서 언급한 스마트 도시 기반시설과 의미가 동일하다고 생각하면 된다. 그리고 데이터는 스마트 도시 기술, 서비스는 스마트 도시 서비스와 같은 맥락이다. 이를 스마트 도시 구축 및 운

▌스마트 도시 구성 요소 ▌

인프라
도시 인프라, ICT 인프라,
공간정보 인프라

기반구축단계

데이터
IoT · 빅데이터
데이터기반 도시 운영

수직적 → 수평적 구축단계

서비스
시민 체감 서비스 구현
新기술 융·복합

도시플랫폼 → 미래도시 단계

구 분	계 층	특 성
인프라	도시 인프라	도시 하드웨어와 ICT 소프트웨어의 융합
	ICT 인프라	도시 전체를 연결할 수 있는 유·무선 통신 인프라(사물 간 연결)
	공간정보 인프라	－인공위성 연결 위치측정 인프라(지리정보, 3D 지도, GPS 등) －현실 공간과 사이버 공간 융합
데이터	IoT	－도시 내 각종 인프라와 사물을 네트워크로 연결 －CCTV를 비롯한 각종 센서 장착 등
	데이터 공유	협의의 스마트 도시 플랫폼, 생산된 데이터의 공유와 활용 지원
서비스	알고리즘 & 서비스	데이터 처리, 분석을 통한 서비스 제공
	도시 혁신	도시문제 해결을 위한 아이디어 및 서비스 개발

*출처: 한국정보화진흥원 자료 재가공, 2016. 12

영의 관점에서 보다 간단히 설명하자면, 스마트 기반시설은 스마트 도시를 구축하기 위한 인프라이며, 스마트 도시 기술은 스마트 도시 기반시설에 결합되어 지능화된 시설을 만들고 서비스 구현을 가능하게 만드는 운영기술을 의미한다. 그리고 스마트 도시 서비스는 스마트 도시 기반시설과 스마트 도시 기술의 결합을 통해 제공되는 서비스를 의미한다.

스마트 도시 구성 요소의 상호 관계

이러한 구성 요소 중에서 스마트 도시 기술의 경우 스마트 도시 기반시설에 스마트 도시 서비스가 구현될 수 있도록 하는 중요한 기능을 하는 것으로 사람의 생물로 비유하면 몸속의 혈액세포, 신경세포 등으로 비유할 수 있으며, 함축적 의미를 가진 단어로 D.N.A.로 표현될 수 있다. 따라서 스마트 도시 기술은 스마트 도시를 구성하는 D.N.A.로 표현될 수 있다. 특히 스마트 도시 기술에 해당하는 빅데이터, 인공지능, 블록체인, 사물인터넷 등의 기술이 발전하면 스마트 도시 서비스도 그에 따라 고도화되는데, 이는 마치 D.N.A.에 따라 생물의 기능이 달라지는 것과 같은 맥락으로 설명될 수 있는 부분이다.

이러한 이유로 데이터로 설명되는 스마트 도시 기술을 스마트 도시의 핵심이라고 하는 것이며, 기업들이 스마트 도시 기술 분야인 빅데이터, 인공지능 등의 분야에 집중하는 것도 스마트 도시 기술을 고도화하면 스마트 도시 서비스의 응용 및 고도화가 가능하고, 새로운 비즈니스를 창출하는 데 효과적이기 때문이다.

2. 스마트 도시의 핵심 D.N.A.

1) 빅데이터

빅데이터란 기존의 관리 및 분석체계로는 감당할 수 없을 정도의 거대한 데이터의 집합을 지칭하며, 대량의 정형 또는 비정형 데이터세트 및 이러한 데이터로부터 가치를 추출하고 결과를 분석하는 기술을 말한다.

빅데이터는 3V로 표현되는 규모, 다양성, 속도의 특징을 가지고 있어야 한다. 규모는 빅데이터가 대량의 데이터를 보유하고 있어야 함을 의미하고, 속도는 데이터 처리가 빨라야 함을 의미한다. 그리고 다양성은 비정형 데이터도 처리할 수 있어야 함을 의미한다.

빅데이터는 범람하는 정보 속에서 새로운 가치창출을 하고자 데이터를 저장하고 분석하는 과정으로 단순히 범람하는 정보를 처리·삭제하는 과정이 아니다. 또한 대용량 데이터를 보관하기 위한 시스템을 갖추는 것이지 용량을 줄이는 것이 아니다.

빅데이터는 스마트 도시를 구현하는 데 반드시 갖추어야 할 가장 기본적인 기술이자 필수적인 기술이라고 할 수 있다. 빅데이터를 활용하면, 경제와 사회, 공공 서비스, 기업 전략 등에 적용하여 혁신적인 대안과 전략을 수립하는 데 활용될 수 있기 때문이다.

2) 인공지능

인공지능은 시스템에 의해 만들어진 지능이다. 즉 기계가 인간의 뇌를 모방한 것이다. 이러한 인공지능이 중요한 이유는 반복적 학습과 데이터를 자각하며 자동화한다는 것이다. 그리고 기존 제품에 지능을 높여주고, 점진적인 학습 알고리즘을 통해 스스로를 개선하고 데이터가 프로그래밍을 수행할 수 있도록 해준다. 또한 이전에는 불가능했던 딥 신경망 분석을 통해 놀랍도록 향상된 정확도를 제공하며, 데이터의 활용도를 극대화하기 때문이다.

사실 인공지능을 최신 트렌드로 끌고 온 것이 '빅데이터'이다. 인공지능이 방대한 데이터를 자체 알고리즘을 가지고 학습하며 특정 분야에서 인간의 지능보다 앞선 능력을 보인 것이다.

인공지능이 빅데이터를 학습하는 방식을 '딥러닝'이라고 부른다. 쉽게 말해 다양한 형식으로 흩어져 있는 데이터에서 핵심적인 내용을 추출하는 기계 학습 알고리즘을 의미한다. 인공지능과 알고리즘이라는 단어가 함께 따라 다니는 이유가 이 때문이다. 따라서 현재 AI는 빅데이터의 다양성 부분을 구현할 수 있게 하기 때문에 빅데이터와 인공지능은 서로 상호관계에 있다고 할 수 있으며, 스마트 도시 서비스를 구현하는 핵심기술로서 각종 신기술이 개발되고 있다.

3) 블록체인

블록체인은 누구나 열람할 수 있는 디지털 장부에 거래 내역을 투명하게 기록하고, 여러 대의 컴퓨터에 이를 복제해 저장하는 분산형 데이터 저장기술을 의미하는데, 정보보호와 깊은 관련성이 있다.

블록체인은 2007년 글로벌 금융위기 때 금융시스템의 위험성을 인지한 나카모트 사토시가 개인 간 거래를 투명하고 안전하게 보호하기 위해 만든 핵심기술인데, 거래발생 시 블록을 생성하고, 기록을 계속 보관하기 위해 기존 블록에 체인처럼 연결한다. 신규 블록들은 이전 거래 내역 데이터와 연계하여 블록을 생성하기 때문에, 블록이 계속 생성될수록 안정성이 강화되는 구조를 갖는다.

블록체인의 가장 큰 특징은 탈중앙화된 기술이라는 점이다. 즉, 거래 장부가 단일 중앙 서버에 저장되는 것이 아니라 다수의 컴퓨터에 분산되어 저장된다. 각 컴퓨터마다 고유의 거래 장부를 갖고 있으며, 장부에 거래가 추가되거나, 체인에 블록이 추가될 때마다 네트워크 안에 있는 모든 컴퓨터가 거래를 검증하고 이를 동기화해서 각각의 장부를 일치시키기 때문에 탈중앙화와 동기화로 인해 단일 주체가 데이터를 관리할 필요가 없는 것이다.

이러한 블록체인 기술은 빅데이터의 신뢰성과 타당성을 부여하는 해법으로 제시되고 있다. 인공지능이나 사물인터넷이 빅데이터의 신뢰성과 타당성을 부여할 수 없는 부분을 블록체인이 해결해 줄 수 있는 것이다.

타당성은 블록체인의 P2P 네트워크에 의해 갖는 특성으로서 설명된다. P2P 네트워크는 어떤 데이터가 어떤 경로를 거쳤는지를 보여 준다. 이는 타당성에서 어떤 출처의 데이터가 사용됐는지를 명확하게 보여 줄 수 있다. 또한 신뢰성은 합의 알고리즘에 의해 갖는 특성으로 설명된다. 합의 알고리즘은 공유되는 데이터의 일관성을 위해 활용되는데, 데이터 블록의 생성, 신뢰성 검증 그리고 전파 과정을 거치게 한다. 데이터 신뢰성 확보가 합의 알고리즘에 의해서 이루어질 수 있다. 또한 블록체인 데이터는 완결성을 가진 형태로 산출된다는 점에서 블록체인 데이터 활용 자체가 신뢰성을 가지게 한다.

한편, 최근 블록체인을 인공지능과 결합하려는 움직임이 진행되고 있다. 그 이유는 블록체인의 암호화 기술이 가지는 보안성으로 인공지능으로 생성된 데이터의 보안을 유지할 수 있기 때문이다. 또한 블록체인이 인공지능의 의사 결정을 투명하게 기록하여 사람들이 인공지능의 결정을 추적하고 이해하는 데 효과적이며, 인공지능의 머신러닝 방식 채굴 알고리즘을 활용하면 블록체인 관리를 보다 더 효율적으로 관리할 수 있기 때문이다.

이미 블록체인과 인공지능의 결합으로 발생하는 장점으로 인공지능 개발을 위한 서비스를 제공하는 블록체인 기반의 플랫폼들이 증가하고 있는 상황이다. 예를 들면 해당 플랫폼을 이용하기 위해 암호 화폐를 지불하거나, 인공지능 개발에 필요한 데이터를 업로드하는 유저들에게 보상으로 암호 화폐를 제공하고, 공유된 데이터를 블록체인을 통해 관리하는 등 다양한 방법으로 이 두가지 기술을 결합하는 것이다.

이처럼 블록체인은 빅데이터 특성을 확장하는 장점, 인공지능으로 생성된 데이터를 보안 유지하는 장점 등으로 점점 더 중요 기술로 인식되고 있으며, 스마트 도시의 기술의 핵심인 데이터를 응용, 확장하는 데 중요한 시너지를 만드는 역할을 하고 있다. 이른바 데이터의 냉장고인 것이다.

4) 스마트 도시 구축과 운영에서 스마트 도시 D.N.A.

　　지금까지 살펴본 스마트 도시의 구성요소와 빅데이터, 인공지능, 블록체인의 기능을 종합해 보면 스마트 도시 D.N.A.인 빅데이터, 인공지능, 블록체인이 상호 융합을 통해 응용과 확장, 고도화가 가능하도록 만들어 내는 역할을 한다는 것을 알 수 있다. 그리고 이러한 스마트 도시 D.N.A.가 스마트 도시 기반시설과 결합하여 스마트 도시 서비스를 구현하는 것이 바로 스마트 도시 구축과 운영의 핵심이라고 할 수 있다.

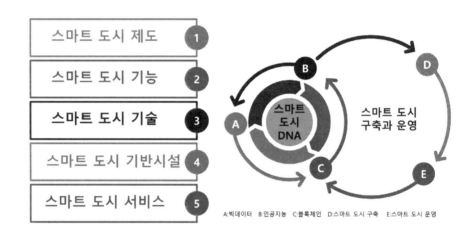
스마트 도시 D.N.A.

A:빅데이터 B:인공지능 C:블록체인 D:스마트 도시 구축 E:스마트 도시 운영

빅데이터

CHAPTER 02 빅데이터

| 01 빅데이터 산업

1. 빅데이터의 정의 및 필요성

1) 빅데이터의 정의

빅데이터란 형식과 규모가 다양하고 데이터 축적속도가 매우 빨라 기존의 데이터베이스로 처리할 수 있는 역량을 넘어서는 초대용량의 정형, 비정형 데이터를 모두 포함한다. 그렇기에 데이터의 생성, 수집, 저장, 관리 및 분석하여 가치를 추출하고 지능화 서비스의 기반을 지원하는 기술을 빅데이터라고 할 수 있다.

초기에는 빅데이터의 개념이 정형, 비정형을 포함한 다양한 종류의 대규모 데이터로부터 효율적으로 가치를 추출하고, 데이터의 초고속 수집, 발굴, 분석을 지원하도록 고안된 차세대 기술 및 아키텍처로 이전에는 거대한 데이터 집합 자체만을 의미하였다. 하지만 빅데이터 기술이 발전하면서 점차 그 범위가 확대되어, 도구, 플랫폼, 분석 기법 등을 포함한 포괄적 의미로 확대되었다.

이러한 맥락에서 빅데이터 솔루션의 개념은 정형 혹은 비정형의 대용량 데이터로부터 숨겨진 패턴과 알려지지 않은 정보 간의 관계를 찾아내어, 비즈니스 의사결정을 지원할 수 있는 인사이트를 발굴하고 예측하는 소프트웨어 또는 하드웨어를 의미한다.

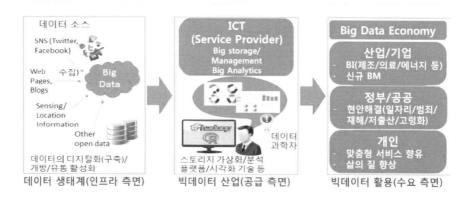

* 출처: 관계부처 합동(2018), 혁신성장동력 시행계획 자료 인용

2) 빅데이터의 필요성

스마트 도시의 D.N.A. 중 하나인 빅데이터의 필요성은 크게 5가지 정도로 정리할 수 있다.

첫째는 언택트 시대의 도래로 인한 빅데이터 수집 및 활용 급증하고 있다는 점이다. 정부 및 다양한 기업들은 AI 등을 결합한 빅데이터 분석을 통해 코로나-19 방역에 기여하고 있다. 2020년 3월 기준으로 네트워크 트래픽은 전년도 대비 30% 이상 증가하며 데이터가 빠르게 축적하고 있는 상황이다.[1]

둘째는 빅데이터 기술이 초연결 사회, 4차 산업혁명 등 기존 사회에 획기적인 변화를 가져오는 기술의 진보를 위한 기반 기술로 관련 수요가 지속적으로 증가하고 있다는 점이다. 모바일 기기의 확산 및 사물인터넷의 발달로 데이터양은 기하급수적으로 증가할 것으로 예상되고 있어 데이터로부터 새로운 가치와 혁신을 창출하기 위한 관련 기술의 중요성이 부상하고 있다.

셋째는 전 세계적 디지털 트랜스포메이션 추세로 인해 데이터양이 급격히 증가하여 빅데이터 수집·분석 기술에 대한 필요성이 급증하고 있다는 점이다. 전 세계에서 연간 생성되는 데이터양은 2016년 96 EB[2]에서 2021년 278 EB로 증가할 것으로 전망되고 있다.[3] 또한 무선 네트워크의 고도화와 스마트폰의 보

---

1 중소벤처기업부(2021), 중소기업 전략기술로드맵 2021~2023 빅데이터
2 Exabyte: 1018 bytes

급 확대로 비정형 데이터 기반의 모바일 데이터는 2016년 7.2 EB에서 2021년 48.2 EB로 6.7배 폭증할 것으로 예상된다.[4]

　　넷째는 민간·공공에서 축적되는 빅데이터의 활용으로 생산성을 향상시키고 비용이 대폭 절감되었다는 점이다. 민간 정보서비스 부문의 빅데이터 DB 활용으로 1조 7,775억 원의 생산유발효과 및 1조 6,122억 원의 부가가치 창출이 전망되고 있으며, 공공부문에서도 빅데이터 활용으로 행정 효율성 제고, 세수증대 등을 통해 최대 4조 2,000억 원의 부가가치 창출 전망되었다.

　　다섯째는 빅데이터 산업은 오픈소스 중심의 소프트웨어 산업으로 중소기업에 적합한 산업이면서 비즈니스에 활용하려는 수요가 시장 성장을 견인하는 산업으로서 대한민국에 적합한 산업이다.[5]

2. 빅데이터 산업의 분류

　　빅데이터 산업은 데이터의 생산, 수집, 처리, 분석, 유통, 활용 등을 통해 가치를 창출하는 상품과 서비스를 생산·제공하는 산업이다. 이러한 측면에서 빅데이터의 범위는 크게 데이터솔루션, 데이터구축, 데이터인프라, 분석서비스 등으로 구분이 가능하다. 그리고 빅데이터 산업을 전방산업과 후방산업으로 구분[6]할 수 있는데, 전방산업은 생성된 데이터를 다루는 데이터솔루션, 데이터구축, 빅데이터 분석 컨설팅 및 서비스와 기술 발전의 중심인 인공지능 시스템 등이 있다. 반면 후방산업은 데이터 생산 및 수집에 제반이 되는 ICT 인프라 기술, IoT 분야 등이 있다.

---

3 Cisco(2016), Visual Networking Index:Forecast and Methodology
4 Cisco(2016), Mobile Visual Networking Index: Global Mobile Data Traffic Forecast
5 NIPA(2019), 오픈소스 중요성과 시사점
6 전방산업과 후방산업은 가치사슬상에서 해당 산업의 앞뒤에 위치한 업종을 의미한다. 다시 말해 자사를 기준으로 제품 소재나 원재료 공급 쪽에 가까운 업종을 후방산업, 최종 소비자와 가까운 업종을 전방산업이라고 한다.

후방산업	빅데이터	전방산업
센서, 반도체, 컴퓨팅 시스템, 통신 등 ICT 인프라 기술	빅데이터	데이터솔루션, 데이터 구축, 빅데이터 분석 서비스, 인공지능 시스템

　　2018년 데이터 산업 현황조사 보고서에서는 데이터 산업을 데이터 솔루션, 데이터 구축 및 컨설팅, 데이터 서비스로 구분하고 있으며, 빅데이터 분류를 보다 세부적으로 살펴보면 다음의 표와 같다.

┃ 빅데이터 분류 ┃

대분류	중분류	세부 기술
데이터 솔루션	데이터 수집	데이터 검색, 로그데이터 수집, 웹데이터 수집, 데이터 통합/연계, 데이터 교환/개방
	DBMS	RDBMS, NoSQL DBMS, 인메모리 DBMS, 기타 DBMS
	데이터 분석	정형/비정형 데이터 분석, 실시간 데이터 분석, 데이터 시각화 분석, 데이터 (전)처리
	데이터 관리	데이터 모델링, 마스터 데이터 관리, 데이터 품질 관리, DB 운영 및 성능 관리
	데이터 보안	DB 보안, 개인 데이터 보안
	데이터 플랫폼	빅데이터 플랫폼 개발 및 공급
데이터 구축 및 컨설팅	데이터 구축	DB 설계/구축, 데이터 이행, 데이터 구축/가공
	데이터 컨설팅	데이터 설계 컨설팅, 데이터 품질 컨설팅, DB 성능 개선 컨설팅, 데이터 거버넌스 컨설팅, 데이터 분석/활용 컨설팅
데이터 서비스	데이터 판매 및 중개	데이터 판매, 데이터 신디케이션
	정보 제공	포털/정보 매개 서비스, 정보 제공 서비스
	데이터 분석 제공	소셜 데이터 분석 정보 제공, 마케팅 데이터 분석 정보 제공, 리스크 데이터 분석 정보 제공, 게타 데이터 분석 정보 제공

* 출처: 한국데이터산업진흥원(2019), 2018 데이터 산업 현황 조사

02 빅데이터의 시장, 기술 동향

1. 국내·외 빅데이터 시장 동향

1) 국내 시장동향 및 전망

한국 IDC의 국내 빅데이터 및 분석 2018－2024 전망 자료에 따르면 2021 년도 시장 규모는 2조 741억 원으로 예상되었으며, 2024년에도 2조 8,569억 원 으로 전망되었다. 빅데이터 시장의 성장은 기업 및 공공기관 등 모든 산업에서 비즈니스 혁신 및 인사이트 도출을 위한 데이터 활용의 중요성에 대한 관심 증 대되었기 때문이다. 특히 빅데이터 기반의 고급 분석 및 인공지능 시스템 구축 을 위한 데이터의 필요성 증가 요인에 의해 관련 시장은 향후 지속적 성장할 것으로 예측되고 있다.

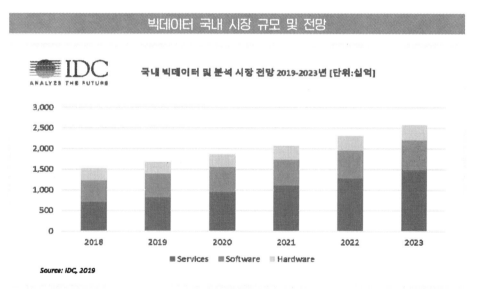

*출처: 한국 IDC(2019), 국내 빅데이터 및 분석 2019－2023 전망

(단위: 억 원, %)

구 분	'18	'19	'20	'21	'22	'23	'24	CAGR
국내시장	15,044	16,744	18,636	20,741	23,084	25,692	28,569	11.2

*출처: 국내 빅데이터 및 분석 2018-2024 전망, 2019, 한국IDC, 네모아이씨지 재가공

부문별 빅데이터 시장의 경우 2017년과 2018년에는 서비스 부분의 규모가 1위를 차지하였고, 소프트웨어 부문이 2위를 차지한 것으로 나타났다. 특히 2017년과 2018년을 비교하였을 때 서비스와 소프트웨어의 비중은 증가했고, 하드웨어 비중은 감소한 것으로 나타났다. 이는 빅데이터 관련 투자가 과거 하드웨어 중심으로 이루어졌던 것에서 빅데이터를 활용한 서비스를 가동하기 위한 소프트웨어에 대한 투자로 변화하고 있음을 의미하는 것이다.

국내 빅데이터 시장규모 추이(2017-2022)

*출처: 한국 IDC(2019), 국내 빅데이터 및 분석 2019-2023 전망

2) 세계 시장동향 및 전망

Big Data Market이 2019년 발표한 세계 빅데이터 시장 규모 및 전망 자료에 따르면 2018년 1,136억 달러 규모로 평가되었으나, 연평균 10.6%의 성장률을 보이며 2024년에는 2,075억 달러 규모로 성장할 것으로 전망하였다. 현재 기업들은 최소한의 인프라를 활용한 효율적인 빅데이터 시스템 구축을 위해

다양한 빅데이터 솔루션 및 기술을 도입하는 단계이지만 IoT와 모바일 기기의 증가로 인해 데이터양이 급증하여 이에 대응할 빅데이터 솔루션 수요가 증가하고 있다. 그리고 코로나 19의 영향으로 비대면 산업 등 기존의 오프라인 활동들이 온라인으로 대체되면서 데이터 생성량이 예상보다 빠르게 증가하는 상황이 앞으로의 빅데이터 시장을 더욱 성장시킬 것으로 예상된다.

‖ 빅데이터 세계 시장 규모 및 전망 ‖

(단위: 십억 달러, %)

구 분	'18	'19	'20	'21	'22	'23	'24	CAGR
세계시장	113.6	125.6	138.9	153.6	169.8	187.7	207.5	10.6

* 출처: Big Data Market(2019), Global Forecast to 2025, 2019, markets and markets

　　현재 미국, 중국, 일본 등의 선진국은 물론 아시아태평양 지역의 국가들까지 빅데이터와 인공지능 분야에 관심이 높다. 특히 4차 산업혁명의 핵심으로 평가받고 있는 빅데이터 및 AI를 위해 빅데이터를 차세대 산업으로 선정하고 육성하기 위해 노력 중이다. 주로 클라우드 기반 데이터 산업을 위주로 성장 중이며, 지역적으로는 아시아-태평양 시장이 가파른 성장세를 보이고 있으며, 향후 북미 중심의 시장 규모를 추월할 가능성도 존재하는 상황이다. 이로 인해 정부 뿐만 아니라 정부뿐만 아니라 민간기업 중에서도 구글, 애플, 텐센트, 알

* 출처: Big Data Market(2019), Global Forecast to 2025, 2019, markets and markets

리바바 등의 세계적 기업의 경우 빅데이터, 인공지능 관련 핵심기술 확보를 위해 관련 투자 및 인수가 활발히 진행되고 있다.

2. 국내·외 빅데이터 기술 동향

1) 국내 빅데이터 기술 동향

빅데이터 분야의 기술경쟁력 평가 결과, 최고기술국은 미국으로 나타났다. 대한민국은 미국 대비 71% 수준으로 평가되었고, 중소기업의 경우에는 64% 수준으로 평가되었다. 이는 최고기술국인 미국과 비교했을 때 대한민국의 기술 격차는 2.3년, 중소기업은 3.3년으로 격차를 보이는 수준이다.

국내 빅데이터 기술의 부문별 동향을 살펴보면 다음과 같다.[7]

국내 빅데이터 예측·분석, 이종소스 분석 등의 기술은 아직 초기단계 수준으로 기술개발이 필요한 상황이다. 비정형적 데이터와 관련된 예측 연구는 시작단계이며, 시각화 기술은 데이터마이닝 작업에 기초한 정보 전달보다는 메시지 전달을 위한 시각 표현 위주의 작업이 이루어지고 있는 실정이다.

국내 빅데이터 활용기술 수준도 아직까지는 낮은 수준으로 주로 금융 및 통신 산업 관련 도메인 지식 기반 빅데이터 기술을 활용하고 있다. 텍스트 및 음성 분석 기술의 경우에는 한국전자통신연구원에서는 웹데이터 및 대규모 코퍼스로부터 반자동으로 언어 분석에 필요한 지식 추출 방법을 개발하여 기술 문서를 자동번역할 수 있는 시스템을 개발하였다.[8]

영상 빅데이터 분석 기술은 국내 영상분석 솔루션 기업들이 자체 개발한 분석 알고리즘으로 기술을 고도화하면서 시장발전을 이끌고 있는 상황이다.[9] 공간분석 기술의 경우 Daum, NHN, 솔트룩스, SK텔레콤 등의 업체들이 자체 관련 기술을 개발하여 공간 빅데이터 서비스를 제공하고 있는 상황이다. 하지

---

7 중소벤처기업부(2021), 중소기업 전략기술로드맵 2021~2023 빅데이터, 내용 재구성
8 한국전자통신연구원에서는 대규모 데이터 기반에 자동번역 시스템의 성능을 개선하는 연구를 추진하고 있으며, 해외와 달리 규칙 기반의 자동번역 방법(rule-based machine translation)을 채택한 것이 차별점이며 번역 지식의 규모와 품질이 성능에 영향을 미치는 핵심 요소이다.
9 2019년 국내 중기신청과제 228개 종 28,832건 중 영상정보처리 기술을 포함하는 과제는 17개 과제 2,885건으로 전체 중 약 10%에 수준으로 많다.

만 공간 빅데이터 시장에서 전문인력 및 연구 역량을 체계적으로 확보하고 있지 못하여 관련 연구는 아직 초기단계로 평가되고 있다.

빅데이터 서비스 기술은 클라우드 환경에서 여러 사용자 간의 데이터 공유와 분석을 지원하기 위해 업체 중심으로 멀티테넌트 하둡(Hadoop) 개발을 진행하고 있다.

2) 국내 기업 기술 동향

빅데이터와 관련하여 국내 주요 기업들의 기술개발 동향을 살펴보면 다음과 같다.

SK텔레콤에서는 고객 데이터와 외부 데이터를 기반으로 상권 분석을 해주는 빅데이터 서비스 지오비전을 개발 및 제공하고 있다. 지오비전은 전국 유동인구를 5분 단위로 확인할 수 있는 국내 유일 서비스로 한 기지국의 통신 반경을

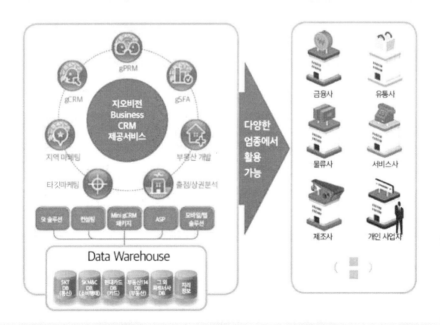

SK 텔레콤 지오비전 개요도

* 출처: SK텔레콤 Biztworld 홈페이지

10m 단위로 쪼개 관리하는 '피셀' 기술을 적용해 기존 '셀 ID 측위 방식' 대비 5배 이상 정밀한 위치 정보를 제공하고 있다. 경북경찰청은 지오비전을 활용하여 지역 유동 인구 데이터를 확보하고 효율적인 코로나−19 확산 방지와 국민 체감안전 향상을 위한 핀포인트 순찰을 지원하는 데 활용하고 있다.

솔트룩스에서는 지능형 빅데이터 분석 플랫폼 빅데이터 스윗을 개발하여 대규모 데이터를 분석·처리하는 기술을 개발하였다. 이 기술을 활용하여 2018년까지 공간·행정·민간 정보 등 341종의 데이터를 수집하여, 놀이 시설 안전 사고의 여러 융합 DB의 결과를 지도로 보여 줘 현황을 쉽고 직관적으로 파악할 수 있도록 하였다. 특히 빅데이터의 분산처리를 돕는 공간 하둡 플랫폼을 통해 분석 결과를 지도 위에 시각화해 보여 주고 미래 결과를 예측하는 서비스를 제공한다.

씨이랩은 빅데이터 튜닝 전문 플랫폼인 '아큐튜닝 for 씨이랩'을 출시해 AI 통합 기술 수준 향상에 기여하였다는 평가를 받고 있다. 아큐튜닝을 통해 별도 학습 없이 빅데이터 전처리 및 영상 속 자연어 자동 분류, 자동 데이터 탐색·

신한카드의 빅데이터 분석 기반 고객 라이프 스타일 분류

* 출처: 신한카드 홈페이지

분석, 최적의 분류 예측모델 자동 생성 등을 제공하며 영상인식 빅데이터 분석의 효율성을 향상시켰다. 특히 데이터 전처리·데이터 증강·모델 생성·모델 분석 등 전문가용 고급 기능을 손쉽게 활용하게 해주는 기능을 제공하고 있다.

신한카드에서는 빅데이터 분석을 바탕으로 고객 라이프 스타일 맞춤형 상품 추천 서비스를 제공하고 있다.

KT 넥스알은 하둡 기반의 빅데이터 분석 플랫폼인 NDAP을 주력 솔루션으로 제공하고 있다. 이 솔루션은 빅데이터 배치 처리 및 근-실시간 검색 플랫폼으로 빅데이터 분석을 위한 모든 작업 및 실시간 데이터 질의 처리가 가능하여 실시간으로 발생하는 다양한 형태의 머신/휴먼 데이터를 수집하여 데이터에 기반한 신속한 비즈니스 의사 결정을 지원하는 Lean Stream 솔루션을 제공하고 있다.

다음소프트에서는 소셜 네트워크 마이닝 분야의 전문 분석을 수행하고 있다. SNS 정보 기반 여론 진단 서비스, 소셜미디어, 트위터, 블로그 트렌드 분석 등을 서비스하며, 소셜미디어상의 데이터에서 의미 있는 정보를 찾고, 조직화함으로써 정보 간의 관계나 패턴, 트렌드 등을 분석하는 서비스를 제공하고 있다.

3) 해외 빅데이터 기술 동향

해외의 빅데이터 주요 기술 동향을 살펴보면 다음과 같다.

증강 데이터 관리 부분에서는 머신러닝과 AI를 활용해 기업의 데이터 관리 카테고리를 생성하며 데이터 품질, 메타데이터 관리, 마스터데이터 관리, 데이터 통합 등이 포함된 기술이 개발되었다. 이를 통해 2022년 말에 이르면 데이터 관리 수작업이 45% 가량 줄어들 것으로 전망되고 있다.

블록체인과 관련해서는 블록체인을 활용한 데이터 분석 기술 개발 추진 중에 있다. 이를 통해 블록체인이 원장 데이터베이스 관리 시스템을 통해 단일 기업의 데이터 소스에 대한 감사를 가능하게 하는 옵션을 제공하며 빅데이터 기술과 융합을 기대할 수 있게 된다.

IoT 시스템과 관련해서는 모든 사물이 연결되는 초연결시대와 더불어 DT 시대에서 IoT 기술이 데이터 수집에 핵심적인 역할을 할 것으로 전망되고 있다. IBM, 구글 등은 사물인터넷을 통한 솔루션을 제공하는 서비스 개발이 활발하며, 시스코, Sigfox, Intel 등은 IoT의 인프라 측면에서 활발한 개발이 이루어지고 있는 중이다. 국내에서도 IoT 플랫폼이 주요 서비스 사업자 및 주요 연구기관에 의해서 개발되고 구축되고 있는 상황이며, 향후 IoT 센서들이 광범위하게 설치되어 데이터가 수집되면, 빅데이터 수요는 더욱더 늘어날 것으로 전망된다.

빅데이터 지식 처리 플랫폼 부문은 딥러닝 및 인공지능과 결합된 형태의 빅데이터 분석 플랫폼이 등장하면서 심층 질의응답이 가능하고 고속병렬처리 방식으로 연산소요시간을 대폭 단축시킨 차세대 지능형 지식 처리 플랫폼으로의 진화가 진행 중에 있다.

분석/시각화 상용 솔루션 개발 부문은 하둡에 의해 주도되었던 빅데이터 플랫폼에서, 기능과 성능을 개선하기 위한 클러스터 컴퓨팅 프레임워크 방식의 스파크로 대변되는 고속 메모리 기반 분석 등 분석/시각화를 강조한 상용 솔루션들이 부각되고 있는 상황이다.

클라우드형 빅데이터 플랫폼 서비스의 경우에는 IoT의 증가로 특히 시계열 빅데이터 처리 전용 솔루션들이 증가하고 있고, 특히 클라우드 형태로 빅데이터 플랫폼을 제공하는 서비스가 증가하는 추세이다. 현재 클라우드형 빅데이터 플랫폼 서비스는 구글, 아마존 AWS, 마이크로소프트 Azure, Oracle 등 거의 모든 글로벌 회사가 서비스를 제공하고 있다.

음성언어 처리기술 부문은 스마트폰 중심으로 한 모바일 인터넷 환경에서의 많은 사람들이 음성인식을 사용함으로써 엄청난 규모의 사용자 로그 데이터를 확보하고 있는 상황이다. 구글은 현재의 음성인식 서비스를 확장하여 실제로 구글은 음성검색 서비스를 통해 하루 동안 한 사람이 2년 동안 쉬지 않고 얘기하는 양의 방대한 양의 음성데이터를 수집할 수 있으며, 수집된 음성데이터는 텍스트 자료로 전사가 가능하도록 하여 100억 개 이상의 문법 구조를 학습하고 음성인식 성능을 개선하는 데 활용되고 있다.

영상 빅데이터 분석기술 부문은 기존 영상 자체에 대한 인식의 범위를 뛰어넘는 의미 있는 정보추출과 내용분석을 통해 새로운 가치를 창출하며 미래변화를 예측하는 좋은 기회로 작용할 것으로 예상되고 있다.

4) 해외 기업 기술 동향

빅데이터와 관련하여 해외 주요 기업들의 기술개발 동향을 살펴보면 다음과 같다.

빅데이터 분석기술이 결합된 플랫폼의 주요 플레이어는 IBM, 구글, 마이크로소프트가 센싱디바이스, 웹, 음성 등의 데이터들을 결합하고 분석하여 플랫폼 서비스를 제공하고 있다. IBM은 음성 및 이미지 인식, 자연어 처리, 번역, 데이터 분석 등에 인공지능 서비스를 제공하고 있고, 구글은 실시간의 빅데이터를 축적하고 전 세계에 설치한 IoT 기기를 구글 클라우드 플랫폼에 연결하여 실시간으로 빅데이터 분석하는 플랫폼을 개발 중에 있다.

마이크로소프트는 인프라 측면에서 클라우드 플랫폼 애저를 기반으로 SaaS솔루션을 제공하여 기업 및 고객의 IoT 시장 진입 장벽을 낮추고 신제품을 개발하고 있으며, 아마존은 웹 및 알렉사를 통해 클라우드 기반의 인공신경망 기반분석 서비스와 음성인식 서비스를 융합적으로 제공 중에 있다. 특히 기존의 사용자가 생성하는 문서, 웹, 음성 데이터들을 사물인터넷과 결합하고 인식기술을 고도화 서비스를 제공한다.

후지쯔는 농지작물 및 작업에 대한 이미지 등의 데이터를 분석하는 플랫폼 서비스를 제공하고 있으며, 클라우드 기반의 센싱네트워크 장비를 통해 들어온 이미지 등 각종 빅데이터를 분석하여 농지작물의 실적과 수확량 품질 등을 확인할 수 있도록 하고 있다. 시스코는 인프라 측면에서는 IT 아키텍처, 네트워킹, 클라우드 인프라, 실시간 분석, 보안 플랫폼, 벤처 투자 등으로 신산업 생태계를 창출하고 있다.

월마트(Walmart)의 경우에는 재고 분석 결과를 외부 협력업체 등에 공개하고 물류, 재고 관리 현황의 실시간 분석을 통해 경쟁력을 강화하고 있으며, 사우스웨스트 에어라인스(Southwest Airlines)에서는 비행기 좌석 스크린에 승객별로 맞춤형 광고를 제공하고 있다. 그리고 자라(Zara)에서는 빅데이터 분석을 활용해 전 세계 매장의 판매 현황을 실시간으로 분석한 뒤 고객 수요가 높은 의류를 실시간으로 공급할 수 있는 물류망을 구축하였다.

03 빅데이터 7가지 주요 솔루션

1. 클라우드 서비스

1) 정의 및 필요성

(1) 정의

클라우드 서비스(cloud service)는 서비스 이용자가 정보 자원을 필요한 만큼 빌려서 사용하고, 서비스 부하에 따라서 실시간 확장성을 지원받으며, 필요한 순간에 접속하여, 사용한 만큼 비용을 지불하는 서비스로 공유된 컴퓨팅 자원이 신속히 제공되고, 회수되는 서비스를 의미한다.

클라우드 컴퓨팅은 IT 자원을 필요한 만큼 대여하여 원하는 시점에 네트워크를 통해 사용하는 컴퓨팅 환경으로 IT 자원이 필요한 개인 혹은 기관에서 물리적인 IT 자원을 고정적으로 설치하여 사용하지 않고, 필요한 시점에 필요한 만큼의 IT 자원을 임대해서 사용하는 개념이다. 특히 최근 사물인터넷, 인공지능, 빅데이터 등 주요 기술 발전과 함께 데이터의 양이 폭증하며, 클라우드가 산업 성장을 뒷받침하고, 기술을 구현하는 기반으로 자리 잡았다.

(2) 필요성

클라우드 서비스는 크게 IaaS, PaaS, SaaS로 구성되어 있다.

IaaS는 서버, 스토리지, 네트워크를 가상화 환경으로 만들어, 필요에 따라 인프라 자원을 사용할 수 있게 서비스이다.

PaaS는 SaaS의 개념을 개발 플랫폼에도 확장한 방식으로, 개발을 위한 플랫폼을 구축할 필요없이 필요한 개발 요소들을 웹에서 쉽게 빌려 쓸 수 있는 서비스이다.

SaaS는 'on-demand software'로도 불리며, 소프트웨어 및 관련 데이터는 중앙에 호스팅되고 사용자는 웹 브라우저 등의 클라이언트를 통해 접속하는 형태의 소프트웨어 전달하는 서비스이다.

서비스 관점에서는 클라우드 개념 정의 초기에 제시된 IaaS, PaaS, SaaS와 같은 사업영역의 경계가 갈수록 허물어지고 있다. 또한 클라우드라는 메가트렌드에 각 업체가 출시한 신규 서비스를 편승시키기 위해 광범위하게 사용되고 있으며, 기업의 비즈니스 또는 마케팅 관점에서 클라우드가 사용되고 있다. 이러한 상황은 클라우드 서비스가 빠른 시일 내에 보편화될 것으로 예측될 수 있는 부분으로서 관련 기술개발 및 서비스 필요성이 높아질 수밖에 없다.

‖ 클라우드 서비스 ‖

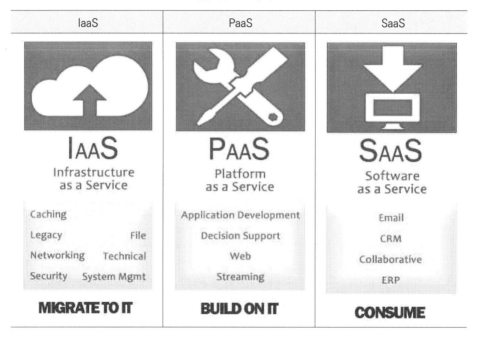

2) 클라우드 서비스의 분류

클라우드 서비스는 공급망 관점에서 서비스 관리 관점과 기술 기반 관점으로 구분할 수 있다. 서비스 관리 관점은 세부적으로 가상화 기술, 오픈 인터페이스, 대규모 분산처리 기술, 클러스터 기술, 자동화 관리 기술, 노드 관리 기술, 부하 분산 및 자동 확장 기술, 자원 유틸리티 기술, 서비스 수준관리 기술로 구분이 가능하다.

기반 기술 관점은 세부적으로 프로비저닝, 분산 데이터 관리 기술, 분산

병렬 처리 기술, 분산 파일 시스템 기술, 보안 및 개인정보 관리, 멀티테넌시 기술로 구분이 가능하다.

‖ 클라우드 서비스의 기술별 분류 ‖

기술개발 테마	공급망 관점		세부기술
클라우드 서비스	서비스 관리 관점	가상화 기술	• 물리적인 컴퓨팅 리소스를 논리적으로 재구성하는 기술 • 논리적인 재구성을 통하여 리소스를 통합 및 분할하여 제공하는 기술
		오픈 인터페이스	• 인터넷을 통해 서비스를 이용하고 서비스 간 정보 공유를 지원하는 인터페이스 기술 • 클라우드 기반 SaaS, PaaS에서 기존 서비스에 대한 확장 및 기능 변경에 적용 가능한 기술
		대규모 분산처리 기술	• 대규모의 서버 환경(수천 노드 이상)에서 대용량 데이터를 분산 처리하는 기술
		클러스터 기술	• 복수의 컴퓨팅 리소스들을 묶는 기술 • 묶인 컴퓨팅 리소스를 활용하여 고가용성 및 대용량 데이터 처리를 제공하는 기술
		자동화 관리 기술	• 자주 수행하는 오류 발생 가능성이 높은 클라우드 관리 작업을 자동화하는 기술 • 도구, 시스템 및 부서 사이에 걸쳐 있는 프로세스를 효율적으로 처리하여 더 빠르고 더 일관된 서비스를 제공하는 기술
		노드 관리 기술	• 오류가 발생한 노드를 재빠르게 교체하여 전체 클라우드 서비스의 가용성을 높이는 기술 • 대규모 확장성을 확보하기 위하여 서비스를 받고 있는 기업의 요구 변화에 맞추어서 재빠르게 클러스터 노드를 추가하거나 제거될 수 있도록 하는 기술
		부하 분산 및 자동 확장 기술	• 외부 트래픽의 갑작스러운 증가나 자원 활용 상황에 따라 필요한 만큼의 자원을 즉각적으로 제공하는 기술 • 동일한 주소로 접속한 사용자들을 각 노드의 부하에 따라 적절하게 접속할 수 있도록 분배해 주는 기술
		자원 유틸리티 기술(미터링 및 빌링 기술)	• IT 자원에 대한 사용량 수집을 통해 과금 체계를 정립하기 위한 기술

	서비스 수준관리 (SLA) 기술	• 외부 컴퓨팅 자원을 활용하는 클라우드 서비스의 특성 상 서비스 수준이라는 계량화된 형태의 품질 및 성능 관리 기술
기반 기술 관점	서비스 프로비저닝	• 서비스 제공업체가 실시간으로 자원을 제공하는 기술 • 서비스 신청부터 자원 제공까지의 업무를 제공하는 기술 • 자동화, 클라우드의 경제성과 유연성을 증가시키는 기술
	분산 데이터 관리 기술	• 대규모의 구조화된 데이터를 서로 분산되어 있는 환경에 저장하는 기술 • 데이터베이스를 사용하는 사용자 수가 많아지거나 데이터가 증가했을 때 새로운 시스템을 추가해 손쉽게 확장이 가능하도록 하는 기술
	분산 병렬 처리 기술	• 연산이 많이 필요한 업무는 처리할 데이터의 양은 적지만 많은 양의 컴퓨터 연산을 위해 여러 개의 시스템을 활용하는 기술 • 처리할 데이터가 많은 업무는 여러 개의 시스템에 업무를 나누어 처리할 때 시스템 간 데이터 전달로 인한 네트워크 부하를 막기 위해 가능한 한 데이터가 저장되어 있는 시스템에 업무를 분산하는 기술
	분산 파일 시스템 기술	• 거대한 양의 데이터를 저장하고 관리하기 위해 수많은 서버들에 데이터를 나누어 저장하고 관리하는 파일 시스템 기술 • 단순히 데이터의 저장과 관리만을 맡는 것이 아니라 하드웨어 장애에 유연하게 대처 가능하도록 하는 기술
	보안 및 개인정보 관리	• 민감한 보안 정보를 클라우드 컴퓨팅 자원에 안전하게 보관하기 위한 기술
	멀티테넌시 기술	• 다중 공유 모델 기술로 하나의 정보자원 인스턴스를 여러 사용자 그룹이 완전히 분리된 형태로 사용하는 모델 • SaaS를 제공하는 데 필수 기술 요소임

3) 국내 클라우스 서비스 기술 개발 현황

이노그리드는 지난 2011년 중소기업을 위한 퍼블릭 클라우드 서비스인 클라우드잇의 기능을 강화한 새로운 버전 개발을 추진하였고, 클라우드잇 1.0과 2.0을 개발하였다. 클라우드잇 2.0은 가상 환경에서 서버, 스토리지, DB 등과 같은 중소기업을 위한 IT 인프라 외에도 공개SW로 개발된 메일, 고객관계관리, 개인용 클라우드 등 다양한 서비스를 템플릿 형태를 제공한다.

모비젠은 클라우드 컴퓨팅 솔루션은 고객들이 전화, 인터넷 등 다양한 서비스를 사용함으로써 발생되는 call data, log data 등 방대한 양의 데이터를 실시간으로 요약 처리하여 데이터베이스에 저장하고, 운용자의 분석을 위한 조회 요구에 빨리 응답하여 결과를 제공하는 '클라우드 컴퓨팅 기반의 병렬 분산형 하이브리드(hybrid) 고속 데이터처리 솔루션'을 제공하고 있다.

영림원소프트랩은 토종 ERP 솔루션 기업으로 현대 경영환경에서 최적 의 사결정을 내리는 데 필수인 ERP 솔루션을 자체 개발해 공급해 왔으며 특히 클라우드 시대를 맞아 유연하고 도입 장벽을 낮춘 SaaS형 ERP를 개발하여 제공하고 있다. 다년간 연구개발로 탄생한 클라우드 ERP 'K－시스템 지니어스'는 클라우드 장점에 따라 회사 수준에 맞는 업무 기능을 골라 쓰고 월 사용료만으로 최신 ERP를 사용할 수 있으며 별도 비용 없이 표준 ERP 시스템 업그레이드도 가능하다.

2. 빅데이터 분석 및 시각화 플랫폼

1) 정의 및 필요성

(1) 정의

빅데이터 분석 및 시각화 플랫폼은 통상적으로 사용하는 소프트웨어가 수용할 수 없는 크기의 데이터인 빅데이터로부터 가치를 추출하고 결과를 분석하는 기술과 데이터 분석 결과를 유의미한 정보로 표현하는 기술의 총체를 의미한다. 데이터를 시각화하기 위해 빅데이터를 분석하여 이용자가 필요로 하는 정보를 도출, 정보를 쉽게 이해할 수 있도록 텍스트 혹은 이미지 등, 내용 전달에 효과적인 시각적 형태를 활용하고 있다.

*출처: AWS(http://aws.amazon.com), 2019.

(2) 필요성

빅데이터 분석 및 시각화 플랫폼은 머신러닝과 인공지능을 활용한 분석 영역을 확대하고 있으며 분석 결과 정보 전달 측면에서 계속 연구 및 개발 중에 있다. 지능화 관점에서 인공지능 기술을 적용하기 위한 수요는 증가하고 있으며 이의 기반이 되는 빅데이터 분석 기술은 지능정보사회에서 대표적인 기술로 부상하고 있어 관련 기술의 적극적인 개발과 산업의 확대가 필요하다.

2) 빅데이터 분석 및 시각화 플랫폼 시스템의 분류

빅데이터 분석 및 시각화 플랫폼은 대민 서비스 고도화를 위한 공공부문 분석, 대량의 데이터 분석을 통한 금융 특화 솔루션, 자연어처리, 머신러닝, 언어학적 규칙을 활용한 비정형 데이터 분석 및 시각화 서비스로 구분할 수 있다. 하지만 이러한 용도별 분류보다는 기술별 분류가 더 의미가 있다. 빅데이터 분석 및 시각화 플랫폼 관련 기술은 분산 스토리지 기술, NoSQL 데이터베이스 기술, 배치 데이터 처리 기술, 실시간 데이터 처리 기술, 머신러닝 기반 데이터 분석 기술, 데이터 시각화 기술로 구분이 가능하다.

∥ 스마트 모빌리티 시스템의 용도별 분류 ∥

분류	상세 내용
분산 스토리지 기술	• 대용량 파일을 다양한 형식으로 저장하는 기술로 분산 파일 시스템과 오브젝트 스토리지가 대표적인 솔루션 • 분산 파일 시스템은 여러 호스트가 참여하여 마치 단일 파일 시스템인 것처럼 파일 서비스를 제공하는 것으로 HDFS(Hadoop File System), GlusterFS 등의 솔루션이 포함 • 오브젝트 스토리지는 블록 스토리지인 파일 시스템과 달리 데이터를 오브젝트로 관리하여 엑사바이트 범위도 손쉽게 확장할 수 있도록 Ceph, Lustre, AWS S3 등의 솔루션이 포함
NoSQL 데이터베이스 기술	• 관계형 데이터베이스와 달리 비정형, 반정형 데이터를 빠르게 분석하도록 데이터 형태에 따라 Columnar DB, Document DB, Key-Value DB, Graph DB 등으로 나뉘는 저장 기술 • 클라우드 환경에서 오픈소스 기반의 NoSQL 데이터베이스인 HBase, MongoDB 등을 대부분 사용했지만 클라우드 솔루션의 확장으로 AWS Dynamo와 같이 클라우드 기업에서 직접 제공하는 솔루션의 사용이 증가
배치 데이터 처리 기술	• 대용량 데이터를 MapReduce와 같이 분산병렬 처리하여 상대적으로 장시간에 걸쳐 원하는 데이터를 추출하는 기술 • MapReduce는 대용량의 배열 및 행렬로 표현된 데이터를 통계 분석하거나 정형 데이터와 비정형 데이터 간 연계 분석, 기계학습에 활용
실시간 데이터 처리 기술	• 주어진 짧은 시간(보통 0.1초~1분) 내에 데이터 처리를 보장하는 기술 • 배치 데이터 처리와 실시간 데이터 처리를 분리하는 람다 아키텍처가 소개된 이후 계층별 적합한 솔루션이 제공 • Apache Spark, Apache Storm 등의 솔루션이 활용
머신러닝 기반 데이터 분석 기술	• 기존 통계 기반 데이터 분석 기술과 달리 머신러닝과 인공지능 기술을 이용해 예측 분석 등을 하는 기술 • 머신러닝 기반 분석 알고리즘이 효과적으로 동작하기 위해서는 충분한 학습이 필요한데 학습할 데이터가 많아질 경우 학습 시간이 매우 길어지므로 병렬처리 기법을 이용해 처리 속도를 향상하는 RapidMiner 등과 같은 빅데이터 분석 플랫폼에 대한 개발이 활발
데이터 시각화 기술	• 유용한 데이터 분석 결과를 시각적으로 표현하는 기술로 기업용 보고 도구부터 시작해 오픈 소스 이용 확대로 R, Python을 이용한 다양한 시각화 도구로 확장

3) 국내 스마트 모빌리티 기술 개발 현황

엑셈은 머신러닝 자동화 솔루션 기업인 데이터 로봇, 빅데이터 분석 솔루션 기업인 나임과 파트너 계약을 체결하여, 데이터에서 최적의 알고리즘 조합을 찾아내 결과를 예측함과 동시에, 분석된 데이터 시각화까지 제공하는 서비스인 '아울아이' 사이트를 2019년 오픈하였다. 현재 다양한 고객사들을 대상으로 데이터 분석에 대한 전문적 지식을 공유하고 있다.

KT 넥스알은 클라우드 환경에서 분석하는 신규 빅데이터 플랫폼 '콘스탄틴'을 출시하였다. 제주도에 구축된 스마트 관광 플랫폼을 통해 공공 와이파이로 얻은 내·외국인 관광객의 위치 정보를 통신, 카드, GIS 같은 지리 데이터와 융합해 유동인구와 상권 경쟁력, 관광지 추천과 관광 수요 예측 등 다차원 분석 정보를 도출하고 있다.

솔트룩스는 빅데이터의 수집, 변환, 분석, 시각화, 의사결정 지원에 이르는 빅데이터 분석 가치사슬 전체를 커버하는 최고의 플랫폼과 시스템을 구축하였다. 현재 빅데이터 분석 플랫폼인 BigO는 자연어처리와 기계학습, 분산병렬처리와 같은 핵심 기반 기술과 80억 건 이상의 소셜 및 공공 빅데이터에 기반 기술로 활용되고 있다.

효성인포메이션시스템은 100% GUI 기반의 간편한 환경의 데이터 수집 및 통합부터 머신러닝 모델 구축, 모델 기반 고급분석, 모델 업그레이드, 시각화 및 리포팅을 모두 제공하는 히타치 밴타라의 원스톱 빅데이터 플랫폼인 '펜타호'를 개발하였다. 해당 기술은 데이터 통합, 머신러닝 기반 분석, 대시보드 및 시각화를 통해 GUI 기반 데이터 전처리, 분석 및 예측 모형, 고객 맞춤형 대시보드로 데이터 엔지니어, 데이터 분석가와 과학자, 비즈니스 분석가와 고객 등 다양한 사용자의 업무 자동화를 지원한다.

3. 빅데이터 기반 마케팅 인텔리전스 플랫폼

1) 정의 및 필요성

(1) 정의

마케팅 인텔리전스 플랫폼이란 빅데이터와 정보 분석 도구와 방법론을 활용하여 마케팅의 의사결정을 지원하는 서비스로서 데이터 기반의 시장 및 정책정보를 모니터링하고 분석하여 다양한 통찰과 예측을 제공한다. 또한 마케팅 인텔리전스 플랫폼은 비즈니스 인텔리전스와도 유사하며, 다양한 빅데이터와 데이터 수집도구, 분석도구를 포함한 분석방법론이 결합한 빅데이터 분야 종합 기술의 총체라고 할 수 있다.

(2) 필요성

급격한 사회변화와 고객들이 생산하는 다양한 실시간 정보로 기업 입장에서 제품의 모니터링 신제품 기획 시기, 재고량 조절 등 적절하고 신속하게 대응해야 생존할 수 있는 환경이 조성됨에 따라 이를 모니터링하고 예측하는 지능형 플랫폼의 요구가 지속해서 증가하고 있다. 기존의 마케팅 분석과 대응은 단편적인 정보와 지식, 부분적인 분석으로만 대응하기 때문에 불확실성이 높고 미래를 예측하는 데 한계가 있었으나, 마케팅 인텔리전스 플랫폼의 등장은 복잡하고 다양성 높은 데이터를 결합하여 분석함으로써 예측력과 대응력을 동시에 향상시킬 가능성 증대하였다. 따라서 마케팅 인텔리전스 플랫폼의 사용을 통해 마케팅 과정 전반에 걸쳐 효율성의 달성이 가능하기에 관련 기술 개발을 통한 산업 확장이 필요하다.

2) 빅데이터 기반 마케팅 인텔리전스 플랫폼의 용도별 분류

마케팅 인텔리전스 플랫폼은 제품 및 서비스의 모니터링과 기업위험 등 민간부문을 비롯해 정책 순응 및 불응, 정책개발 등 공공부문까지 확장할 수 있으며, 전 산업 분야와 정책과정 전반에 활용·가능하여 사실상 분야별 부문별 제한이 없다. 이러한 마케팅 인텔리전스 플랫폼을 용도별로 구분하면, 패션 분야, 농업 분야, 방위산업 분야, 지역경제 분야, 교육 분야, 환경 분야 등으로 분류할 수 있다.

‖ 마케팅 인텔리전스 플랫폼의 용도별 분류 ‖

분류	상세 내용
패션	• 온라인(블로그, 포털, SNS 등) 데이터를 통해 패션 제품에 대한 패턴, 색상, 디자인, 기장, 아이템 등 모니터링을 통해 현재 유행 이슈를 파악하고, 경쟁제품의 패션 특성과 특징을 조사 없이 확인 • 판매 형태, 제고 수준, 고객 성향 등을 파악하고 예측을 통해 신제품 및 계절 아이템의 선제 대응과 시장선점 등에 도움 제공

농업	• 온라인에서의 농업 관련 키워드를 모니터링하여 농식품 수급 등 유통정책에 대응할 수 있으며, 질병 키워드를 파악하고 예측하여 위험요인에 대응 가능 • 센싱디바이스 등 내부데이터와 기상데이터의 결합분석을 통해 농작물 피해를 최소화하는 대응방안을 제시하고, 적절한 작물관리 및 재배 시기를 조절 가능
방위산업	• 내부데이터를 사용하여 방산 물자의 품질진단과 지원함으로써 방산 물자의 효율적인 관리가 가능
지역경제	• 지역 기반의 온라인데이터, 2차 자료와의 결합적 분석결과를 제공하여, 특정 지역의 경제 상황, 관광, 유통, 지역 화폐의 사용처를 한눈에 직관적으로 추적할 수 있도록 도움 제공 • 지역경제 지표와 연관성이 높은 텍스트 데이터를 분석하여 지역경제 상황을 모니터링, 예측하고 대응할 수 있는 아이디어를 제공
교육	• 교육에 대한 정책적 이슈와 사회적 요구를 파악하고, 교육정책에 대한 공공성과 시민들의 평가를 모니터링, 시기별, 교육과정별 패턴 등을 파악하여 교육정책 수립 및 개선에 도움
환경	• 미세먼지 등 대기 환경에 대해 시민들이 생성한 온라인데이터를 기반으로 정책에 필요한 요구사항을 파악하여 정책과정에 반영할 수 있으며, 이를 통해 대기 환경정책에 대한 시민들의 순응을 유도 • 다양한 내부환경 정보를 플랫폼화하여 에너지 사용량과 오염물질 배출 상황을 한눈에 모니터링하여 기업별 업종별 규제정책에 활용 가능

3) 국내 마케팅 인텔리전스 플랫폼 기술 개발 현황

더아이엠씨는 온라인 포털 및 뉴스, 소셜미디어의 텍스트 데이터 기반의 패션 인텔리전스 플랫폼인 패션 텍스토미라는 플랫폼을 개발하였다. 이 플랫폼은 패션 아이템, 색상, 패턴 등 관련 정보를 모니터링할 수 있으며, 패션 관련 키워드를 5주 단위로 출현 가능성 예측이 가능하다. 또한 비정형 데이터 특히 텍스트 데이터를 활용하여 패션 관련 키워드로 이슈를 모니터링할 뿐만 아니라 패션유통기업 및 브랜드에 대한 평판을 감성 분석으로 모니터링하도록 하여 기업의 위험과 신뢰도를 모니터링할 수 있도록 의사결정을 지원한다.

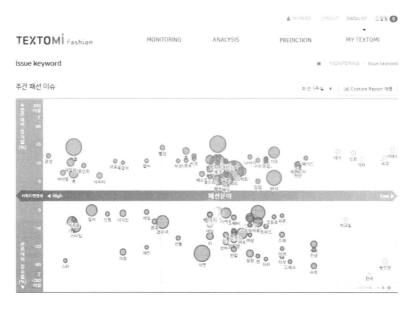

*출처: 패션 텍스토미(http://fashion.textomi.co.kr), 2019

다음소프트는 자체 보유하고 있는 막대한 빅데이터를 활용하여 통신 및 카드데이터와 융복합 교차분석을 시도하여 사회이슈를 분석하고 있다. 특히, 데이터 검색 및 분석 인사이트를 발굴하는 솔루션과 자연어처리 기반을 위한 사용자 인터페이스 솔루션을 최신 이슈로 발굴하고 사회현상을 분석하고 인사이트를 제공하는 리포트를 제작 중이다.

데이터솔루션은 빅데이터 분석 플랫폼인 빅스테이션을 자체 개발하고 주요 공공 및 금융기관의 시스템통합 사업을 수행하고 있고, NC소프트는 사기탐지 알고리즘을 고도화하여 불법행위를 모니터링하는 시스템을 개발하여 불법적으로 다른 사람의 자산을 이용하거나 가져가는 행위에 대한 탐지를 시행하고 있다.

SK텔레콤은 지오비전이라는 상권분석 및 타깃 마케팅 지원 서비스를 개발했으며, 통신 데이터와 유동인구, 지리정보, 소비업종과 상품판매 현황을 종합적으로 분석이 가능하다. 통신 데이터를 보유하고 있는 것이 강점이며 지리정보와 결합하여 신규 가치를 창출하고, 카드 및 금융, 유통정보 등 이종 간 데이터와 결합했을 때 시너지 극대화가 가능하다.

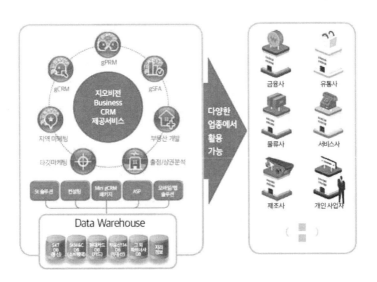

SK텔레콤의 상권분석 및 타깃 마케팅 지원서비스

*출처: SK텔레콤 홈페이지, 2019

KB국민카드는 빅데이터 분석을 통해 카드이용 서비스 및 편의성을 제공하면서, 소비자의 행동 패턴을 분석하여 마케팅에 활용하고 있다. 신규상품 개발 및 상품 추천에 활용하고 있으며 실시간 마케팅 시스템을 개발하여 고객이 자신의 니즈와 위치에 따라 최적화된 카드 혜택 및 맞춤형 정보를 실시간으로 검색할 수 있도록 하고 있다.

4. 공공 빅데이터 수집 및 분석 시스템

1) 정의 및 필요성

(1) 정의

공공 빅데이터 수집 및 분석 시스템은 다양한 공공 데이터 수집을 통해 대량의 정형 또는 비정형 빅데이터를 분석함으로써 국민건강 예방 및 정책서비스 설계가 가능하도록 가치 있는 공공기관의 정보를 추출할 수 있는 시스템이다. 현재 공공분야의 데이터를 활용하여 국민의 건강, 안전, 복지, 생활 등 다양한 분야에서의 정책설계와 집행에 활용하고 있으며, 부처별로 산재되어 있거나 중복되어 분야별 데이터의 교차 및 융합분석이 가능하도록 정책 의사결정을 지원하는 데 활용되고 있다.

(2) 필요성

최근 정책의제 설정, 정책설계, 집행의 과정에서 공공데이터의 활용가치가 증대되고 있으며, 공공 빅데이터를 수집하고 가공하여 분석하는 기술에 대한 업무연관성이 증가하고 있다. 하지만 공공데이터의 활용가치가 증가하고 있음에도 불구하고 부처별로 산재되어 있고 중복되어 있는 데이터를 일일이 수집하고 저장해서 분석해야 하는 번거로움 존재하여 이를 일괄적으로 수집하여 가공하는 시스템의 필요성이 제기되고 있다.

최근 공공 빅데이터를 활용하여 새로운 서비스 및 공공정책에 활용할 기관과 민간 등 연구기관에서 활용이 가능해졌다. 따라서 다양한 정책 수요를 가지고 있는 국민의 만족도 높은 증거 기반의 정책 및 행정 서비스 제공을 위한 기술, 사회, 경제 전반의 파급 및 연쇄효과를 감안할 때 공공 빅데이터 수집 및 분석 시스템의 구축 및 활용이 필요하다.

2) 공공 빅데이터 수집 및 분석 시스템의 용도별 분류

공공 빅데이터 수집 및 분석 시스템은 용도에 따라 크게 공공분야와 민간 분야로 구분된다.

공공분야는 국민 생활과 안전 및 경제 등 행정과 정책서비스를 극대화하기 위해 필요한 공공데이터로 활용된다. 부처별로 산재하여 있는 중복 및 유사 데이터를 탐색하여 필요에 따라 활용이 가능하고, 분야별 공공데이터를 탐색할 수 있어 시간 및 비용을 절감할 수 있다. 그리고 분야별 공공데이터를 탐색하고 수집 정리할 수 있어 관련 정책에 활용도가 높은 공공데이터를 분류하고 관리할 수 있다. 최근 공공데이터의 활용가치가 증가함에 따라 공공데이터를 활용한 행정업무지원 서비스 및 플랫폼 개발이 활성화되고 있다.

공공분야: GIS 기반 농정정보 서비스

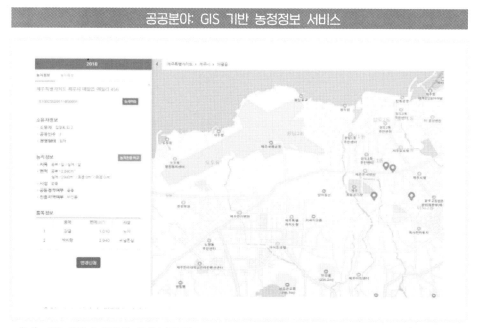

* 출처: GIS 기반 농정정보 서비스(2018)

　　민간분야는 소비자들의 니즈와 유형, 생활양식의 변화와 패턴을 확인하여
상품기획이나 마케팅을 극대화하는 데 필요한 공공데이터로 활용되고 있다. 기
업 입장에서 고객 및 시장 창출을 위해 공공데이터를 활용하여 대중의 생활양
식 및 패턴 등을 확인할 수 있고 신시장 창출과 발굴에도 활용된다. 또한 민간
등 기업이 가지고 있는 데이터와 공공데이터와 결합하거나 융합하여 새로운
통찰을 제공할 분석의 기회를 마련하고 있다.

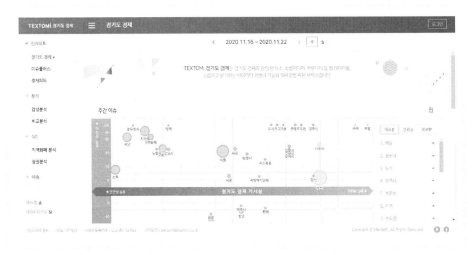

*출처: 경기도 경제 textomi 플랫폼(2020)

3) 국내 스마트 수질관리 기술 개발 현황

위엠비는 BridgeX라는 빅데이터 수집 활용 솔루션을 개발하였다. 이 솔루션은 다양한 데이터 소스로부터 데이터를 수집하고 저장하는 빅데이터 수집 솔루션으로 연계 대상 정보로부터 주기적으로 정보 연계를 자동화함으로써 자동화의 신뢰도와 안정성을 보장한다. 또한 추출/연계된 데이터는 통합 레포지터리로 저장되거나 서비스 로직이 반영된 의미 있는 데이터로 재해석 되어 사용자에게 실시간으로 제공이 가능하다.

빅인사이트는 AI 기반 데이터 가공, 데이터분석 솔루션, 고객사 맞춤 컨설팅 및 개발 서비스를 제공하고 있다. 기존에 보유 또는 수집하고 있지만, 활용되지 않고 있는 데이터 또는 분석을 위해 추가로 필요하지만 수집이 되고 있지 않은 데이터 공급, 수집/설계, 데이터를 통한 인사이트 도출 등 전반적인 데이터 분석 서비스를 수행한다. 또한 머신러닝 데이터 분석도구, 빅데이터 처리 기술의 설계, 구축, 분석, 관리뿐만 아니라 기업에서 활용 중인 기존의 BI 및 웹 분석 도구의 비교/평가를 통해 비즈니스 목표 실현을 위한 문제 해결을 지원하고 있다.

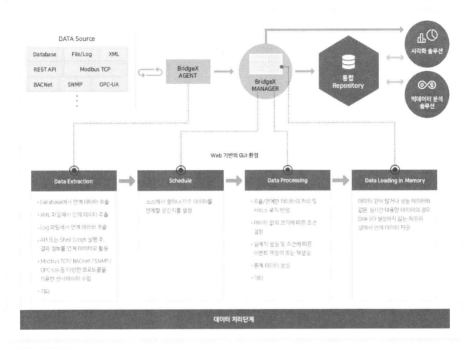

와이즈넛은 빅데이터 정보수집 솔루션 'WISE BICrawler', 빅데이터 의미분석 솔루션 'WISE BIC Analyzer'을 개발하였다. WISE BICrawler는 빅데이터 수집과 언어분석 기술 기반, 소셜 데이터 분석에 최적화된 빅데이터 정보수집 솔루션이다. 대규모 데이터를 정확하고 빠르게 수집, 클렌징 기술로 수집 데이터의 스토리지 공간을 최소화함으로써 불필요한 스토리지 운영으로 인해 발생하는 데이터저장 비용 및 관리 업무의 시간을 절감할 수 있다. 그리고 WISE BIC Analyzer는 비정형 빅데이터를 분석함으로써 필요 정보의 획득 시간 및 비용을 절감시키고 빠른 의사결정을 수립할 수 있도록 해준다.

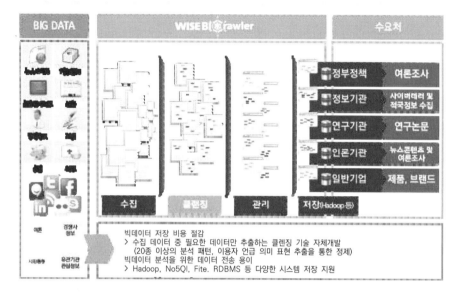

* 출처: 와이즈넛

5. 스마트 헬스케어를 위한 빅데이터 수집 시스템

1) 정의 및 필요성

(1) 정의

스마트 헬스케어는 의료와 기술이 융합된 형태로 환자 사용자의 개인별 건강 상태를 시간과 장소의 제약 없이 실시간으로 모니터링 및 관리하고 건강 정보 및 질병 상태 등을 분석하여 최적화된 맞춤형 진료를 제공하는 서비스 또는 시스템을 의미한다. 기존 u-헬스의 개념이 포괄하고 있던 u-메디컬, u-실버, u-웰니스는 물론 건강관리, 영양, 운동 처방, 환자 교육 등을 포함한 용어로 최신 기술을 활용하여 병원과 가정 등 언제 어디서나 환자의 상태를 지능적으로 모니터링하면서 관리하고 환자 정보와 질병 정보들을 분석하여 실시간으로 맞춤형 서비스가 제공된다.

(2) 필요성

 전 세계적으로 심각한 고령화 추세와 급증하는 의료비 부담에 대한 국가
적 대응이 시급한 상황으로 인해 스마트 헬스케어가 새로운 부가가치로 부상
중이다. 4차 산업혁명은 기술과의 융합을 기반으로 산업 시스템을 변화시켜 삶
의 정의와 접근 방식을 새롭게 제시함에 따라 건강에 대한 접근 방식이 변화되
었으며 스마트 헬스케어를 기반으로 하는 산업 또한 변화하는 중이다. 그리고
의료와 ICT 융합으로 의료데이터의 접근 및 확보 방식이 변화되고 있는 스마
트 헬스케어는 융합된 기술의 의료기기, 서비스, App을 사용하는 환자 개개인
의 질병 관리, 건강관리, 식습관 관리 등의 다양한 형태의 서비스로 발전 중이
다. 따라서 스마트 헬스케어는 사람들의 생활 속에 필요한 서비스로 자리잡게
될 것이다.

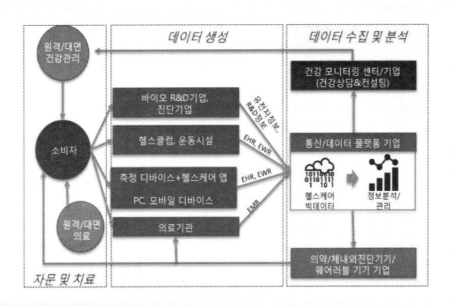

스마트 헬스케어 산업 구조

* 출처: ETRI 미래전략연구소

2) 스마트 헬스케어의 용도별 분류

스마트 헬스케어는 일반적으로 하드웨어, 소프트웨어 및 서비스 분야로 분류되고 있다.

하드웨어에는 제품/서비스 일체형, 단품 형태 제품과 부품이 있다. 소프트웨어에는 의료/건강관리 콘텐츠, 미들웨어, 플랫폼이 있다. 서비스에는 진단서비스와 건강관리가 있다.

┃ 스마트 헬스케어의 용도별 분류 ┃

분류	상세분류	설명	관련 제품 및 용도
하드웨어	제품/서비스 일체형, 단품 형태 제품	• (개인건강관리기기) 건강관리를 위해 건강 생체신호를 측정하는 (의료)기기, 식약처 승인이 필요한 기기 • (웨어러블 기기) 건강증진/개선을 위해 신체에 착용되어 생체신호 측정과 모니터링을 하는 기기	게이트웨이
			혈당, 혈압, 심전도, 활동량 측정
			헤모글로빈 측정
			체성분/체지방 측정
			의료용 센서 삽입 스마트기기
			현장검사 기기(POCT)
			밴드/목걸이형, 부착(패치)형, 인체 삽입형
	부품	• 부품, 장치, 시약	시약, 바이오센서
			저장 및 디스플레이 장치
			통신 장치
소프트웨어	의료/건강관리 콘텐츠	• (건강정보 제공 App) 일반적 의학정보, 운동정보, 영양정보 등 건강정보 제공 • (맞춤형 건강관리 App) 인 건강정보를 수집하여 맞춤형 건강관리 제공	웰니스(휴식방법, 요가, 뷰티팁 등) App
			영양관리 및 정보 제공 App 의학적 정보(약품, 질병, 복약 등) 제공 App
			개인 건강기록(PHR) App
			병원기록 관리 App
			피트니스 또는 운동 관리 App
	미들웨어, 플랫폼	• (의료정보관리 플랫폼/DB) 의료기관 의료정보 통합 저장/관리 시스템 • (개인 건강정보관리 플랫폼/DB) 건강/의료정보 통합 저장, 관리	의료정보관리 플랫폼(EMR, EHR)
			개인 건강정보관리 플랫폼 기타

		• (진단서비스)	체외진단서비스
서비스	진단서비스	유전자, 의료진단서비스	유전자/유전체 분석 서비스
		• (건강관리서비스) 하드웨어 기기의 건강정보 및 의료정보 분석, 건강관리서비스 • (원격 의료 서비스) 원격으로 행해지는 의료 서비스 및 진단	개인 건강검진 관리 서비스
	건강관리		개인 건강기록(PHR) 관리 및 맞춤형 서비스
			노인건강관리 서비스
			건강관리 포털 서비스
			원격상담, 원격모니터링 서비스

3) 국내 스마트 헬스케어 기술 개발 현황

국내 스마트 헬스케어는 디지털 헬스케어 스타트업을 전문 육성하는 엑셀러레이터 '디지털 헬스케어 파트너스'가 출범했고, 세계적으로 기술력을 인정받은 '루닛'과 같은 국내 헬스케어 스타트업이 등장했다.

주로 병원에 축적된 의료 빅데이터를 중심으로 비즈니스 기회가 열리고 있으며, 복지부의 규제 완화로 제한적이지만 소비자 의뢰 유전자 분석 시장도 열리게 되었다. 또한 헬스케어 데이터 통합·연계 서비스도 등장했으며, 정부의 정책적 노력도 이어지고 있다.

‖ 국내 데이터 기반 헬스케어 비즈니스 유형과 가치 창출 ‖

비즈니스 유형		주요 기능 및 기업	새로운 가치 창출
데이터 측정	건강데이터 측정 기반 건강관리 서비스	• 일반인의 자가건강관리(활동량, 심전도, 자세 등) – 사례: 엠트리케어 등	• 치료에서 예방으로 의학 패러다임 전환 – 일반인의 적극적 건강관리로 의료비 절감
		• 혈당, 혈압 측정을 위한 만성질환관리 – 사례: 핑거앤, 닥터다이어리 등	• 상급종합병원의 업무 효율화에 기여 – 만성질환 자가관리로 상급종합병원의 업무 효율화에 기여
데이터 분석	병원 내 축적된 의료 빅데이터 분석	• 주요 상급종합병원의 빅데이터센터 – 사례: 서울 아산병원, 서울 성모병원, 고대 구로병원 등 의료영상 데이터 및 빅데이터	• 개방형 혁신 플랫폼으로서 병원 혁신 • 병원에 축적된 임상 빅데이터 활용으로 연구개발을 통한 수익 경로 확보

		센터 개소	• 새로운 의학적 통찰력 발견의 가능성 확대
		• 임상 데이터 분석 스타트업 – 사례: 뷰노, 루닛	• 의사 역할 및 1, 2차 의료 전문성 보완 – 1, 2차 의료의 전문성 보완 취약계층의 의료접근성 확대
	소비자의뢰 유전자 분석 서비스	• 규제 완화로 소비자의뢰 시장 형성 – 사례: 제노플랜, 디엔에이링크, 테라젠이텍스	• 정밀의학 구현 – 유전체 분석을 바탕으로, 증상이 아닌 질병 전에 근거한 진단과 치료 가능
데이터 연계· 통합	헬스케어 데이터 연계	• 기 구축된 병원 빅데이터에 건강측정데이터 통합 및 연계 – 사례: 라이프시맨틱스	• 맞춤 의료/수요자 중심 헬스케어 구현 – 분절된 여러 종류의 데이터를 연계, 통합하여 수요자 중심/맞춤 의료 구현에 기여

* 출처: 디지털헬스케어혁신동향과 시사점

6. 유통/물류 빅데이터 구축 및 분석 시스템

1) 정의 및 필요성

(1) 정의

유통·물류 빅데이터 구축 및 분석 시스템은 POS 및 수·발주 데이터를 토대로 딥러닝을 활용해 물류를 과학적, 합리적으로 분석하여 효율적 물류 구성을 통해 비용 절감과 효율증대를 확보할 수 있는 관리 시스템을 말한다. 인공지능과 정보통신 등의 다양한 신기술을 활용해 물류 현장 자동화 및 무인화 설비를 구축해 효율적으로 운영이 가능하도록 한다.

(2) 필요성

빅데이터는 기술 발달로 유통·물류 분야를 포함한 다양한 산업에 영향력이 높아지는 추세이다. 대표적인 글로벌 물류 기업인 DHL에서 발간한 《Logistics Trend Radar》에서 기술적 트렌드와 사회경영 분야 트렌드를 제시하였는데 이 중 기술 트렌드 부분에서 가장 그 시급성과 기술파급력이 높은 것이 빅데이터로 나타났다.

한편 물류업계는 e‒Commerce의 폭발적인 성장과 고객 서비스의 요구 증가로 운영의 복잡성과 난이도가 높아지고 있으며, 고령화, 임금인상의 사회적 환경요인으로 많은 어려움에 직면하고 있다. 이에 업무환경의 자동화와 운영의 최적화에서 해법을 찾고자 많은 노력을 기울이고 있으며, 이는 인력 의존도를 최소화하고 공정별 정확도 제고 및 Human Error 감축, Time Loss의 제거를 통한 생산성 향상에 직접적인 효과가 있는 물류시스템 개선의 필요성을 중요하게 인식하고 있다.

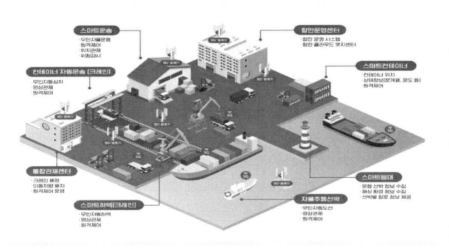

물류 자동화 개념도

*출처: LG 유플러스

2) 유통/물류 빅데이터 구축 및 분석 시스템의 용도별 분류

유통/물류 빅데이터 구축 및 분석 시스템을 용도별로 분류하면 소매·유통, 수송·물류, SCM제조, 마케팅·판매, 서비스 운영의 5가지로 분류된다.

구분	적용 사례
소매·유통(Retail)	• AI의 초보 단계인 선형신경망에 대한 활용도가 가장 높고, 다음으로 순환신경망 기술을 적용
수송·물류(Transport and Logistics)	• 선형신경망과 합성곱신경망을 이용하여 산업의 효율성을 개선
SCM·제조(Supply−Chain Management and Manufacturing)	• 선형신경망과 함께 강화학습 및 합성곱신경망을 이용한 공급망관리가 유효
마케팅·판매(Marketing and Sales)	• 선형신경망을 통한 소비자의 구매패턴 분석
서비스 운영(Service Operations)	• 선형신경망과 순환신경망 기술을 활용하여 소비자들의 피드백 적용 및 효율성 증대

* 출처: 스마트 유통·물류 산업에서의 인공지능 서비스(정보통신기획평가원), 2019

3) 국내 에너지 스마트 거리 시스템 기술 개발 현황

삼성SDS는 스마트 물류 솔루션인 'Cello'를 통해 기존의 WMS 방식에서 탈피한 데이터 관리 및 최적 의사결정 제공을 지원하고 있으며, 이는 3PL을 넘어 4PL이라고 칭할 만큼 다양한 물류 효율화 방안을 제공하고 있다. 'Cello Virtual Warehouse'는 WMS 데이터를 분석해 다차원 분석을 지원하는데, 이를 통해 관리자는 자사의 창고운영 과정에서 현재 우수한 부분은 어떤 곳이고, 어느 부분을 개선해야 할지 알 수 있다. 또한 창고 내 작업자의 동선, 재고 배치 등에 대해 다양한 대안을 시나리오 형태로 제공하며, 시뮬레이션 엔진을 통해 각 시나리오의 효과를 분석해 이를 알기 쉬운 형태로 시각화하여 제시하여 준다.

Cello Loading Optimizer는 전 세계적으로 사용되고 있는 삼성SDS의 대표적인 적재 시뮬레이션 도구로 박스는 물론 팔레트, 컨테이너 등 다양한 적재 작업을 지원하며, 사전 설정을 통해 사용자가 원하는 방식으로 적재가 이루어질 수 있도록 도움을 준다.

CJ대한통운은 최첨단 '3D Visibility 시스템'을 개발하여 현장에 적용하고 있다. 창고 내에 각 랙 공간마다 RFID 칩을 부착해 특정 랙 공간에 보관되어 있는 제품의 정보를 중앙시스템에서 실시간으로 파악, 그 정보를 터치스크린

화면에 3D 영상으로 보여 주는 시스템이다. 1단부터 층층이 보관되어 있는 제품의 정보를 한눈에 파악할 수 있는 장점이 있으며, 터치스크린 방식이기 때문에 보고 싶은 랙이나 셀을 찾아 이동하면서 상세정보를 확인 가능하다.

한국네트웍스는 '한국테크놀로지' 그룹 소속으로 매년 매출의 3% 이상을 R&D에 투자하여 통합물류솔루션 Suit를 완성하였다. 현재 물류솔루션과 자동화솔루션을 연계하는 설비제어 소프트웨어 영역과 IoT 활성화를 위한 IoT 플랫폼 및 솔루션을 강화하고 있다.

네오시스템즈는 물류 솔루션 '인트라로지스'를 개발했으며, 통합물류관리 클라우드 서비스인 '로지스허브'를 론칭하였고, 랩투마켓은 자동화 장비 및 시스템을 개발하는 기업으로 첨단 물류 장비·시스템 개발하여 화주기업의 물류 시스템에 대한 최첨단 기술적용 및 지속적인 최신성 유지가 가능하고 IoT − 빅데이터 − 생산·물류 자동화가 연계 및 융합 종합시스템을 구축하였다.

7. AI 기반 데이터 가치 고도화 플랫폼

1) 정의 및 필요성

(1) 정의

AI 기반 데이터 가치 고도화 플랫폼은 수집된 데이터들에서 데이터 생성 규칙과 분포를 찾아 학습하고 학습 데이터를 근거로 오류 데이터를 판정하는 기술이다. 빅데이터 기반의 분석을 통해 민간과 공공의 영역에서 다양한 분석을 시도할 때 발생하는 데이터 품질과 편향의 문제를 극복하기 위해 데이터로서의 가치를 높이기 위한 AI 기반의 데이터 오류 및 보정 자동화 기술이 구현된다. 이를 통해 수집된 데이터들에서 오류를 가진 데이터를 자동으로 검출, 정제, 전처리하여 활용에 최적화된 데이터를 만들어 데이터 가치를 향상시켜 준다. 또한 단순한 데이터 규칙과 패턴의 오류를 수정하는 것을 넘어 데이터 유형과 특징을 학습하여 특정 유형과 특징을 갖는 데이터의 결측치, 이상치 등을 재생하여 데이터 가치를 고도화시킨다.

(2) 필요성

다양한 데이터의 융복합을 통한 효과적인 데이터 활용을 위해 데이터 정제/전처리에 소요되는 많은 시간과 노력을 절감할 필요성이 제기되고 있다. 이를 위해 기존의 다양한 분야의 데이터 유형에서 자주 발생되는 오류, 결측치, 이상치의 특징들을 근거로 정형/비정형/반정형 등의 데이터 전처리 및 정제 작업을 자동화하려는 노력을 하고 있다.

또한 데이터 생태계에서 최적의 데이터를 활용할 수 있는 토대 마련이 필요하며, 데이터 편향을 제거하고 데이터 가치를 향상시키기 위해 최적의 데이터를 생산할 수 있는 AI 기술 결합과 활용을 필요로 하고 있다. 이를 위해 기존의 다양한 분야의 데이터 유형에서 자주 발생되는 오류, 결측치, 이상치의 특징들을 AI가 비교하고 학습함으로써 분석데이터로서의 품질수준을 보장하도록 분류하고 보정하고 재생값을 추천하여 사용자가 보정값 및 결측 및 이상치를 선택할 수 있는 지원도구 개발이 필요하다.

2) 지능형 디바이스 기반 에너지 최적화 관리 시스템의 용도별 분류

AI 기반 데이터 가치 고도화 플랫폼은 데이터 품질 및 가치 관리와 융복합 분석분야로 구분할 수 있다.

데이터 가치 관리 분야는 각 기관 및 분야별 데이터의 유형과 특성에 따른 가치를 고도화하는 것이다. 다양한 유형의 데이터를 수집하고 통합하여 관리해야 하는 데이터 가치를 표준화하고, 결측치, 이상치, 시계열상의 특이치 등 데이터 가치를 저해하는 모든 상황을 파악한다. 그리고 데이터 가치를 회복하기 위한 조사 및 탐색적 데이터 분석에 소모되는 시간을 절약하며 데이터 표준화와 함께 데이터 가치에 대한 고도화를 통해 빅데이터 등 데이터 품질평가 지표로 활용된다.

데이터 융복합 분석 분야는 정형/비정형 등 빅데이터의 즉각적인 분석이 필요하도록 데이터 가치 보정 및 재생으로 분석의 객관성 및 효율성을 확보하는 것이다. 데이터 유형이 데이터 조사 및 수집의 상황별 학습을 통해 데이터 가치 품질을 고도화하는 방안을 추천하면, 데이터의 가치를 저해하는 상황과 유형을 사용자가 직접 파악하고 관리하여 결측치, 이상치 등을 보정하고 재생

해야 하는 문제를 자동화하여 데이터 가치관리 업무의 효율성을 확보한다.

현재 공공 및 민간 등 빅데이터를 활용한 업무지원도구로 플랫폼화가 빠르게 진행됨에 따라 즉각적이고 객관적인 데이터 분석에 활용될 데이터 가치 품질 확보에 활용되고 있다.

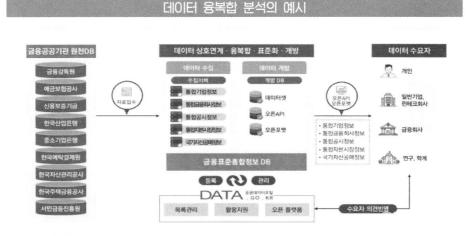

데이터 융복합 분석의 예시

* 출처: 금융위원회, 2020

3) 국내 에너지 스마트 거리 시스템 기술 개발 현황

데이터스트림즈에서 개발한 Quality Stream은 데이터의 품질을 모니터링하고 정제하며, 프로파일링을 통해 사용자들이 데이터를 검증할 수 있도록 데이터 품질정보를 제공하고 있다. Quality Stream은 사용자들이 일치하지 않는 데이터를 발견하고 속성을 이해할 수 있도록 표준 통계측정값과 비교를 통해 데이터를 검증한다. 또한 중복된 데이터 또는 비표준 및 알 수 없는 데이터 유형을 표준화하여 데이터 셋으로부터 개선된 인사이트를 도출할 수 있도록 지원하며, 거버넌스 규칙 및 절차를 통해 데이터의 일관성 및 정확성을 확인해 데이터 품질 개선유지가 가능하도록 한다.

위세아이텍은 머신러닝기반의 데이터 품질관리와 데이터 정비를 지원하는 웹 기반의 데이터 품질 및 정비 솔루션 WiseDQ를 제공한다. WiseDQ는 데이터 탐색을 통한 패턴을 분석하고 특질을 파악하여 기초통계를 제공하며, 데이

터 값에 근거한 도메인의 자동 추천과 정확한 데이터 범위나 업무규칙이 없어
도 인공지능 기반의 비정상적인 값을 탐지하여 준다.

WiseDQ의 시스템 구성도

데이터
정비

데이터 탐색 > 이상값 탐지 > 텍스트 분석 > 데이터 오류 정제

데이터
품질관리

품질지표 정의 > 규칙 기반
데이터품질 측정 > 측정결과 분석 > 데이터품질 개선

* 출처: 위세아이텍 제공

GTONE에서 개발한 DQ 시리즈는 데이터 품질관리 솔루션은 다양한 데이
터 유형에 대한 품질관리를 지원한다. DQMiner는 기업데이터에 대한 자동 데
이터 프로파일링, 데이터 오디팅, 데이터 품질분석과 결과보고를 제공하며,
DQXpress는 정부의 공공데이터의 관리지침 준수 여부에 따라 품질관리의 수
준평가와 인증을 지원한다. 그리고 DQIoT는 사물인터넷 환경에서 생성되는
실시간 스트림 데이터를 품질관점에서 분석하고 모니터링하여 준다.

인공지능

CHAPTER 03 인공지능

| 01 인공지능 산업

1. 인공지능의 정의 및 필요성

1) 인공지능의 정의

(1) 일반적 정의

인공지능이란 인간의 지적 능력을 기계로 구현하는 과학 기술을 의미한다. 따라서 컴퓨터가 인간의 지능적인 행동을 모방할 수 있도록 하는 것을 방향으로 발전하게 된다.

자연어 처리, 컴퓨터 비전 및 패턴 인식, 로보틱스, 자율주행차, 지능형 로봇, 스마트 공장, 스마트 헬스케어, 금융/핀테크, 지능형 서비스/교육 등의 분야에서 응용하여 인공지능의 방법과 관련된 탐색, 논리 및 추론, 지식 표현, 계획, 학습 등 세부 분야에 관한 연구가 진행 중이다.

인공지능의 궁극적인 목표는 다트머스 회의에서 언급됐듯이 사람과 유사한 혹은 사람 수준의 기계장치를 개발하는 것이다.[1]

---

1 다트머스 회의에서 정의된 AI는 사람의 지능을 모사하는 기계장치로 사람처럼 언어로 소통하고 문제를 해결할 수 있다는 개념이다.

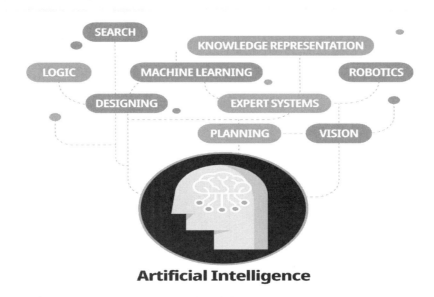

인공지능 개요도

SEARCH

KNOWLEDGE REPRESENTATION

LOGIC

MACHINE LEARNING

ROBOTICS

DESIGNING

EXPERT SYSTEMS

PLANNING

VISION

Artificial Intelligence

* 출처:한국정보통신기술협회, 정보통신용어사전

2) 인공지능의 필요성

그렇다면 인공지능이 왜 필요한 것인가? 가장 큰 이유는 세계 전반에 인공지능의 영향력 확대되고 있기 때문이다. 코로나19 펜데믹으로 인한 비대면 서비스, 의료 분야의 인공지능 활용 등의 수요 증가로 인공지능 산업의 급성장 추세이다. 전 세계적으로 인공지능 및 빅데이터를 활용하여 정부 및 다양한 기업들이 코로나19 방역에 활용하고 있다.

코로나19 확진자가 발생하는 경우 이동 경로에 따른 모바일 이용 데이터, 신용카드 결제 데이터, CCTV 데이터 등을 분석하여 경로 및 접촉자 파악이 가능하다. 신테카바이온은 슈퍼컴퓨팅 파워와 자체 인공지능 기반 합성신약 물질 발굴 플랫폼을 활용해 코로나19 치료제 후보물질 30종을 발굴했다. 우리나라도 한국판 뉴딜 등 다양한 정책적 지원을 통해 코로나19 종식 이후에도 인공지능 산업은 꾸준한 성장을 할 것으로 전망되고 있다.

그렇기에 인공지능 기술이 발전하는 정도에 따라 기존의 산업기반뿐만 아니라 생산성 증가, 공공분야 및 사회 전반에 끼치는 영향력이 클 것으로 예상되며, 인공지능 기술이 국내외적으로 경제성장과 사회 난제 해결의 돌파구로 활용될 수 있을 것으로 전망되고 있다.

또한, 국가적 산업 경쟁력 향상을 위해 인공지능 적용이 필요하다. 해외 ICT 기업들이 관심을 가지고 주력하는 AI 분야는 기업별로 상이하나 AI 기술을 다양한 분야에 접목하여 산업 확장을 도모하고 있다. 구글, 애플, 아마존, 페이스북 등 기업들은 다양한 AI 제품·서비스 개발이 가능한 범용 AI 플랫폼을 중심으로 시장을 선점하기 위해 노력하고 있으며 IBM 등은 의료, 금융, 법률과 같은 특정 산업 영역에 특화된 전문 AI 플랫폼 고도화와 생태계 구축에 주력하고 있다. 전문 AI 플랫폼 기업들은 일반 개발자와 더불어 특정 영역의 전문기업들과의 협력을 통해 생태계를 확장하는 전략에 중점을 두고 있다.

우리나라의 경우도 인공지능이 향후 경제 사회 전반을 혁신할 근본 기술임을 고려, 국민 삶의 질과 국가 경쟁력 제고를 위해 인공지능 기술력 확보는 필수적으로 필요한 상황이다. 지금까지는 국가적 대응전략을 마련하여 인공지능 역량 개선에 집중해 왔으나 선진국과의 기술 격차는 심화되고, 인공지능 분야의 전문인력 확보와 역동적 기술 혁신 생태계 구축은 미진한 상태이다. 하지만 우리나라의 경우 많은 산업 분야가 인공지능 적용을 시작하는 단계이므로 전략적 접근 시 경쟁력 확보 가능할 것으로 기대하고 있다.

▌ 기존학습 방식과 심층학습의 차이 ▌

기존학습 방식	심층학습
AI 설계자가 주요 특징(예를 들어, 눈, 코, 입) 또는 규칙성을 추출하여 모델링 후 AI 구현	심층 모델이 학습 데이터를 기반으로 스스로 주요 특징 또는 규칙성을 추출하여 모델링

* 출처: 과학기술정보통신부, 2018, AI R&D 전략

인공지능은 대량의 데이터가 생성되는 분야면 적용될 가능성이 더 크며 사회관계망서비스, 인터넷 상거래, 금융 거래, 병원 처방 등 우리의 행동이 모두 데이터로 기록되고, 이를 활용해 다양한 산업적 활용이 가능하다. 그리고 인공지능 기술의 빠른 발전속도는 곧 심층학습의 방법론 자체의 성능향상에 기여하고, 심층학습의 성능향상은 심층학습 모델을 실제 응용 분야나 타 산업으로 확대하여 광범위하게 적용할 수 있을 것이다.

2. 인공지능의 구축 범위

AI 분야는 후방산업의 기술이 기술 발전에 가장 많은 영향을 미치는 것을 알 수 있으며 후방산업의 기술력으로 만들어진 AI 기반 SW를 통해서 전방산업이 완성될 수 있으므로 후방산업의 기술 의존도가 매우 높다.

인공지능과 관련한 후방산업은 AI 기반을 통한 상황인지, 자기학습, 패턴인식, 자연어 처리, 음성인식, 컴퓨터 비전 등의 분야로 계속 발전할 것으로 예상된다. 그리고 전방산업은 후방산업의 기술력이 더해져 더욱 다양한 서비스와 산업의 형태로 진화할 것으로 보이며, 특히 IoT 분야에서 엄청난 영향을 미칠 것으로 예상된다.

❙ 인공지능 분야 가치사슬 ❙

후방산업	인공지능	전방산업
뇌과학 등 기초과학, HW(지능형 반도체, 컴퓨팅), SW, 네트워크	인공지능 응용서비스, 인공지능 엔진	1, 2, 3차 전산업

인공지능을 기술별로 분류하면 추론 및 머신러닝, 지식표현 및 언어지능, 청각지능, 시각지능, 복합지능, 지능형 에이전트, 인간－기계 협업, 인공지능 기반 하드웨어 정도로 구분이 가능하며 세부적인 내용 및 관련 상품과 기술은 다음의 표와 같다.

‖ AI의 기술별 분류 ‖

기술	내용
추론 및 머신러닝	인간의 사고능력을 모방하는 기술
지식표현 및 언어지능	사람이 사용하는 자연어 이해를 기반으로 사람과 상호작용하는 기술
청각지능	음성/음향/음악을 분석, 인식, 합성, 검색하는 기술
시각지능	사물의 위치, 종류, 움직임, 주변과의 관계 등 시각 이해를 기반으로 지능화된 기능을 제공하는 기술
복합지능	시공간, 촉각, 후각 등 주변의 상황을 인지, 예측하고, 상황에 적합한 대응을 제공하는 기술
지능형 에이전트	개인비서, 챗봇 등 가상공간 환경에 위치하여 특별한 응용 프로그램을 다루는 사용자를 도울 목적으로 반복적인 작업을 자동화시켜 주는 기술
인간−기계 협업	인간의 감성이나 의도를 이해하고 인간의 뇌 활동에 기계가 연동되어 작동하게 해주는 기술
AI 기반 HW	초고속 지능정보처리를 구현하게 지원해 주는 HW

* 출처: 4차 산업혁명을 선도하는 주요 기술 대상 기술수준평가 및 기술수준 향상방안, 정보

‖ AI의 관련 상품 및 기술 ‖

구분	상품과 기술
추론 및 머신러닝	추론, 베이지안 학습, 인공신경망, 강화학습, 딥러닝, 앙상블 러닝, 인지 공학
지식표현 및 언어지능	지식공학 및 온톨로지, 대용량 지식처리, 언어분석, 의미분석, 대화 이해 및 생성, 자동 통·번역, 질의응답(Q/A), 텍스트 요약
청각지능	음성분석, 음성인식, 화자 인식/적응, 음성합성, 오디오 색인 및 검색, 잡음 처리 및 음원 분리, 음향 인식
시각지능	컴퓨터 비전, 사물 이해, 행동 이해, 장소/장면 이해, 비디오 분석 및 예측 시공간 영상 이해, 비디오 요약
복합지능	공간 지능, 오감 인지 다중 상황 판단
지능형 에이전트	지능형 개인비서, 소셜 지능 및 협업지능, 에이전트 플랫폼, 에이전트 기술, 게임 지능, 창작 지능
인간−기계 협업	감성 지능, 사용자 의도 이해, 뇌컴퓨터 인터페이스, 추론 근거 설명
AI 기반 HW	뉴르모픽 칩(Neuromorphic chip), 지능형 반도체, 슈퍼컴퓨팅, AI 전용 프로세서

* 출처: 4차 산업혁명을 선도하는 주요 기술 대상 기술수준평가 및 기술수준 향상방안, 정보통신기술 진흥센터

02   인공지능의 시장, 기술 동향

1. 국내·외 인공시장 시장 동향

1) 국내 시장동향 및 전망

한국 IDC가 2020년 발표한 국내 인공지능 시장 규모 전망에 따르면 2018년 국내 인공지능 시장 규모는 2,821억 원으로 평가되었으며 연평균 성장률 17.8%로 2024년 7,539억 원으로 성장할 것으로 전망되었다. 국내 AI 시장은 2018년 2,033억에서 연평균 17.8% 성장하여 2024년까지 5,432억 원으로 성장 전망되었다. 인공지능 하드웨어 부문은 앞으로 성장률이 둔화될 전망이지만 소프트웨어 시장은 급성장이 예상된다.

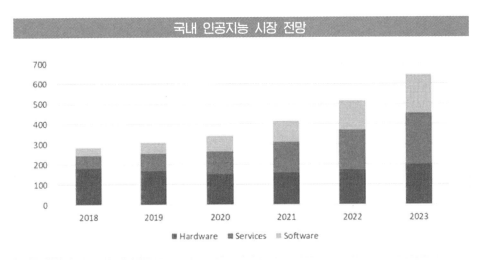

국내 인공지능 시장 전망

* 출처: 한국IDC - 국내 인공지능 AI시장 전망(2020.04.03.)

┃ AI 국내시장 규모 및 전망 ┃

(단위: 억 원, %)

구분	'18	'19	'20	'21	'22	'23	'24	CAGR
합계	2,821	3,323	3,915	4,612	5,433	6,400	7,539	17.8%

* 출처: 한국IDC - 국내 인공지능 AI시장 전망(2020.04.03.)

2) 세계 시장동향 및 전망

　　IDC가 2020년 발표한 세계 AI 시장에 따르면 2018년 세계 AI 시장 규모는 1,337억 달러로 평가되었으며 연평균 성장률 17.1%로 2024년 3,446억 달러로 성장 전망되었다. AI 시장이 급성장함에 따라 글로벌 기업들은 적극적인 대규모 펀딩과 M&A를 확대하는 등 기술 경쟁력을 강화하기 위한 투자에 총력을 기울이고 있다. 벤처 스캐너의 통계자료에 따르면 미국은 AI에 대한 투자가 2016년 30억 달러에서 2018년 대략 80억 달러로 상승했고 중국은 2016년 10억 달러에서 2018년 80억 달러를 초과한 것으로 나타났다.

∥ 세계 AI 시장 전망 ∥

(단위: 십억 달러, %)

구분	'18	'19	'20	'21	'22	'23	'24	CAGR
세계시장	133.7	156.5	183.3	214.6	251.3	294.3	344.6	17.1

* 출처: IDC(2020.08.04.)

　　중국의 AI 스마트홈 기업은 원격 제어, 사람－기기 소통, 행동 · 이미지 분석을 통해 서비스를 구현하고 있으며, 음성명령, 습관 설정으로 소비자들이 가전, 가구, 창문 등 가정 내 시설을 제어할 수 있도록 하는 서비스의 개발과 제품의 혁신에 주력하고 있다.

　　중국의 의료/헬스케어 분야 AI 기술은 주로 딥러닝 및 빅데이터 분석을 통해 구현되고 있으며, 병리진단, 영상분석, 의료데이터 처리, 헬스케어, 정밀의료, 신약 개발 등에 접목되고 있다.

　　중국은 논문실적이 뛰어나며, 슈퍼컴퓨터가 발달해 인공지능에 용이한 환경을 갖추고 있어 후발주자지만 잠재력이 매우 크다.

　　저성장 고령화 극복을 위한 국가 경제 사회 혁신의 수단으로 AI 기술 경쟁력 확보의 중요성을 강조하며 AI 기술 혁신을 가속화하고 있다.

　　제조업 경쟁력이 높은 일본은 유난히 로봇에 집중투자하며 높은 경쟁력을 보인다. 현장과 시장 니즈를 중시하는 기업 문화로 인해 스마트팩토리 구현보다 사람의 일을 대체하는 것에 집중하고 있다.

2. 국내·외 인공지능 기술 동향

1) 국내 인공지능 기술 동향

국내 인공지능 기술 및 인력은 모든 측면에서 후발주자이지만, 우수한 정보통신기술 인프라와 교육수준 및 신기술에 대한 빠른 수용성을 통해 빠른 성장이 가능할 것으로 전망된다.

인공지능 분야에서 크게 이슈되고 있는 분야는 머신러닝, 지식 추론, 시각지능, 언어 지능 등 4가지 분야이고, 해당 분야에서 기술 개발이 가속화되고 있다. 국내 대기업인 삼성전자는 딥러닝 관련 플랫폼을 개발 중이며, 삼성전자외에도 SKT, 네이버 등과 같은 IT 대기업도 AI 기술 개발에 참여하여 AI 논문 및 AI가 적용된 제품을 출시하고 있다.

❘ AI 생태계 이슈 ❘

소분야	생태계 주요 이슈
머신러닝	• AI 기술의 핵심 기반기술인 머신러닝은 데이터 기반의 효율적인 학습을 위한 새로운 기술들이 등장하고 있으며 그중 딥러닝, 전이학습, 강화학습 중심으로 연구개발이 활발히 진행 • AI 전반에 비약적인 발전을 견인한 딥러닝은 시각지능, 언어지능 등에 특화된 학습 알고리즘이 지속적으로 개발되고 있으며 산업적 활용을 위한 오픈소스 플랫폼 경쟁이 치열 • 삼성전자는 딥러닝 응용 프로그램 개발을 위한 분산형 플랫폼인 '베레스'를 오픈소스로 공개
지식 추론	• 지식추론 기술은 기존 정보들을 단순 응답·추천하는 기술에서 정보 간 상대적인 관계를 유추하는 기술로 발전하였으며, 추론형 질의에 인간을 뛰어넘는 기술이 등장 • 최근 지식추론 기술은 질문과 연관성이 있는 정보를 유추하거나, 직접적으로 데이터에 존재하지 않더라도 부분 정보들의 조합을 통해 답을 찾아가는 기술이 활발히 개발되고 있음 • 국내 추론 기술로는 엑소브레인 프로젝트에 참여한 솔트룩스의 AI 플랫폼인 '아담(ADAMs)'이 있으며, 대규모 지식베이스기반 지식 학습과 복합 추론 기술을 통해 추론 유형의 문제에서 정답률 94%를 보임
시각 지능	• 이미지/영상 데이터 기반의 시각 지능은 이미 인간 수준을 넘은 시각 인식률을 보이고 있으며 상황을 이해하고 새로운 이미지를 생성하는 기술로까지 발전 • 이미지/영상의 외형적 특징을 통해 이해하는 기술이 발전하고 있으며, 눈, 코, 입 모양 등의 상관관계를 분석해 표정을 이해하거나 감정을 추측하고, 이미지 속 상황을 정확히 이해하여 언어로 표현하는 기술이 등장

언어 지능	• 최근 언어 지능은 텍스트/음성 데이터 기반 학습을 통해 사람에 의존하지 않고 스스로 언어를 이해하며 인간의 억양과 유사한 수준으로 음성을 생성하는 단계로 진입 • 기존 Ontology 기반 기술에서 인간의 개입을 최소화하고 데이터 기반 학습을 통해 스스로 언어를 이해하게 하는 Word Embedding 방식으로 전환 • 언어 인식의 지능을 갖게 된 AI는 사람의 목소리를 이해하고 생성하며 악센트뿐만 아니라 문장 단위에서의 억양까지 매우 정교한 수준으로 구현

* 출처: 한국과학기술기획평가원, AI(SW), 2018

2) 국내 기업 기술 동향

인공지능과 관련하여 국내 주요 기업들의 기술개발 동향을 살펴보면 다음과 같다.

먼저 지능형 비서 관련 인공지능 기술에서는 SK텔레콤, 삼성전자, 네이버의 기술이 서비스되고 있다.

SK텔레콤은 전화 플랫폼 'T전화'와 인공지능 음성비서 '누구'가 결합된 AI 지능형 전화서비스 'T전화x누구'를 출시하였다. AI가 핸드폰 이용 패턴, 위치, 날씨, 시간 같은 이용자 데이터를 분석해 맞춤형 콘텐츠를 추천하고 말로 설명하는 인공지능 기술이다. 음성만으로 문자메시지를 보내는 기능을 지원하며 통화 녹음을 텍스트로 옮기고 검색 및 요약 기능 지원이 가능하다. 2022년 상반기엔 모임 종류와 규모, 예산 등을 종합적으로 판단해 AI 비서가 레스토랑을 추천하고 예약, 주문, 결제를 하는 시스템도 구축할 예정이다.

삼성전자는 구글 클라우드의 맞춤형 머신러닝 솔루션 클라우드 TPU를 도입해 지능형 비서인 빅스비 AI 모델의 음성 인식 학습을 고도화하는 기술을 개발하였다. 클라우드 TPU는 구글 클라우드에서 인공지능 서비스를 사용해 머신러닝 모델을 실행하도록 지원하는 맞춤형 머신러닝 주문형 반도체로 빅스비의 해외 언어 서비스 확장으로 급증한 음성인식 데이터를 빠르게 처리함으로써 더욱 효율적인 모델 학습 프로세스를 구축이 가능하다. 또한 TPU는 단일 팟에서 최대 2048개의 연산 노드까지 확장해 E2E ASR 엔진의 학습에 사용되는 머신러닝 작업 부하를 효율적으로 분산시킨다.

네이버는 수년간 포털 운영을 통해 축적한 빅데이터를 기반으로 범용적으로 활용될 수 있는 지능형 개인비서를 개발하고 글로벌 기업들과 맞대결을 준비하고 있다. AI 플랫폼 '클로바'는 뇌역할을 하는 클로바 브레인과 인간의 오감 정보를 받아들이는 클로바 인터페이스로 구성되어 있다. 네이버 앱의 음성검색과 안면인식 카메라 앱인 '스노우'를 통해 시각 및 청각 정보 수집·분석 기술력을 확보하였으며, 자연어 처리 및 대화는 '네이버-i', 머신러닝 기반 번역은 파파고, 검색·추천은 AiRS 등 개별 서비스로도 제공하고 있다.

음성/이미지 인식 및 챗봇 관련 인공지능 기술에서는 네이버, 브리지텍, 포티투마루 등의 회사에서 관련 기술을 개발하였다.

네이버에서 개발한 AI 스마트 조명 '클로바 램프'는 딥러닝 기술을 활용한 광학 문자판독과 음성·이미지 같은 다양한 AI 기술이 융합되었다. 램프 아래 책을 펼쳐 놓으면 AI가 글자를 인식하고 읽어 주며 여성 목소리인 AI는 텍스트를 바탕으로 기쁨과 슬픔 등 감정 표현도 가능하다.

브리지텍은 AI 콜센터 제품인 '아테나' 출시를 통해 AI 상담사, AI 상담 도우미, 개인비서 등의 서비스를 제공, 평창동계올림픽 AI 콜센터 실증사업에 참여하였다. 이는 브리지텍이 보유한 음성인식, 언어이해, 대화처리, 지식 DB 구축기술을 기반으로 한 AI 콜센터 제품이다. 실시간 음성인식 기술, 언어분석, 자연어 심층 이해 기술, 질의·응답 대화처리 기술, 지식 DB 구축 등 음성지능과 언어지능을 구현할 수 있는 핵심기술들이 결합된 서비스이다.

QA 플랫폼 개요도

* 출처: 42MARU

포티투마루는 세계 최고 수준의 응답률을 자랑하는 딥 시맨틱 QA 플랫폼의 대화 인공지능을 개발하였다.

영상 부문에서는 수아랩과 유비파이가 개발한 기술이 있다.

수아랩은 AI 딥러닝 기술을 항공보안 분야에 접목한 'X-Ray 보안검색 자동판독 솔루션'을 국내 최초로 개발하였다. 향후 김포공항 현장 시험운영 거쳐 국내 상용화 및 해외공항 사업 진출을 준비 중이다.

유비파이는 2014년 설립된 국내 머신비전 기반 자율주행 무인이동체 개발 업체로 부착된 카메라를 이용한 이미지 인식으로 주변의 3차원 정보를 얻는 머신비전 기술을 보유하고 있다. 3차원 깊이 감지와 모션프로세스, 오토파일럿 시스템까지 자율주행 드론의 주요 구성 요소 기술 개발과 생산이 모두 가능하다.

3) 해외 빅데이터 기술 동향

해외의 빅데이터 주요 기술 동향을 살펴보면 다음과 같다.

❚ 주요 AI 오픈 플랫폼 ❚

오픈 플랫폼	모바일 지원	공개 기업 및 연구 그룹
TensorFlow	TensorFlow Lite를 통한 지원	구글
Accord.NET	−	마이크로소프트
CNTK(Connitive Toolkit)	−	
PaddlePaddle	−	바이두(Baidu)
DeepLearning4J	−	스카이마인드(Skymind)
MLlib	−	아파치 소프트웨어 재단 (Apache Software Foundation)
Mahout	−	
DeepMask, SharpMask, MultiPathNet	−	페이스북
Caffe2	지원	
MXNet	지원	카네기멜론(Carnegie Mellon) 및 워싱턴(Washington) 대학 등

* 출처: "주요 AI 오픈 플랫폼", 2019, 금융보안원

오픈 플랫폼 분야에서는 공개된 오픈 플랫폼에서 다양한 인터페이스를 제공함으로써, 사용자가 복잡한 플랫폼 내부 구조를 몰라도 손쉽게 이용 가능하도록 하여 AI 기술 활용의 진입장벽을 낮추고 있는 중이다. 이를 위해 많은 인력과 리소스를 투입하여 AI 기술을 직접 개발하는 것이 아닌 오픈 플랫폼을 활용하여 서비스를 개발하는 데 집중하고 있고 있다. 사용자는 다양한 오픈 플랫폼을 이용하여 상황에 따라 적절한 선택하여 이용할 수 있다.

알고리즘 개발 분야에서는 영국 캠브리지 대학의 Cecilia Mascolo 교수 연구팀은 음성 분석 기반으로 코로나 바이러스 증상 여부를 감지하는 머신러닝 알고리즘 기반의 'COVID-19 Sound App'을 개발하였다. 이 애플리케이션은 사운드 애플리케이션이 COVID-19 환자의 음성을 구체적으로 분석하여 질병이 있는 사람을 판명할 수 있다. 바이러스 환자가 숨쉬는 것뿐만 아니라 마른기침 및 호흡 패턴의 간격을 모니터링한 AI 알고리즘이 코로나 바이러스의 감염여부를 진단하는 작동 원리이다. 하지만 알고리즘 고도화를 통한 정확도 향상을 위해서는 더 많은 바이러스 환자의 음성데이터를 확보하여 음성의 미묘한 변형을 파악하는 작업이 필수적으로 요구되고 있다.

4) 해외 기업 기술 동향

인공지능과 관련하여 해외 주요 기업들의 기술개발 동향을 살펴보면 다음과 같다.

인식 부문에서는 Megvir, Softbank, DARPA, 아마존 등에서 새로운 기술이 개발되었다.

Megvir는 얼굴인식 기술의 선두주자로 얼굴인식 소프트웨어 오픈 플랫폼 기반 사람의 감정인식, 시선위치 추적, 나이/성별 분석 등 다양한 AI 기술을 활용한 인공지능 분석 기술을 개발하였다. Megvir의 기술은 범죄자 얼굴 인식 등 공공 영역에서 활용되기 시작하였고, 현재는 현재 유통과 금융 분야에 걸쳐 민간의 영역으로 확장 중에 있다.

Softbank는 클라우드에 연결되어 지속적으로 학습 및 성장이 가능한 로봇 개발을 목표로 감성인식 로봇 '페퍼'를 개발하여 상용화을 추진 중이다. 다수 로봇 기업들이 초기에는 필요한 기술자체 개발을 시도하였으나, 최근에는 글로벌 IT 기업들이 기존에 개발한 AI 비서의 음성, 언어 기술을 채택·협력하는 방법을 선호하고 있다.

DARPA는 원거리 사람 추적 및 식별을 위한 HID 과제를 수행, 걸음걸이 인식, 얼굴인식, 홍채인식 등의 기술을 개발하였다. 이러한 시각지능 분야는 미국을 미국을 중심으로 영상의 내용을 이해하는 기술에 대한 연구가 진행 중이며, 상황을 이해하고 행동을 분석하며 미래에 발생할 상황을 예측하는 기술 개발에 집중하고 있다.

아마존은 2014년 11월 사용자의 음성 명령을 인식해 동작하는 알렉사 기반의 '아마존 에코'를 공개하며 지능형 스피커 시장을 개척하였다. 이는 하드웨어를 통한 쇼핑 접점 확대, 스마트홈 시장 선점, 알렉사 중심의 AI 생태계 조성이라는 전략적 의도라고 할 수 있다. 아마존이 보유한 머신러닝 알고리즘을 클라우드 사용자가 활용하면 부정거래탐지, 요구예측, 콘텐츠 개인화, 사용자 행동 예측, 소셜미디어 확인, 텍스트 분석 등 AI을 요구하는 애플리케이션 구축이 가능하다.

러닝 부문에서는 구글, Nvidia 등의 기술 등이 상용화되고 있다.

구글의 머신러닝 플랫폼은 클라우드 서비스 형태로 이미 상용화된 서비스이며, Pre-Trained model, 인공신경망 기반의 기계학습 플랫폼, 이미지 검색, 음성검색 등을 제공하고 있다. 구글은 AI검색 알고리즘 Rank Brain, 바둑AI 프로그램 AlphaGo, 기계학습 오픈소스 소프트웨어 Tensor Flow 개발 등 AI 분야의 선두주자로, 세계 최대 규모의 데이터 센터를 운영하고 있다. 구글은 이러한 AI를 제공하는 영역을 점차 다양한 영역으로 확대하는 등 전 산업 영역을 포괄하는 범용 AI 플랫폼을 확산시킬 것으로 전망된다.

Nvidia는 GPU의 탁월한 딥러닝 성능을 기반으로 AI, 드론, 자율주행차 반도체 분야로 발 빠르게 사업 확대하고 있다. Nvidia의 AI 기반 정보처리 반도체인 'Nvidia Drive'는 빠른 속도로 대용량의 데이터 연산 처리가 가능해 커넥티드카와 자율주행 기능 구현을 위한 최적의 플랫폼으로 평가으로 평가되고 있다. Nvidia는 2020년 10월 GPU 가속 AI 회의 소프트웨어 플랫폼인 Nvidia Maxine을 출시하였는데, 화상 회의 기능을 제공할 뿐만 아니라 인공지능을 활용해 시선 보정, 초고해상도, 주변 소음 제거, AI 아바타, 가상 배경화면, 얼굴 이미지 합성과 같은 다양한 기능들을 추가로 제공하고 있다.

Nvidia Maxine의 데이터 압축기술

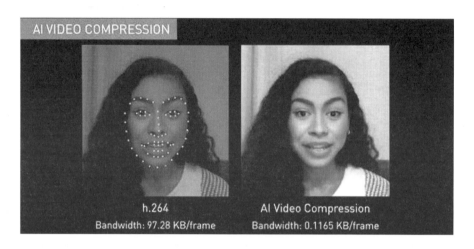

* 출처: NVIDIA

　의료 부문에서는 IBM, Alibaba에서 기술을 개발하였다.

　IBM은 의료 전문 AI 플랫폼인 'Watson Health'를 운영하며 다수의 헬스케어 서비스 기업들을 참여시켜 의료 분야 산업 생태계를 구성하려고 하고 있다. 방대한 정보를 조합하여 지식을 만들어 내는 Watson의 핵심 기술을 활용하여 의료, 금융 분야에 특화된 AI 의사결정 지원 기술을 발전시키는 중이다.

　Alibaba는 의료 AI 관련으로 고난이도 영역에 속해 있던 심혈관 인식기술을 개발하였다. 심혈관 인식 기술은 관상동맥을 자동 판별하고 추적하는 기술로 입체회선신경망을 이용해 영상안을 반복탐색하고 혈관 전체를 검출하는 기법이다. 관상동맥 1개를 추출하는 데 0.5초가 걸리고, 관상동맥 전체는 20초 이내여서 기존의 100배에 가까운 효율 실현이 가능하다.

03 인공지능 7가지 주요 솔루션

1. 인공지능 플랫폼

1) 정의 및 필요성

(1) 정의

인공지능 플랫폼이란 인공지능 기술들, 영상처리, 음성인식, 자연어처리 등을 이용하여 필요에 의해서 사용자가 사용이 가능하게 해주는 제품이나 서비스를 개발하기 위한 도구를 의미한다. 최근 구현되고 있는 인공지능의 핵심 기술들은 다양한 분야로 응용 가능한 범용적인 특성 갖고 있다. 인공지능 플랫폼 기술에는 사용자 주변을 환경을 인지 및 파악하며 데이터를 통해 주변 환경 정보를 수집하여 제공하며 사용자와 대화를 통해 의미를 파악하는 및 분석할 수 있게 됨으로써 인공지능은 인공지능 플랫폼의 핵심 기술이 되었다.

인공지능 플랫폼의 기본 구조

(2) 필요성

인공지능 시장의 성장으로 편리한 사용 구조를 선호하며 모바일 기기의 부착된 센서를 통한 기기들의 인공지능 범용성을 넓히고 있다. 산업 현장에서는 인간이 반복적으로 수행해야 하는 일에 대체할 수 있는 기술의 필요성이 증대되고 있어서 실시간 시스템에 대한 연구개발이 활발히 진행되고 있다.

현재의 인공지능은 약한 인공지능으로 인간의 판단에 보조적인 역할을 하는 수준이지만 이미 인공지능의 시대가 도래하고 있다. 또한, 머지않아 인공지능의 학습능력과 진화속도는 비약적으로 성장하게 될 것이고 인공지능 컴퓨터의 도입은 선택이 아닌 필수사항이 될 것이다.

2) 인공지능 플랫폼의 분류

인공지능 플랫폼은 범용성 또는 산업별 특화 플랫폼 등 목적에 따라 다르게 분류되며, 사용하고자 하는 대상과 목적, 제공하고자 하는 서비스에 따라서 혼용하여 사용하고 있으며, 인공지능 시장 성장과 사물인터넷 기술 발전과 더불어 적용 범위가 점점 확대되고 있는 분야이다.

인공지능 플랫폼은 제품분류 관점에 기반기술, 범용 인공지능 플랫폼, 산업별 특화 인공지능 플랫폼으로 구분이 가능하다.

❚ 인공지능 플랫폼의 제품별 분류 ❚

기술개발 테마	제품분류 관점		세부기술
인공지능 플랫폼	기반 기술	영상처리	• 이미지 처리, 이미지 인식, 모션 인식 기술 등
		음성인식	• 음성인식 학습, 음성 합성, 화자 인식 기술 등
		자연어 처리	• 언어분석, 대화처리, 자동번역 기술 등
		빅데이터	• 정보 분석, 탐지 및 분석 기술 등
	범용 인공지능 플랫폼		• 기술력과 방대한 데이터를 기반으로 한 범용 인공지능 플랫폼 • 개별 요소 기술들이 특정 산업에 목적성을 두고 개발이 아닌 다양한 적용 가능성
	산업별 특화 인공지능 플랫폼		• 특정 산업에 목적성을 두고 그에 해당하는 데이터를 확보 및 학습한 플랫폼

3) 국내 인공지능 플랫폼 기술 개발 현황

삼성전자는 음성인식 기술을 적용한 'S보이스' 스마트폰앱을 선보였고, 특히 자연어 처리기술을 특화를 통해 안정적인 음성인식 기술을 개발하는 데 초점을 맞추고 있다. 국가별로 사투리, 축약어 포함 매주 수천 개 문장을 테스트하며 DB를 확보하는 한편 잡음 발생 환경에서 음성인식 성능을 유지할 수 있는 기술을 개발하고 있다.

디오텍은 국내 딥러닝 관련 솔루션 기업이었으나 최근 의료기기 전문업체인 힘스 인터내셔널에 인수됨에 따라 의료분야에 딥러닝이 적용된 제품 및 서비스를 개발에 집중하고 있다.

쿨디는 딥러닝 기술을 이용해 이미지로부터 관련 정보를 인식하는 기술을 개발하였다. 클디의 기술은 사람의 뇌가 동작하는 방식을 모방한 '심층신경망' 기반의 인공지능 기술로 이미지를 인식하고, 그 안에 담긴 정보를 분석함으로써 사용자들이 원하는 정보를 빠르고 정확하게 찾을 수 있게 도와주고 있다.

유빅은 인공지능 기반 예측코딩 기술 도입으로 이메일을 통한 기술유출을 차단할 수 있는 솔루션을 개발하였다. 예측코딩 기술을 활용해 이메일에 담긴 기술정보 유출, 리베이트, 카르텔, 부정회계, 횡령, 등 기업 부정 사건의 위험 징후의 감지가 가능하다. 또한 이메일을 계정별로 분석하고, 분석을 마친 이메일을 위험 징후의 세 단계인 콘셉트/준비/실행 중 해당하는 단계로 분류하여 사용자가 위험 징후를 더욱 정확히 예측할 수 있도록 위험도 평가 기능을 고도화하였다.

2. 인간-인공지능 협업 시스템

1) 정의 및 필요성

(1) 정의

인간-인공지능 협업 시스템은 협업지능을 기반으로, 인공지능이 스스로 사용자를 인식, 사용자에게 맞는 서비스를 제공하는 기술로 인간의 목표를 이해하고 그에 적절한 대처를 할 수 있도록 인간과 인공지능 간의 커뮤니케이션을 매개하는 시스템이다. 4차 산업 혁명 시대에서 인간의 단순 반복적 업무에 있어 인간과 AI의 협업을 통해 생산 효율을 증대할 수 있는 기술로서 중요성이 확대되고 있다.

(2) 필요성

인간-AI 협업 시스템은 사용자 패턴 분석을 통한 사용자의 취향 또는 선호도 맞춤형 지능적 시스템 조종 기술, AI 플랫폼, 패턴 분석 알고리즘, 빅데이터 SW 등의 기술을 활용하여 자율주행 자동차, AR 시스템, VR 시스템, 교육 및 정보 등의 다양한 분야에서 활용이 가능해졌다. 최근 인간-AI 협업 시스템에 대한 연구와 기술적 발전이 매우 급속히 이루어지고 있으며 사용자 맞춤형 지능 시스템, AI 플랫폼, 에이전트 시스템, 사용자 인터페이스, 사용자 패턴 분석 알고리즘 및 빅데이터 소프트웨어 분야에서 연구 단계를 넘어서 실용화, 상업화로 확대되고 있는 추세라는 점에서 필요성이 증대되고 있다.

2) 인간-인공지능 협업 시스템의 용도별 분류

AI의 발전은 그 영향력이 제조, 금융, 의료, 자동차 등 거의 모든 산업에 미칠 수 있다는 점에서 엄청난 잠재력을 보유하고 있다. 인간-인공지능 협업 시스템은 방대한 영역에서 그동안 확보한 빅데이터와 최고 수준으로 개발 중인 AI 핵심 기술을 접목해 다양한 분야에 활용할 수 있는 AI 플랫폼 구현이 가능하며 용도에 따라 제조분야, 금융분야, 의료분야, 유통분야, 교통분야로 분류가 가능하다.

▌인간-인공지능 협업 시스템의 용도별 분류▐

분류	상세 내용
제조분야	• 인간-AI 협업 기술을 활용하여 경영판단 예측 제원 시스템 구축 가능 • 여러 회사를 경영하는 그룹사의 경우, 경영진이 실시간으로 각 회사의 경영, 제조, 분석 등을 통해 예측을 수행
금융분야	• (콜센터 챗봇) 고객센터에서 챗봇이 상담과 민원을 처리함으로써 고객 만족도를 높일 수 있는 금융 서비스를 제공 • (금융 마케팅) 축적된 대화내용 분석을 통한 맞춤형 상품 마케팅 구현
의료분야	• AI(AI) 기반 챗봇이 환자의 병원이용 안내부터 의료진의 진료를 돕는 서비스까지 의료 분야에서 활용도가 증가하는 추세 • 의료진이 환자의 나이와 성별, 증상을 말하면 가장 적합한 항생제와 복용방법을 알려주는 챗봇 기술

유통분야	• 쇼핑, 비행기예약, 숙소예약, 레스토랑 예약, 음식 주문 및 택시 호출에 챗봇 활용 • 관련 기업으로서 아마존, 이베이, 카카오톡, 인터파크 등이 유통 분야에서 챗봇 활용
교통분야	• 인공 지능 챗봇을 활용하여 실시간 길찾기 및 교통 상황을 반영한 최단 거리 찾기 등과 같은 서비스 제공 • 버스, 기차, 항공권도 챗봇을 이용하여 구매가 가능하도록 AI 챗봇을 개발하여 좌석 예매 서비스를 제공

3) 국내 인간-인공지능 협업 시스템 기술 개발 현황

네이버는 AI 기술 플랫폼 클로바를 탑재한 AI 비서 앱 네이버 – 클로바를 출시하였다. AI 특화를 위해 2018년 검색과 AI 조직을 합친 서치앤클로바라는 CIC 를 신설하고, 네이버의 연구·개발 자회사인 네이버랩스와 기술 개발 중이다. 클로바는 검색, 언어처리, 대화, 음성, 이미지, 비전, 추천 등의 인공지능 기술과 네이버와 라인이 보유한 콘텐츠와 서비스를 하나의 플랫폼으로 제공한다.

네이버의 클로바

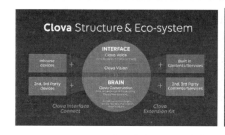 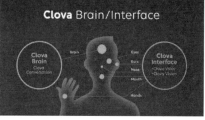

* 출처: 네이버

카카오는 2017년 하반기 자체 개발한 인공지능 플랫폼 '카카오 I'를 공개하였다. 음성인식 개인비서 기능을 지원하며 카카오의 각종 서비스와 연계되어 다음의 데이터베이스를 기반으로 인물 정보 등을 검색할 수 있고, 카카오톡 메시지를 보내거나 멜론을 통해 음악 감상 등의 기능이 가능하다.

* 출처: 카카오i

3. 영상 데이터 기반 AI 서비스

1) 정의 및 필요성

(1) 정의

영상 데이터 기반 AI 서비스는 영상과 이미지에 존재하는 객체의 종류와 특징들을 추출하고, 추출한 특징들로부터 유의미한 정보를 산출하는 AI 기술들을 활용하여 의료, 보안, 불량 검출, 범죄 인지, 상황인지 등의 서비스의 인식률과 정확도를 높이는 AI 서비스이다. 영상에서 객체의 종류, 크기, 방향, 위치 등 공간정보를 실시간으로 알아내는 학습된 지식 정보를 기반으로 딥러닝 기술을 활용하는 AI 영상처리 기술을 포함한다.

AI 영상처리 기술은 영상 분석 및 다양한 센서를 통해 수집된 센서 데이터를 포함하여 상황 정보를 인식, 해석, 추론과 같은 처리 과정을 거친 후, 서비스 분야별로 필요한 도메인 지식을 포함하는 상황 인식 모델을 구성하고 관리해 상황 정보를 추론하여 객체, 모션, 상황 등을 인식하게 된다.

(2) 필요성

서비스 분야에서 사람이 직접 수행하기에 위험이 따르거나 자동화가 필요한 분야에서 영상 분석을 통한 AI 서비스를 실현하여 생산 효율성 증대, 객체 인식 정확도 개선, 인간의 반복 작업 탈피 등의 인간의 노동력을 대체할 수 있는 기술의 필요성이 증대되고 있다.

또한 영상 분석 분야에서 AI 기술 적용에 따른 장점이 다양하고 극대화 가능하고 AI 기술을 이용하여 영상 분석 기술을 개발하기 위하여 AI 플랫폼의 기본 기술들을 활용하는 경우, 영상 분석 정확도의 향상이 가능하다. 따라서 인공지능 기술의 활용성 측면에서 영상 데이터 기반 AI 서비스는 다양한 분야에 적용해 나가는 것이 필요하다.

2) 영상 데이터 기반 AI 서비스 분류

AI 기술을 이용하여 영상처리하는 기술은 비약적인 발전을 이루었으며, 높은 기술력을 바탕으로 다양한 분야에 영상 처리 기술을 적용하고 있다. 영상 데이터 기반 AI 서비스를 용도에 따라서는 스마트 팩토리, 쇼핑, 의료, 스마트 도시 분야로 분류할 수 있다.

▌영상 데이터 기반 AI 서비스의 용도별 분류 ▌

분류	상세 내용
스마트 팩토리 (비파괴검사)	• 제품이나 건축물의 상태를 파괴하거나 직접적인 실험을 하지 않고 영상을 분석하여 그 상태를 파악하고 불량 정도를 인식하는 서비스
쇼핑(무인점포)	• 점포 내에서 소비자의 행동 패턴을 인식하여 구매률을 높이게 정보를 제공하거나 노체크아웃을 제공하는 서비스
의료(질병검출)	• CT/MRI 등의 의료영상을 분석하여 질병의 유무나 병증의 정도를 인식하여 의사의 오진을 낮추고 업무 효율을 높이는 의료 서비스
스마트 도시 (CCTV 분석)	• CCTV 영상을 실시간 분석하여 범죄자 인식, 쓰레기 투기 인식, 범죄 상황 인식, 교통체증 인식, 교통사고 인식 등 실생활에 필요한 보안 및 편의 서비스

3) 국내 스마트 수질관리 기술 개발 현황

수아랩은 나염 공정 불량검사에 AI를 도입하였다. 정상 제품에 대한 레퍼

런스 이미지를 생성해 등록하면 기준 이미지와 다른 부분을 실시간으로 검출하여 제품의 불량을 확인할 수 있다.

수아랩 수아킷

Single Image Analysis
각각의 이미지의 Feature를 학습하고 검출합니다.

Image Comparison
두 이미지 간의 차이점을 집중하여 학습하고 검출합니다.

Multi Image Analysis
여러 이미지 간의 상관 관계를 분석하여 학습하고 불량을 검출합니다.

One Class Learning
결함 이미지 없이, 정상 이미지만 학습하여 불량을 검출합니다.

* 출처: 수아랩

　루닛은 루닛 인사이트 MMG을 개발하였는데, AI 기술을 기반으로 설계된 유방촬영 영상판독 보조 소프트웨어로, 유방암 의심 부위와 의심 정도를 색상 등으로 표기해 의사의 빠르고 정확한 진단을 도움을 준다. 루닛의 AI 기술을 적용하여 흉부 엑스레이 영상에서 폐 결절 의심 부위를 검출할 수 있다.

루닛 인사이트

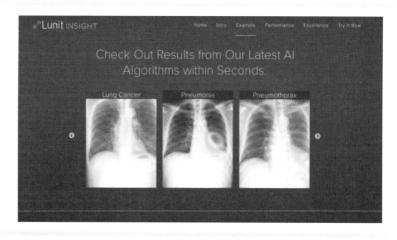

* 출처: 루닛

SK텔레콤은 보안업계 2위 ADT캡스를 인수하고 AI, 사물인터넷, 빅데이터 기술을 통신 인프라에 접목하여 지능형 보안 서비스 사업을 추진하고 있다. 사고 발생 가능성이 높은 지역을 사전에 예측하여 경비 인력과 차량 동선을 최적화하고, 빅데이터 기반 지능형 영상분석을 통해 범죄자의 특이 행동, 이상 징후까지 판단해 대응할 수 있으며, 8K UHD 해상도의 CCTV 영상을 실시간 분석하여 범죄 혐의자의 행동을 탐지하여 즉각 대처하도록 제공하고 있다.

씨프로는 영국 지능형 영상분석 솔루션 업체 VCA 테크놀로지와 협력해 기존 네트워크 카메라 위주 상품 구성에 지능형 CCTV 솔루션을 더해 제품 다양화에 성공하며 다양한 상황에 최적화된 토탈 솔루션을 제공하고 있다.

4. AI 기반 교육 서비스

1) 정의 및 필요성

(1) 정의

AI 기반 교육 서비스는 교육 서비스에 인공지능 기술을 접목해 기존 서비스를 개선하거나 새로운 서비스를 제공하는 차세대 교육을 의미한다. AI 기반 교육 서비스는 '에듀테크2' 범주 안에 속하며 에듀테크 중 데이터와 AI를 활용하여 제공하는 교육 서비스와 관련 AI 기반 기술을 등을 포함하고 있다.

AI 기반 교육 서비스는 AI를 활용해 학생 개인별 학습 상태를 분석한 데이터를 바탕으로 교육을 진행하고, 개인 성취도를 고려한 맞춤형 학습이 가능한 교육 서비스를 제공해 주는데 학생들에게는 데이터를 활용하여 개인의 특성을 파악한 후 맞춤형 교육을 제공하고 선생님에게는 교수법 및 학사행정 관리를 자동화 및 지능화하는 추세이다.

(2) 필요성

AI 기반 교육 서비스 산업은 세계 교육 시장이 계속 확대되는 가운데, AI

---

2 에듀테크는 교육(Education)과 기술(Technology)의 합성어로, 교육에 정보통신기술(ICT)을 접목해 기존 서비스를 개선하거나 새로운 서비스를 제공하는 것, 또는 교육 서비스를 개선하거나 새로운 가치를 제공하는 데 활용되는 기술을 의미한다.

기반 교육 서비스를 아우르는 에듀테크 분야는 향후 급속하게 성장할 것으로 예상되는 매력적인 분야이다. 따라서 AI 기반 교육 서비스 산업 성장을 통해 인공지능 및 관련 기술의 발전을 촉진하고 이들 기술이 다시 교육산업과 융합 되어 국가 경쟁력을 갖출 수 있도록 적시적 대응과 투자가 필요한 상황이다.

또한 AI 기반 교육 서비스 활성화를 통해 교육 분야 변화에 대응해야 한 다. 우리나라 교육 분야는 공공성 추구라는 정책 기조로 인해 우수한 민간 기 술과 도전적 자본이 진입하기 어려운 환경이기 때문에, 교육에 대한 관점을 성 장산업이자 메타산업, 혁신의 촉진자로서의 역할에 초점을 맞춰 인식을 전환할 필요가 있다.

2) AI 기반 교육 서비스의 용도별 분류

AI 기반 교육 서비스는 크게 학생용과 교원용으로 구분 가능하다.

학생용은 학생들의 문제 풀이 데이터 등 학습 데이터를 AI가 모니터링해 분석·진단해 주고 맞춤형 학습 방식을 설계해 주는 방식이다. 문제 풀이 데이 터를 통해 과목별 학생의 현 수준 진단, 현재의 교육 평가 시스템에서 측정하 기 어려운 역량을 평가하는 서비스 제공, 학생 개별 맞춤형 학습 경로 및 적정 콘텐츠 등을 제시하여 준다.

교원용은 교육을 위한 교사의 보조도구로 학생들의 데이터에 따라서 맞춤 형 교육 방법을 분석·제공해 주거나 현장 교육을 보조하는 용도로 활용된다. 학생들의 개별 데이터를 분석, 맞춤형 지도 방향에 대한 조언 제공, 학습 커리

‖ AI 기반 교육서비스의 활용 형태에 따른 분류 ‖

AI 활용 형태	주요 내용
개인 맞춤형 교육 제공	• 학생 개인의 학습 상태, 성취도를 고려한 맞춤형 학습 • 인공지능 튜터 활용 • 학습 몰입도를 측정하여 최적화된 환경 제공
교수 및 학사행정 자동화 지능화 지원	• 채점, 첨삭, 피드백 등의 교수 활동 자동화 • 학습 이력, 학습 활동, 학습 경로 설정 등 행정 지능화
교육의 시공간적 확대	• 시간적, 공간적 제약 극복 • 교사-학습자-멘토-전문가 등과의 연결 및 협업

큘럼 구성 및 최신 교육 콘텐츠 분석 도구, 교원과 학생 구성비 불균형에 따른 교육 공백을 극복하는 용도로 부진 학생 등이 지속해서 수업에 참여할 수 있도록 개별 보조해 주는 역할로 활용된다.

3) 국내 스마트 헬스케어 기술 개발 현황

뤼이드는 AI를 활용한 딥러닝 기술로 학습자가 틀릴 문제를 예측하고, 점수가 가장 빨리 오를 문제를 추천해 최단시간 내에 점수를 향상할 수 있는 '산타토익' 서비스 제공하고 있다. AI 기반 교육 서비스 성능 개선을 위한 논문 및 특허를 지속적으로 냄으로써 전체 AI 기반 교육 서비스 시장 고도화에 기여 중이다.

노리는 딥러닝 수학교육 기술 플랫폼을 활용하여 학습 능력을 진단하고 개인별 맞춤형 교육과정 및 콘텐츠를 제공하고 있다. 국내와 미국에서 학습 데이터를 분석하고 맞춤형 콘텐츠를 추천하는 드릴다운 방식의 원천기술을 확보하고 있다.

매스프레소는 질문·답변과 풀이 검색이 가능한 플랫폼 '콴다'를 운영하고 있다. AI 기반의 광학 문자판독 기술을 개발해 모르는 수학 문제를 사진 촬영해 올리면 5초 안에 해설을 제공하는 '5초 풀이 검색' 서비스가 제공된다.

캐치잇플레이는 게임으로 영어를 배울 수 있는 '캐치잇잉글리시' 애플리케이션 운영. 머신러닝 기반의 AI 추천 시스템을 탑재해 사용자에게 맞춤형 학습법 제공하고 있으며, 에그번에듀케이션은 AI 챗봇 기술을 활용해 외국인을 대상으로 한 한국어/중국어/일본어 학습, 한국인 대상 영어교육 서비스 등을 제공하고 있다.

[뤼이드]

[뤼이드]

[노리]

[매스프레소]

[캐치잇 플레이]

[에그번에듀케이션]

5. AutoML 솔루션

1) 정의 및 필요성

(1) 정의

AutoML은 머신러닝, 딥러닝 등 인공지능 관련 모델 개발에 필요한 다양한 과정을 자동화하여 최적 성능의 모델을 개발하는, 일명 '인공지능을 만드는 인공지능' 솔루션을 의미한다. AutoML은 인공지능 스스로 데이터의 특징을 추출하고 적절한 알고리즘을 선택하여 학습을 수행한 이후, 학습된 모델 간 평가를 통해 개발 목표에 가장 적합한 인공지능 모델을 탐색하는 과정을 자동화한다. 기존에 인공지능 개발자가 반복적으로 수행하는 머신러닝, 딥러닝 등 모델 개발 작업을 상당수 자동화함으로써, 해당 데이터와 모델에 관한 전문 지식이 없는 비−전문가도 인공지능 활용도를 높이는 것을 목표로 개발되고 있다.

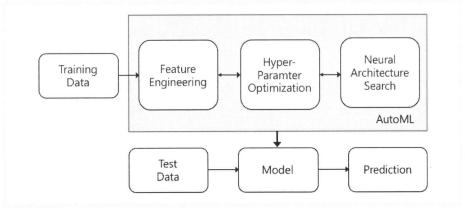

자동 머신러닝 시스템

*출처: 자동 기계학습(AUTOML) 기술 동향, 한국전자통신연구원(2019)

(2) 필요성

인공지능 모델 개발을 위해서는 학습용 데이터 자동 설계가 필요하다. 데이터 샘플 무작위 추출, 결측값 보정, 중복값 제거, 정규화, 훈련용 및 평가용 데이터 구분 등 학습용 데이터 수집 및 전처리 과정에서 수반되는 일련의 과정들을 자동으로 수행함으로써 인공지능 모델 개발의 효율성을 증대시킬 수 있다.

또한 최적 성능의 모델을 학습하기 위한 하이퍼 파라미터 최적화 및 알고리즘 선정이 필요하다. 개발자에 의해 반복적으로 수행하는 작업 과정에서 발생할 수 있는 오류를 방지하고, 자동화된 프로세스를 통해 일관성 확보해야 하고, 데이터에 적합한 후보 알고리즘 간 모델 학습 방식, 내부 동작 및 모델 학습에 필요한 연산자원 등 비교 및 평가를 통한 알고리즘을 선정해야 한다.

그리고 머신러닝 및 딥러닝 모델 개발 시 반복적 모델 학습에 따른 컴퓨팅 연산 비용의 증가 문제로 인해, 효율성 높은 인공지능 모델 개발을 위한 자동화 프로세스의 필요성이 증가하고 있고, 인공지능 기반 기술 개발과 서비스 출시로 인해 머신러닝 및 딥러닝 연구개발이 가능한 데이터 사이언티스트 등 인력 부족에 따른 비–전문가에 의한 개발 수요가 증가하고 있어 인공지능 모델 개발 비용 증가에 따른 자동 최적화 기술이 필요한 상황이다.

2) 유통/물류 빅데이터 구축 및 분석 시스템의 용도별 분류

AutoML 분야는 크게 데이터 처리 및 피처 엔지니어링 자동화, 최적 하이퍼파라미터 및 신경망 아키텍처 탐색, 모델 학습 및 평가 자동화로 분류가 가능하다.

데이터 처리 및 피처 엔지니어링 자동화는 문제 해결에 적합한 모델에 맞춰 데이터 설계, 수집 및 전처리 과정과, 최적의 변수 집합을 찾기 위해 데이터 변환을 자동으로 수행한다. AutoML 모델 생성을 위해 사용자가 원시 데이터를 입력하면 AutoML 솔루션이 이를 자동으로 분석하여 데이터 유형, 데이터 구조, 결측값 등을 보완하며, 기존 인공지능 개발자가 일일이 원시 데이터를 확인하고 반복적으로 수행하는 작업을 일괄적으로 처리함으로써 오류 절감 및 일관성 향상 효과를 기대할 수 있다.

피처 엔지니어링은 원시 데이터의 특징을 파악하고 유의미한 변수만을 추출하여 머신러닝 및 딥러닝 모델에 적합한 형태로 변환함으로써 인공지능 모델의 설명력을 높이는 과정이다. 주성분 분석 등 차원 축소를 통해 변수 간 상관이 높은 경우를 고려할 수 있으며, 정규화 및 표준화를 통해 특정 변수가 벡터 공간에서 다른 변수의 설명력을 제외시키는 문제를 해결할 수 있다.

최적 하이퍼파라미터 및 모델 아키텍처 탐색은 머신러닝 및 딥러닝 모델 학습에 영향을 미치는 하이퍼파라미터 최적화와 신경망 아키텍처 자동 탐색 등을 통해 더 나은 성능의 모델을 학습할 수 있다. 하이퍼파라미터 탐색에는 그리드 서치, 랜덤 서치, 베이지안 최적화 등이 활용되고 있다.

3) 국내 AutoML 기술 개발 현황

위세아이텍은 WiseProphet 플랫폼을 통해 머신러닝 자동화 프로세스 서비스를 제공하고 있다. 데이터 전처리, 피처 엔지니어링, 주요 머신러닝 및 딥러닝 알고리즘 지원, 하이퍼파라미터 및 앙상블 모델 지원 등 주요 머신러닝 프로세스를 자동화하였고, 예측정비, 부당청구 및 이상거래 탐지 등 참조할 수 있는 주요 산업별 레퍼런스 모델을 지원한다.

Aithe는 스마트 AutoML 솔루션을 통해 데이터 전처리와 모델 튜닝 등 자동화된 머신러닝 분석 솔루션을 제공하고 있다. R, Python 등 프로그래밍 코딩 없이 머신러닝 분석을 제공하여 비−전문가의 접근성을 개선하였다.

에이젠글로벌은 금융 빅데이터를 기반으로 AutoML이 적용된 아바커스를 통해 금융 의사결정 과정 지원 솔루션을 제공하고 있다. 금융에 특화된 딥러닝 자동화 모델을 통해 금융 상품 설계, 신용평가, 이상거래탐지 등 금융 고객의 개인화된 서비스 구축 등에 활용하고 있다.

6. eXplainable AI(XAI)

1) 정의 및 필요성

(1) 정의

설명 가능한 AI는 사용자가 인공지능 시스템의 동작과 최종 결과를 이행하고 올바르게 해석하여 결과물이 생성되는 과정을 설명 가능하도록 해주는 기술을 의미한다.

예를 들어 인공지능 시스템이 고양이 이미지를 분류할 경우, 입력된 이미지의 고양이 여부를 도출하고 인공지능 판단의 근거까지 사용자에게 제공하는 진보된 개념의 인공지능 기술이다.

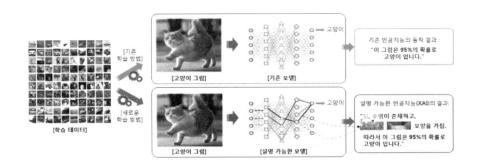

설명 가능한 인공지능의 예

* 출처: DARPA (2016)

(2) 필요성

인공지능 기술은 빅데이터 및 복잡한 알고리즘 등을 기반으로 사용자에게 의사결정, 추천, 예측 등의 정보를 제공하지만, 딥러닝 등은 알고리즘의 복잡성으로 인해 '블랙박스'로 인식, 결과에 대한 충분한 설명을 하지 못한다. 그런데 최근 딥러닝이 금융, 의료 등 다양한 분야로 확산하고 산업적 가능성을 인정받기 시작하면서 학습 결과에 대한 신뢰성과 도출 과정의 타당성을 확보하려는 요구가 증가하고 있다. 이러한 상황에서 설명 가능한 인공지능은 다양한 산업 분야의 사용자로부터 신뢰를 얻어 활용 확대될 수밖에 없다. 설명 가능한 인공지능을 적용함으로써 최적의 학습 모델 도출 및 인공지능 시스템의 성능 향상을 기대할 수 있으며, 인공지능 시스템의 오류로 인해 야기되는 책임소재 등에 대한 법적 분쟁 발생 시 사고 원인 파악을 가능해짐에 따라 법적 책임 판단의 근거로 활용이 가능하다.

2) 설명 가능한 인공지능의 용도별 분류

설명 가능한 인공지능는 의사결정의 판단 근거가 중요한 의료, 기후, 금융, 보안 등의 산업 및 서비스 분야로 분류가 가능하다.

∥ 설명 가능한 인공지능의 용도별 분류 ∥

구분	내용
의료	• 딥러닝 알고리즘을 이용해 폐암, 유방암 등의 질병을 정확하고 빠르게 진단함과 동시에 진단에 대한 원인 설명이 가능한 의료 진단 기술 개발 기대
기후	• 머신러닝 알고리즘을 이용해 기후변화 및 영향에 대한 예측과 예측에 대한 설명을 제시
금융	• AI 기반 알고리즘을 통해 사기성 주식 거래를 탐지하고 판단 근거를 제시
보안	• 데이터 분석을 통해 해킹 등 사이버 공격에 대한 위협을 방지하는 설명 가능한 AI 기반 보안 예측 서비스 솔루션
교육	• 데이터 학습을 통해 사용자 개별 맞춤형 교육 추천 솔루션을 제공 시 학생의 부족한 개념이 무엇이고 이를 해결하기 위해 필요한 학습 등을 제안함으로써 보다 신뢰성 높은 교육 서비스 제공 가능
국방	• 군사 작적을 위한 의사결정 시 AI 알고리즘을 활용하여 제시한 군사 지휘 의사결정의 판단 근거를 제시함으로써 군사 작전의 설득력 향상 및 성공 가능성 증대 기대
법률	• 사건 사고에 대한 법원의 판단시 판단 근거에 대한 정확한 설명 가능해짐

3) 국내 설명 가능한 인공지능 기술 개발 현황

포스코는 최재식 한국과학기술원 교수팀과 협업을 통해 포스코 고로에 XAI 기술을 적용하였으며, 철강제품의 품질과 생산성을 더욱 향상시키고 보다 다양한 분야에 인공지능 적용하기 위해 연구를 진행 중이다.

서울대병원은 세계 최초로 적대적 설명 방법론을 적용하여 설명 가능한 의료영상판독용 인공지능을 개발하였다. 녹내장 진단 설명이 가능한 XAI 기술을 개발하여 녹내장의 병변 위치뿐 아니라 진단을 내리게 된 의학적 소견까지 제시가 가능하다.

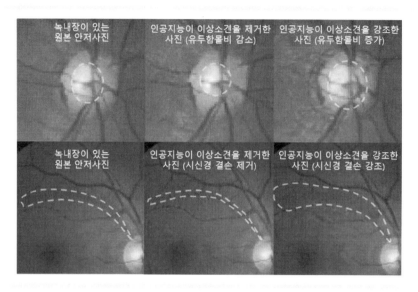

보라매병원은 전립선암을 예측하는 XAI 모델을 개발하여 효과성을 입증하였다. XAI 기술을 통해 판단의 이유를 의료진이 쉽게 이해할 수 있는 장점으로 향후 실제 임상 적용 시 진단의 명확성에 있어 높은 효과를 거둘 것으로 기대하고 있다.

에이젠글로벌은 금융데이터에 특화된 모델을 생성하고 이를 설명할 수 있는 '설명 가능한 인공지능'을 개발하였으며, 전통적인 금융 모델의 설명 방식과 인공지능 모델의 결합을 통해 '금융 특화'된 설명력으로 '판단 사유'를 제시할 수 있다.

7. Robotic Process Automation

1) 정의 및 필요성

(1) 정의

Robotic Process Automation은 줄여서 RPA라고 하며 사용자 PC 및 모바

일상에서 수행하는 정형화되고 반복 업무를 사람의 작업을 모방하는 소프트웨어가 대신 자동으로 수행하게 해주는 소프트웨어를 말한다. 기존 시스템 구축은 분석, 설계, 구축, 이행에 따른 개발 방법에 따라 수행되지만, RPA는 사람의 행동을 모방하도록 설정되어 빠르게 실무에 적용 가능하다. 또한 업무량 변화에 따라 유연한 배치와 대응이 가능하고, 기존 업무 프로세스와 시스템을 그대로 사용해 기존 시스템 구축보다 용이하다.

(2) 필요성

RPA는 현재 산업에서 사용되거나 개발 중인 다른 기술에 비해 검증되고 산업 내 일정 수준 상용화된 기술로서 최근 2~3년간의 본격적인 도입 이후 많은 기업들이 투자 대비 성과를 입증하였으며 이로 인해 새롭게 도입을 시도하는 기업들이 증가하고 있다.

RPA의 도입을 통해 기업은 신속성, 확장성, 용이성, 범용성, 효율성, 안정성 등에서 효과 창출을 기대할 수 있어 RPA의 사용이 확대되어 나갈 것으로 예상된다.

- 신속성: 기존 시스템을 활용하여 구축하기에 신속히 구축 가능, 시스템 설계에 많은 노력이 소요되지 않음
- 확장성과 용이성: 기존 IT 시스템의 변경이나 신규 인터페이스 개발 불필요, 다른 지점에 수요가 있을 때 쉽게 적용 가능
- 범용성: 여러 종류의 시스템, 어플리케이션, 커뮤니케이션 수단 간 인터페이스 구축 가능
- 효율성: 12~18개월 내 시스템 투자 비용 회수 가능, 고부가가치 활동에 집중할 수 있는 인적자원의 재배치 가능
- 안정성: 시스템 구축으로 외주사 등에 민감한 데이터에 대한 접근 방지, 추가적인 인력 없이 자력으로 정보보호 수행 가능

2) Robotic Process Automation의 용도별 분류

RPA 시스템은 금융, 제조업, 경영, 인사 등 다양한 업무 분야에 각 업무 용도에 맞게 사용될 수 있다.

▮ Robotic Process Automation의 용도별 분류 ▮

구분	상세 내용
금융	• 은행의 경우 은행 간 자금 경제를 관리하거나 현금/외환/투자 현황 보고서를 작성하거나 이상탐지거래를 분석하고 자금세탁 거래 모니터링 기술 • 비대면 고객 대응 분야, 보험사의 고객 및 계약 관리에 적용
제조업	• 거래처에 대한 정보를 등록하거나 견적대사 작업을 자동화시키는 기술 • 제조한 물품의 출하 검사 성적서 자동 생성 및 입력 업무를 자동화하는 기술 • 연구개발, 구매, 영업 등에 적용하여 기업의 생산성을 높이거나, 서비스 영역의 주문 대행 및 시장가 분석 등에 도입 가능한 경쟁력 강화 기술
경영	• 상품/고객별 수익성을 분석하고 재무 데이터를 관리하는 기술 • 회계와 같은 경영 지원 쪽으로 활용 가능한 기술
인사	• 데이터 입력 업무 자동화 예를 들어 직원의 입사 절차나 대외보고, 복리후생 등의 업무를 자동으로 처리 가능한 기술

3) 국내 설명 가능한 인공지능 기술 개발 현황

RPA에 대한 효과가 점차 증명되고, 기업들의 관심도 높아지면서 국내 RPA 시장도 점차 성장하고 있다. 아직은 초기 단계에 불과하지만, 점차 중소기업 등에도 확산될 것으로 예상되면서, RPA 소프트웨어뿐만 아니라 관련 컨설팅 시장도 함께 성장할 것으로 관측된다.

그리드원은 국내 RPA 시장점유율 1위 기업으로, '오토메이트원', '에이아이 인스펙터원' 및 '테스트원'을 주요 제품으로 보유하고 있다. 인공지능 전문 솔루션 '에이아이 인스펙터원'은 AI가 스스로 학습하며 업무 범위를 확장 가능하다.

KT는 기업의 경비 처리를 더 쉽고 빠르게 처리할 수 있는 챗봇 기반의 전표를 대신 처리하는 전표 로봇 솔루션을 개발하였다. 전대리는 챗봇 기반의 RPA 프로그램으로서 자주 처리하는 전표의 이력을 추천하고, 시스템에 접속하지 않아도 메신저 채팅을 통해 몇 번의 클릭만으로도 전표에 필요한 처리 업무를 할 수 있다.

신한카드는 반복적인 카드 국제 정산 업무에 RPA를 도입하여 자동화하였다. 신한카드는 RPA를 통해 국제 정산 업부 프로그램 실행부터 ITF 파일 다운로드, 변환 및 저장과 전송까지 일련의 반복적인 업무를 자동화하였다.

오렌지 라이프는 2018년 3월에 도입한 RPA 시스템을 계약 심사 등 45개 업무 프로세스에 확대 시행하고 있다. 오렌지 라이프는 신계약, 데이터 산출, 값 검증, 고객 관리, 보험상품 관리, 보장내용 관리, 사후 관리 등 총 33개 프로세스에 RPA를 1차적으로 적용 중이다.

CHAPTER

04

블록체인

CHAPTER 04 블록체인

| 01   블록체인 산업

1. 블록체인의 정의 및 필요성

1) 블록체인의 정의

블록체인은 트랜잭션을 보관하는 단위인 블록들을 체인 형태로 연관시킨 데이터 저장 구조를 의미한다. 거래내역의 예를 들어 블록체인을 설명하면 블록에 거래내역이 담긴 데이터를 담아 체인 형태로 연결하는 것을 의미한다.

블록체인은 혁신적 기술로 독특한 특징을 보유하고 있다. 기술적 관점에서, 블록체인은 공개적으로 열람 가능한 분산원장를 유지하는 백엔드 데이터베이스를 포함한다. 따라서 블록체인 기술은 중앙화된 공인 주체 없이 정보의 무결성 및 신뢰성을 확보하는 P2P 기반 분산원장 기술을 의미한다고 볼 수 있다. 또한 블록체인 네트워크 참여자가 공동으로 거래 정보를 검증하고 해시 기반으로 거래정보를 블록에 기록 보관함으로써, 정보의 완결성 및 무결성을 보장하게 된다.

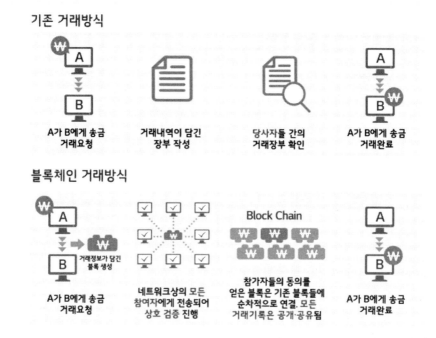

* 출처: 세상을 바꿀 매력적 기술, LG-CNS 공식블로그

2) 블록체인의 필요성

블록체인은 향후 인공지능이나 사물인터넷 등 4차 산업혁명을 이끄는 핵심기술들과도 융·복합하게 될 가능성이 매우 크다. 왜냐하면 4차 산업혁명 시대에 블록체인은 데이터 보안은 물론 개별 데이터에 대한 개인의 통제권을 강화하는 데 효과적이기 때문이다. 그렇기에 글로벌 사물인터넷 시장의 경우 서비스 확장성과 보안 강화를 위해 블록체인을 활용하려는 시도가 증가하고 있다. 공급망 관리 분야에서 제품 공급 및 소비와 관련된 일련의 과정에서의 투명하고 신뢰성 높은 정보를 제공하고 있으며, 지능형 교통 시스템과 같이 인공지능 기술과 결합되어 운행 중인 차량, ITS 서비스 공급자 및 관리자 간의 데이터 전송 및 분석도 가능하다.

지금도 블록체인 기술의 현실 적용을 위한 다양한 연구가 진행되고 있으며 실용화도 추진 중에 있다. 특히, P2P 시스템의 고효율, 저비용의 특성과 투명성, 불변성 등의 장점은 인증, 저작권 등록 분야에서 활발히 연구가 진행되고 있으며 상업화 형태로 확대되고 있다. 블록체인의 투명성, 비가역성, 신뢰성은 이용료의 정산, 배분에서 고질적인 문제에 대한 해결책으로, 사전에 정해진 바에 따라 집행이 보장되는 스마트 계약을 활용하여 이용료의 징수와 배분의 미이행에 따른 다툼을 원칙적으로 방지가 가능하다. 그리고 결제, 거래내역 분야에 활용하기 위한 노력이 증대되고 있으며, 앞으로 블록체인 기술은 지금까지 한계로 여겨졌던 확장성, 상호운용성, IoT 지원 등의 한계를 뛰어넘어 사회 전반을 혁신하는 기반 기술로 자리 잡을 것으로 예상된다.

블록체인 기술이 안정화되고 시장에서 구매가 이루어지는 2030년까지 블록체인이 가져올 디지털 파괴의 직접 효과와 간접효과를 살펴보면 제품, 시장 및 산업변동과 블록체인 관련 지출액 부분이 매우 큰 것으로 확인되고 있으며, 이러한 파급효과는 2023년까지의 직·간접효과를 보면, 단계적으로 진행될 것으로 예상된다.

┃ 블록체인이 미치는 분야별/연도별 효과 예측 ┃

파괴적 혁신의 분야	직접효과 (~2030년)	간접효과 (~2030년)	직접효과 (~2023년)	간접효과 (~2023년)
제품, 시장 및 산업변동	높음	높음	중간높음	중간
비즈니스 방법론의 개선	낮음	중간	낮음	낮음
인력강화 및 인력변동	중간	중간	중간낮음	중간낮음
업무활동의 개선	중간	중간	중간낮음	중간낮음
고객 구매행동	중간	높음	중간낮음	중간
지출액	높음	높음	중간높음	중간
거시경제	낮음	중간	낮음	중간

* 출처: Digital Disruption Profile: Blockchain's Radical Promise Spans Business and Society, 2018, Gartner

2. 블록체인 산업의 분류

블록체인 산업은 마이닝 전용 하드웨어 기술, 암호화 알고리즘 기술 및 P2P 통신 기술과 같은 블록체인 근간 기술을 포함하는 후방산업과 블록체인 기반 응용 서비스 기술을 포함하는 전방 산업과 연관되어 있다.

┃ 블록체인 가치사슬 ┃

후방산업	블록체인	전방산업
컴퓨팅, 네트워크, 스마트 기기, 반도체, 플랫폼	블록체인 프로토콜 개발 (블록체인 네트워크 구조 / 블록 구조 / 토큰 이코노미 구조 / 합의 알고리즘)	의료, 금융, 거래, 물류, 보안, 서비스, 문화 및 콘텐츠

블록체인 산업은 크게 기술 부문과 네트워크 구조 부문으로 분류하고 있다.

먼저 기술요소에 따른 분류에서는 블록체인 기술을 크게 분산저장기술, 프라이버시 및 암호화, 합의 알고리즘, 블록체인 기반 어플리케이션 요소기술로 분류가 가능하며, 세부 내용은 다음의 표와 같다.

┃ 블록체인의 기술 분류 및 구성요소 별 비교 ┃

분산 저장 기술	프라이버시 및 암호화	합의 알고리즘	블록체인 기반 애플리케이션
퍼블릭&프라이빗 네트워크	해시 함수	PoW, PoS, DPoS, PoET,PBFT, PoI, PoA	증권형 토큰 플랫폼
분산 원장	공개 키 및 개인 키 알고리즘	거래 검증	게임 DApp
블록 구조	보안 알고리즘	블록 채굴	De−Fi (Decentralized Finance, 탈중앙화 금융서비스)
노드 결합	디지털 서명	이중 지불 문제 해결 방법	분산형 이커머스
사이드 체인	유저 인증	결제 검증	분산형 투표 시스템
온 체인/오프 체인	전자 지갑	하드/소프트 포크 관련	분산형 DRM 관리

* 출처: 블록체인 세미나, 2018, 파이특허법률사무소

네트워크 구조에 따른 분류에서는 블록체인 네트워크 구조에 따라 퍼블릭, 프라이빗, 컨소시엄으로 크게 구분하고 있으며, 세부 내용은 다음의 표와 같다.

❙ 퍼블릭과 프라이빗 블록체인 네트워크의 비교 ❙

분류 기준	퍼블릭 블록체인 네트워크	프라이빗 블록체인 네트워크
누가 거래기록을 열람하였는가	누구나 익명으로 이체잔고와 거래기록을 열람	거래 당사자와 규제기관만 열람
누가 거래에 참여하였는가	누구나 쉽게 사용자 인증과정 없이 계좌를 개설하고 거래에 참여	법적 책임을 지는 승인된 기관만 참여
누가 거래를 검증/승인하는가	누구나 컴퓨터를 통해 거래 검증에 참여	법적 책임을 지는 승인된 기관만 참여
누가 거래기록을 보관하는가	누구나 전체 거래내역을 보관할 수 있음	거래 당사자끼리 같은 거래내역을 보관
어떻게 합의를 도출하는가	작업증명 또는 지분증명 알고리즘을 통해 합의 도출	BFT계열 알고리즘을 통해 합의 도출
자체 암호화폐가 필요한가	필요함	필요없음
충분히 확장할 수 있는가	제한적 확장	금융 후선업무에 적합한 확장성
예시	비트코인, 대시, 이더리움	R3CEV, DAH, Clearmatics

* 출처: 퍼블릭과 프라이빗 블록체인 네트워크의 비교, 2019, 해시넷

02 블록체인의 시장, 기술 동향

1. 국내·외 블록체인 시장 동향

1) 국내 시장동향 및 전망

2018년 기준 국내 블록체인 시장 규모는 359억 원에서 연평균 67.3% 성장하여 2024년까지 7,677억 원 규모까지 성장할 것으로 전망되고 있다.

▌블록체인 국내시장 규모 ▌

(단위: 억 원, %)

구분	'18	'19	'20	'21	'22	'23	'24	CAGR
블록체인	359	588	980	1,634	2,744	4,574	7,677	67.3

* 출처: Blockchain Market by Component,MarketsandMarkets(2020)의 데이터를 기준으로 비트코인 화폐별 래량 중 원화 점유율 2.97%4)(코인힐스 2020.12.30.)을 근거로 네모아이씨지 재가공 (환율:1100원/달러)

국내 블록체인 분야는 중소기업이 많이 진출했지만 인공지능이나 빅데이터 등 신소프트웨어에 비해 매출 발생이 현저히 낮다. 국내 블록체인 기업의 현황은 2018년 198개에서 2019년 237개로 증가한 것으로 조사되고 있으며 2020년에도 블록체인 분야에 많은 인력이 충원된 것으로 파악되고 있다.

블록체인 분야의 참여기업은 여러 그룹으로 나눌 수 있는데 대표적으로 암호화폐 및 블록체인 관련 지원 및 사업을 하는 투자 및 액셀러레이터 그룹이 있으며 거래소, ICO 플랫폼, 미디어 및 커뮤니티 등이 해당한다. 또한 블록체인 기술을 이용하여 플랫폼과 서비스를 만드는 그룹이 있으며 유틸리티 및 서비스, 블록체인 교육 플랫폼, 마케팅 및 컨설팅 등이 해당한다.

국내 블록체인 생태계는 신원/보안, 탈중앙화 금융 서비스, 표준화 동향, 블록체인 프로토콜, 데이터 관리, 증권형 토큰으로 분류되고 있는데, 최근 각 분야의 주요 이슈를 아래의 표로 정리하였다.

‖ 블록체인 소분야별 생태계 이슈 ‖

소분야	생태계 주요 이슈
신원/보안	• 금융보안원은 2020년 3월 31일 금융보안표준화협의회를 통해, 「분산ID를 활용한 금융권 신원관리 프레임워크」를 금융보안 표준으로 제정 • 블록체인을 이용하여 자기 주권 신원(Self−sovereign identity) 또는 분산형 신원 인증(DIDs)를 구현하려는 시도가 있으며, MS 및 W3C를 중심으로 이러한 연구가 수행 중 • 병무청 '인증서 없는 민원 서비스 제공을 위한 블록체인 플랫폼 구축' • 경상남도 스마트 도민증을 DID로 발급하여 관광지 등에서 지역주민 요금 할인 등을 위해 제출하던 실물 신분증을 경남분산신원서버에 연결된 매표서 QR코드 스캔으로 안전하고 간편하게 확인
탈중앙화 금융 서비스 (De−Fi)	• 탈중앙화 금융 서비스(De−Fi)는 중앙화된 주체 없이 실행될 수 있는 모든 금융 서비스를 아우르는 것 • 블록체인 기반의 금융 서비스는 ICO/MEO, STO, 게임 DApp을 통해 현재의 탈중앙화 금융 서비스에 이르게 됨. • 탈중앙화 금융 서비스에서 담보 대출을 제공하는 서비스는 메이커다오(MakerDAO), 콤파운드 파이낸스(Compound.Finance), 달마(Dharma), DY/DX 등이 존재
표준화 동향	• 블록체인 관련 공적 표준은 ISO 및 ITU−T가, 사실 표준은 W3C 및 IEEE가 담당 중 • (ISO) TC307(블록체인과 DLT)에서 DLT 기반 기술, 블록체인 보안 및 식별체계, 스마트 계약, 거버넌스, 블록체인 유스케이스와 블록체인 상호운용성을 표준화 중 • (ITU−T) SG17(정보보호 연구그룹)에서 DLT 관련 정보보호 표준권고 작업을, FG−DLT에서 DLT 응용과 서비스의 식별·분석·구현을 위한 모범 사례 및 지침을 도출 중 • (W3C 및 IEEE) 2016년부터 블록체인 기술표준 개발 활동을 시작하였으나, 미흡한 수준
블록체인 프로토콜	• 기존의 블록체인은 트랜잭션 또는 스마트 컨트랙트들이 포함된 블록이 순차적으로 연결되는 구조 • 이러한 방식은 제한된 트랜잭션 처리속도를 가짐. 따라서 짧은 시간에 많은 트랜잭션이 발생 시 경우에는, 트랜잭션이 확정되기 위하여 긴 시간을 기다려야 하는 문제점이 있음 • 이를 해결하기 위해, 세그윗(Segwit), 샤딩(Sharding) 등의 기법에 대한 연구가 진행 중 • 확장성 문제에 대한 다른 관점의 해결책으로서, 블록 구조가 없이 블록체인을 구현하려는 시도(예컨대, DAG 구조 기반 트랜잭션 체인)가 존재
데이터 관리	• 블록체인 기술은 분산화되어 있음에도, 단일한 기록을 제공할 수 있음.이를 통해 많은 산업과 조직들(예를 들면, 자선 단체, 공급망, 의료 서비스 등)이 성능과 보안을 향상

	• 블록체인 기술은 재능 있는 이들이 누가 자신들의 콘텐츠를 대여하고, 구매하고, 사용하는지에 대한 불변하는 공개적 기록을 제공하는 플랫폼을 만드는 데 사용될 수 있음. 이러한 플랫폼은 디지털 컨트랙트 위에서 자동으로 실행되는 스마트 컨트랙트를 통한 결제도 가능 • 블록체인 기술은 공급망 네트워크 내의 생산과 유통 과정을 추적하는 데 사용할 수 있음. 분산화된 데이터베이스는 관련 데이터를 안전하게 기록하고 제품의 진위성을 보장하며, 결제와 운송의 투명성을 보장하는 데 적합
증권형 토큰(STO)	• STO는 underlying asset이나 사업에 대한 지분을 암호화폐를 통해 디지털 자산화하려는 것으로서 전통 자산의 디지털 자산화를 통한 분산화 과정으로 정의 • STO의 경우 실제 자산과 매칭된 토큰으로 기존 토큰의 실질 가치가 있는지에 대한 의문을 해소하여 암호화 화폐 시장의 질적 성장이 촉진될 수 있는 역할을 하지만, 기존의 증권 시장에서 발생할 수 있는 문제에 대한 각국의 관리 감독 규제에 똑같이 노출되기 때문에 기대만큼 STO 시장의 유동성을 확대하기 어려움

2) 세계 시장동향 및 전망

　　MARKETSAND MARKETS의 2020년 보고서에 따르면 블록체인 시장규모는 2020년 30억 달러에서 2025년도까지 연평균 67.3% 성장하여 397억 달러 규모로 성장할 것으로 전망하였다. 성장요인으로 코로나-19에 따른 고강도 사회적 거리두기로 인한 경제사회 전반의 디지털화·비대면화가 촉진되고 있기 때문으로 진단하였다. 최근 블록체인 기술이 재조명되면서 각국의 주도권 경쟁이 치열해지고 있어 초기 시장 장악 중요성이 되두 되었다. 현재는 시장 초기 과열되었던 가상자산에 대한 관심이 잦아들고, 블록체인 기술과 활용 자체의 가능성에 주목하고 있다.

❙ 블록체인 세계시장 전망 ❙

(단위: 십억 달러, %)

구분	'18	'19	'20	'21	'22	'23	'24	CAGR
블록체인	1.1	1.8	3.0	5.0	8.4	14.0	23.5	67.3

*출처: Blockchain Market by Component — Global Forecast to 2025, marketsandmarkets(2020)을 근거로 네모아이씨지 재가공

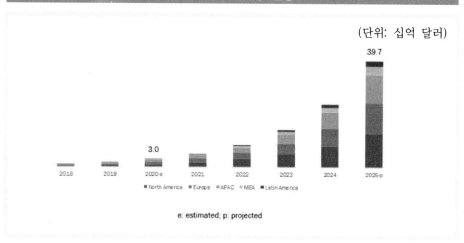

(단위: 십억 달러)

e: estimated; p: projected

* 출처: Blockchain Market by Component - Global Forecast to 2025, marketsandmarkets(2020)

블록체인 시장은 급격히 성장하는 중이기 때문에, 시장조사업체마다 예측 연도 추정치의 차이가 발생하고 있다. 시장조사기관 가트너에 따르면 2020년에는 사업적 부가가치의 연간성장률이 120%에 이르고, 2030년에는 사업적 부가가치가 약 3조 달러를 초과할 것으로 전망하였으나, 한국과학기술정보원에 의하면 블록체인의 글로벌 시장 규모는 5억 5,000만 달러, 국내 시장 규모는 5,000만 달러로 산출하였다. 각 조사기관별 블록체인 시장 전망을 요약하면 다음의 표와 같다.

글로벌 블록체인 시장 전망 요약

(단위: 백만 달러, %)

조사기관	기준 연도	시장규모	예측연도	추정치	연간성장률
Market and Markets	2020	3,000	2025	39,700	79.6
IDC	2017	735	2022	10,860	71.3
Accuray Research	2016	210	2025	16,300	62.1
Statista	2016	210	2021	2,312	61.5
Market Research Future	2016	168	2022	2,000	51.0
Netscribes	2018	3,351	2023	19,900	42.8
Grand View Research	2016	604	2024	7,589	37.2
평균	2017	813	2023	9,521	58.4

* 출처: 블록체인 산업의 고용 파급효과 분석 연구, 2018, KAIST

2. 국내·외 블록체인 기술 동향

1) 국내 블록체인 기술 동향

블록체인 분야의 기술경쟁력 평가 결과에서 최고기술국은 미국으로 나타났으며 우리나라의 경우는 최고기술국 대비 87% 수준으로 나타났다. 그리고 국내 중소기업은 80% 수준으로 평가되었다. 미국 대비 우리나라의 기술격차는 1.3년으로 평가되었으며 중소기업의 경우는 1.8년으로 평가되었다.

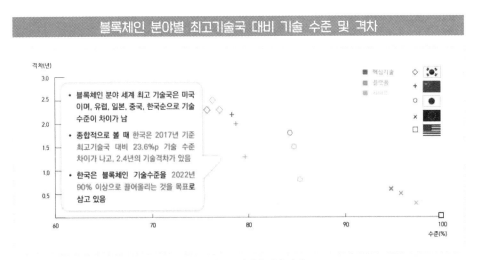

블록체인 분야별 최고기술국 대비 기술 수준 및 격차

* 출처: "ICDT 기술수준조사보고서", 2017, 정보통신기술진흥센터

블록체인 전문가 대상으로 실시한 설문조사 결과에서는 응답자 대부분이 현재는 미국이 블록체인 기술을 주도하고 있다고 평가했지만, 향후 5년 내에는 미국과 함께 중국이 블록체인 기술의 주도권을 가질 것으로 전망하였다.

한편, 현재 우리나라 블록체인의 기술 경쟁력은 주도국의 절반 수준으로 평가되고 있다. 우리나라의 블록체인 기술과 경쟁력이 뒤처진 이유는 '법적·제도적 측면의 규제'에 있다고 업계에서는 생각하고 있다.

블록체인 도입실태 및 향후 전망에 대한 의견조사

블록체인 기술을 주도하고 있는 국가

	미국	중국
대기업	69.6%	14.8%
중소기업	63.2%	19.2%
금융기관	75.6%	16.7%
IT혁신기업	68.0%	15.6%
경영학교수	74.7%	11.5%
전체	69.3%	15.7%

5년 내에 블록체인 주도권을 가질 국가

미국	중국
47.0%	46.1%
27.2%	52.0%
42.2%	53.5%
40.9%	43.6%
50.6%	39.1%
40.8%	46.4%

* 출처: KDI경제정보센터

블록체인 도입실태 및 향후 전망에 대한 의견조사

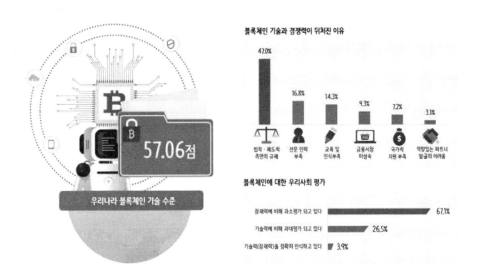

블록체인 기술과 경쟁력이 뒤처진 이유

	47.0%	16.8%	14.3%	9.3%	7.2%	3.1%
	법적·제도적 측면의 규제	전문 인력 부족	교육 및 인식부족	금융시장 미성숙	국가적 지원 부족	역량있는 파트너 발굴의 어려움

57.06점

우리나라 블록체인 기술 수준

블록체인에 대한 우리사회 평가

잠재력에 비해 과소평가 되고 있다	67.1%
기술력에 비해 과대평가 되고 있다	26.5%
기술력(잠재력)을 정확히 인식하고 있다	3.9%

* 출처: KDI경제정보센터

2) 국내기업 기술 동향

현재 국내기업들은 블록체인을 사회 전반적으로 혁신을 이루는 기반기술로서 4차 산업혁명의 핵심 산업으로 판단하고, '블록체인 기술 발전전략'을 통해 초기시장 형성기술, 경쟁력 확보, 산업 활성화 기반 조성의 3대 전략을 제시, 국가 혁신 동력을 발굴하고, 다양한 응용분야에서 부처 간 협업에 의한 시범사업을 활발하게 추진하고 있다.

▌2020년 블록체인 공공선도 시범사업 선정과제 ▌

분야	대표기업	주요 내용
치안	경찰청	블록체인 기반 디지털 증거 관리 플랫폼 구축
농업	농촌진흥청	블록체인 기반 노지작물 생산·유통 관리 플랫폼 구축
사회안전망	보건복지부	블록체인 기반 복지급여 중복수급 관리 플랫폼 구축
식품안전	식품의약품안전처	블록체인 기반 식품안전 데이터플랫폼 구축
의료	강원도	블록체인 기반 강원도형 만성질환 통합 관리 플랫폼 구축
인증	경상남도	분산신원증명(DID) 기반 지역공공 서비스 플랫폼 구축
교통	세종특별자치시	블록체인 기반 자율주행 자동차 신뢰 플랫폼 구축
	한국도로공사	블록체인 기반 상호신뢰 통행료 정산 플랫폼 구축
환경	부산광역시	블록체인 기반 상수도 스마트 수질 관리시스템 구축
	제주특별자치도	블록체인 기반 전기차 배터리 수명주기 관리시스템 구축

* 출처:20년 블록체인 사업 통합 사업설명회, 2020, 과기정통부

국내 주요기업의 블록체인 추진 분야는 보안/인증, 물류/유통, 의료, 금융/보험 부문 등으로 분류해 볼 수 있는데 현재 대기업이 주도하고 있는 상황이다.

▌국내 주요기업 블록체인 추진 현황 ▌

분야	대표기업	주요내용
보안/인증	SK텔레콤	LG유플러스, 코인플러그, 해치랩스 등과 협력해 전화번호를 바탕으로 신원을 간편히 증명할 수 있는 모바일 신분증 기술 개발
	파수닷컴	블록체인 기반의 증명서 확인검증 플랫폼인 파스블록 개발

물류/유통	삼성SDS	'넥스레저(Nexledger)' 블록체인 플랫폼을 활용하여 관세청 '블록체인 기반 수출통관 물류서비스' 시범운용
	현대글로비스	정보기술(IT) 전문기업 현대오토에버는 블로코와 손잡고 중고차 이력관리 서비스 개발
의료	메디블록	블록체인 기반으로 의료, 관광, 금융을 통합해 체계적인 의료 환경과 양질의 의료 서비스를 제공해 주는 의료관광 모바일 결제 플랫폼 '메디토' 개발
	KBIDC	블록체인을 활용하여 D.N.A.와 RNA에 있는 핵염기 순서를 규명하고 저장하는 플랫폼인 시퀀스 마이닝플래폼(SMP) 기술 특허를 등록
금융/보험	삼성	갤럭시 S10에 전자지갑(월렛)을 탑재하여 암호화폐를 저장 및 송금할 수 있도록 하였으며, 디앱(DApp) 등 블록체인 서비스를 출시하고, 현재 블록체인 기반 신원확인 플랫폼을 개발 중에 있음
	SK C&C	하이퍼레저 패브릭 기반 프라이빗 블록체인에 리플 기반 가상화폐(암호화폐) 지급결제 시스템을 갖춘 블록체인 플랫폼 '체인Z' 출시

* 출처: 국방통합데이터센터 작성

삼성SDS는 현재 국내에서 가장 블록체인 관련 사업을 활발히 하는 기업으로 자체 블록체인 플랫폼 '넥스레저'를 자체 개발하고 2019년 8월 세계적인 시장조사업체 가트너로부터 글로벌 블록체인 주요 기업으로 선정되었다. 현재 관세청과 하이퍼레저 기반 물류서비스를 제공하고 있으며, 서로 다른 블록체인 플랫폼을 연결하는 '딜리버' 플랫폼을 출시하였다. 특히 은행연합회 뱅크사인 서비스는 '넥스레저'의 블록체인 생태계 확장의 대표적 사례로 평가받고 있다. 분산합의와 위·변조가 불가능한 블록체인 특성을 적용해 더 안전하고 편리한 전자금융거래 서비스를 가능케 하는 블록체인 기반의 은행권 공동 인증 서비스를 제공하고 있다. 그리고 의료기관, 보험사, 디지털 헬스케어 전문기업 등과 컨소시엄을 구성해 환자가 복잡한 신청 과정 없이 보험금 청구에 필요한 진료 데이터를 제출할 수 있는 보험금 자동청구 서비스를 준비 중에 있다.

LG CNS는 2018년 5월 기업용 블록체인 플랫폼 '모나체인'을 출시하였고, 한국조폐공사의 지역화폐 결제 플랫폼을 구축했다. 이는 공공영역에서 블록체인이 적용된 최초 사례로 평가되고 있다. 이후 2019년 2월 경기도 시흥시를 시작으로 성남시, 군산시, 영주시, 제천시 등 지자체에서 이 플랫폼을 활용 중이다. 2019년 7월에는 업계 최초로 LG유플러스가 모나체인을 기반으로 분실되거나 파손된 휴대폰의 보험금을 지급하는 시스템을 블록체인 기반으로 마련하였다.

카카오는 계열사인 그라운드X가 블록체인 플랫폼 '클레이튼'을 자체 개발하였다. 클레이튼과 관련된 메인넷 사이프러스는 퍼블릭 블록체인으로, 합의 노드, 레인저 노드, 고객의 3개의 노드 계층을 가지며, PBFT 알고리즘을 기반으로 한 합의 알고리즘을 가지고 있다. 2020년 6월에는 카카오톡에서 클레이튼 기반 암호화폐를 관리할 수 있는 지갑 서비스 '클립' 출시하면서, LG전자, LG 상사, SK네트웍스, GS홈쇼핑, 한화시스템 등 국내 주요 대기업 대표 계열사 절반이 카카오의 블록체인 플랫폼 '클레이튼'을 공동 운영하는 '거버넌스 카운슬'에 참여하게 되었다.

KT는 블록체인 기술인 '스마트 컨트랙트'를 활용한 실시간 로밍 자동정산 시스템 'B.Link'를 중국 차이나모바일과 함께 베타 상용화하였다. 'B.Link'는 통신사 간의 상호 로밍 데이터를 자동으로 검증하고, 오류가 없다면 실시간 정산까지 진행할 수 있도록 지원하고 있다. 또한 KT는 기존 KT 네트워크에 블록체인 기술을 적용한 통합 인증 시스템을 구축하였다. 이 시스템은 자체 블록체인 시스템과 관련된 지갑에 의해 IP가 암호화된 ID 형태로 인증을 수행하여 사용자 인증에 ID 및 패스워드가 더 이상 필요하지 않도록 하는 기술이다.

한글과컴퓨터는 자회사인 한컴위드에서 블록체인 기반의 퀵서비스 플랫폼인 '말랑말랑 아니벌써'를 출시하였다. '말랑말랑 아니벌써'는 블록체인 기반의 '스마트 컨트랙트' 기능이 탑재돼 사용자와 퀵서비스 기사 간의 모든 거래들이 실시간으로 자계약이 체결되는 시스템이며, 체결된 계약정보를 분산저장해 해킹이나 정보의 위·변조를 방지함으로써 퀵서비스 이용 시 발생할 수 있는 배송 분쟁도 차단이 가능하다.

3) 해외 블록체인 기술 동향

블록체인은 2020년 기준으로 3세대 기술이 진행되고 있으며, 1세대는 도입기, 2세대는 확산기, 3세대는 성숙기로 구분하고 있다.

1세대는 분산장부 공유기술을 처음 도입 및 적용한 비트코인이 발표된 2009년부터, 이더리움이 발표되는 2015년 전까지의 시기이다. 2세대는 스마트 계약 기술을 활용한 이더리움을 시작으로 다양한 분야에 확산 가능성을 타진하는 응용기술이 등장하는 시기까지로 구분하고 있다. 하지만 1세대 및 2세대 블록체인 기술은 거래 속도, 처리 용량, 상호 운용성, 거버넌스, 확장성 등의 문제를 내포하고 있다. 그래서 이러한 문제점을 개선한 IOTA, Hashgraph 등 DAG 형태를 갖는 블록체인을 3세대 블록체인으로 구분하고 있다.

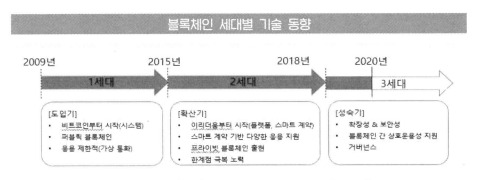

＊출처: "블록체인 세대별 기술 동향", 2018, 한국전자통신연구원,

미래사회는 ICT의 발전에 따라 다양한 행위, 다양한 전자상거래가 온라인에서 수행될 것으로 예상되어 온라인 활동을 더욱 편리하게 해줄 인증 방법이 연구되고, 동시에 프라이버시권 문제가 대두됨에 따라 자기정보를 통제할 수 있는 방법이 필요할 것으로 예상되고 있다. 블록체인은 이러한 문제를 별도의 기관 없이도 저장된 데이터의 신뢰성을 담보할 수 있는 수단을 제공함으로써 전자서명이나 생체 정보 등과 접목될 수 있도록 연구, 설계되고 있으며 실제 서비스로 구현 중이다. 그렇기에 블록체인에서는 분산 ID의 활용이 매우 중요하다.

분산 ID의 구성 요소는 크게 발행인, 서비스 제공자, 유저, 검증인, 검증 가능한 데이터 저장소로 구성된다. 발행인은 검증 가능한 자격증명을 생성하는 개체로 특정 주체와 검증 가능한 자격증명을 연결하고 이를 유저에게 전달하는 역할이며, 서비스 제공자는 유저의 자격증명을 활용하며 서비스를 제공한다. 그리고 유저는 검증 가능한 자격증명을 소유하고 있는 개체로 검증 가능한 자격증명에서 제공하는 ID 데이터 집합을 생성한다. 검증인은 유저에게 검증 가능한 제공 ID 데이터 집합인 Verifiable Presentations을 전달받아 소유자가 검증 가능한 자격증명에 특정한 특성이 포함되어 있는지 확인하는 개체이다. 마지막으로 검증 가능한 데이터 저장소: 식별자, 키 그리고 관련 데이터를 생성하고 검증하는 중재 시스템이다.

DID FLOW 과정은 다음과 같다. 1) DID 발급 후, Public Key는 블록체인 플랫폼에, Privacy Key는 개인 모바일 단말기에 저장한다. 2) 유저는 자격증명이 가능한 Issuer에게 VC 발급을 요청한다. 이때 Issuer는 휴대폰 인증 등 대면인증을 통해 본인임을 확인하고 VC 발급하며, 발급된 VC는 유저의 휴대폰으로 전달하여 저장한다. 그리고 발급된 VC의 정보를 블록체인 플랫폼에 저장한다. 3) VC의 정보 추출이 불가하도록 Service Provider에게 사본을 제출한다. 제출된 VC 사본을 블록체인 플랫폼을 통해서 검증을 진행한다. Service Provider는 VC 검증 결과를 전달받아 이에 맞는 서비스 제공하며 VC 이용에 대한 혜택으로 포인트 지급한다. 유저는 포인트를 통해 서비스나 물건 구매할 수 있다.

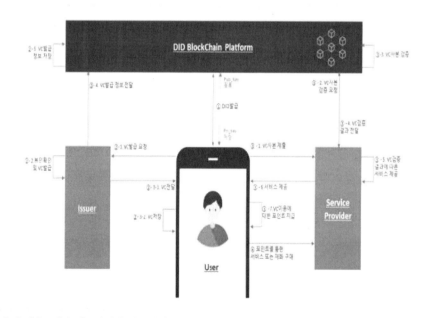

* 출처: "블록체인 전문위원회 블록체인 기술 동향 보고서", 2020, KISIA한국정보보호산업협회

한편 블록체인 프로토콜은 비트코인, 이더리움, EOS가 대표적인데 각각의 특징을 살펴보면 다음과 같다.

비트코인은 퍼블릭 블록체인으로, 블록체인을 이루는 블록을 생성하는 데 참여하는 노드들에게 연산 능력에 따라 경제적 보상을 부여하여, 시스템을 지속적으로 운영한다. 그리고 작업증명 방식의 합의 알고리즘을 차용하여 자체 의사 결정 기능이 없어 하드 포크 발생이 가능하다. 또한 트코인은 블록 생성 시간을 평균 10분으로, 블록의 크기를 1MB로 제한하여 트랜잭션 처리 속도가 느리다. 따라서 낮은 확장성을 가진다. 이를 해결하기 위하여 SegWit, 라이트닝 네트워크 등의 개선 방식을 연구 중이다.

이더리움은 비트코인과 유사한 운영구조를 가지고 있다. 다만, 플랫폼 형태로 제공되며 스마트 컨트랙트 기능을 제공하고 있다. Ethash라고 불리는 비트코인과 유사한 작업 증명 방식의 합의 알고리즘을 가지고 있으며, Casper를 거쳐 종국적으로는 PoS 방식으로 전환하고자 한다. 이더리움은 비트코인과 마찬가지로 거버넌스 문제를 가지며, DAO 해킹 사건으로 인해 하드포크가 발생한다. 이더리움의 초당 트랜잭션 처리 능력은 15TPS 정도이다. 따라서 확장성 문제를 해결하기 위해 Sharding 등의 기술을 도입하고자 연구가 이루어지고 있다.

EOS는 DPoS와 PBFT를 기반으로 하는 합의 알고리즘을 사용하고 있다. DPoS 방식으로 21명의 블록 생성자를 선출하며, PBFT 방식으로 투표를 통해 0.5초마다 블록을 생성한다. 소수의 합의 주체만이 참여하고 빠른 처리가 가능하다. EOS는 지분 소지자들이 투표를 통하여 분리된 블록 생성자에게는 표를 주지 않을 것이므로 하드 포크의 문제가 발생하지 않는다고 주장하고 있다. 그리고 분산 합의 알고리즘의 특성상 높은 처리 속도를 자랑하여 확장성 이슈가 상대적으로 적다.

4) 해외기업 기술 동향

해외에서는 아마존, 구글, 애플과 같은 거대 인터넷 기업들이 4차 산업혁명의 핵심 ICT 기술인 클라우드 컴퓨터를 이용하여 P2P 생산의 결과물을 자신들의 데이터센터에 저장하는 방법을 구상하고 있다. 이는 데이터의 축적, 관리,

접근, 이용 등을 본인들의 통제하에 두려는 의도로 해석된다.

현재 글로벌 IT 기업 및 물류/유통, 금융/보험 분야의 세계적 기업들의 블록체인 활용 사례를 다음의 표와 같이 정리하였다.

‖ 글로벌 IT 기업의 서비스로서 블록체인 활용 사례 요약 ‖

기업명	플랫폼	세부내용
IBM	블록체인 플랫폼	• 클라우드 기반 플랫폼에서 블록체인 생태계를 신속하고 경제적으로 개발, 관리 및 운영 가능 • 베타 기간 Starter Membership Plan 무료 가입 및 Enterprise Membership Plan으로 프리미엄 기능 지원
MS	애저 플랫폼	• 코다(Corda), 이더리움(Ethereum), 하이퍼레저 패브릭(Hyperledger Fabric)을 포함하여 적합한 블록체인 원장을 고객이 선택할 수 있도록 사전 구성된 모듈형 옵션으로 애플리케이션 개발 소요시간이 단축 • 블록체인 솔루션 자체에 대해 요금을 부과하지 않으며 컴퓨팅, 스토리지 및 네트워킹 등 리소스만 구매하는 방식
아마존	블록체인 템플릿	• 이더리움이나 하이퍼레저 패브릭 원장 기술을 기반으로 구축 • 이더리움은 공개 애플리케이션을 대상으로 하며, 하이퍼레저 패브릭은 프라이빗 클라우드 애플리케이션에 적합
Oracle	블록체인 클라우드 서비스	• PaaS(Platform-as-a-Service) 서비스의 일환으로 블록체인 클라우드 서비스를 선제적으로 시작 • 오픈 소스 하이퍼레저 패브릭 프로젝트 위에 구축되어 기업 고객이 관리하는 방식으로 블록체인 제공
Baidu	블록체인 오픈 플랫폼	• 2018년 초 자체 개발한 기술로 BaaS 플랫폼을 출시 • 거래의 빠른 작성 및 추적을 목표로 디지털 통화, 보험 관리, 디지털 청구, 은행 신용 관리 등 서비스 분야에 활용 계획
Huawei	블록체인 서비스	• 기업들이 스마트 계약을 체결할 수 있도록 지원하는 블록형 플랫폼을 출시 • 오픈 소스 하이퍼레저 패브릭 위에 구축되어 공급망과 관련된 솔루션 개발, ID 확인, 재무 감사, 토큰화된 증권 자산 등 공공서비스 개발에 활용할 계획

* 출처: 해외주요국 블록체인 시장전망 및 기업 동향, 2018, SPRi

‖ 물류/유통 분야에서의 블록체인 기술 활용 사례 ‖

구분	주요내용
에버레져	• 2015년 설립된 영국 런던 스타트업으로, 다이아몬드 특성 정보, 감정서, 소유권 상태 등의 정보를 블록체인에 저장 및 관리하는 서비스 제공
루이비통	• 명품 패션 브랜드 업체 루이비통모에헤네시(LVMH) 그룹이 블록체인 기술 개발 업체 컨센시스, 마이크로소프트의 애저 클라우드 서비스 개발팀과 함께 블록체인 기반 상품 이력 관리 및 추적 플랫폼을 개발하고 있으며, 개발이 완료되면 진품 여부를 가리기 위해 제품 원산지부터 판매 시점까지 전 유통 과정의 추적이 가능하고, 지적 재산권 관리, 고객 맞춤형 상품제안, 고객 이벤트관리, 허위 광고 방지 등의 부가 서비스도 제공할 예정
징동닷컴	• 중국의 2위 전자상거래 업체로, 5만 종류의 제품 추적을 위해 블록체인 기술을 활용
엘버트슨	• 미국 전역에 2,300여 개의 지점을 가지고 있는 세계 2위 슈퍼마켓 체인으로, 로메인 상추를 대상으로 '푸드 트러스트'를 시범 적용할 예정
코다 커피	• 최근 고객들이 커피 공급망의 모든 기점을 따라가면서 그 경로를 추적할 수 있는 클라우드 기반 원장에 접속하게 함으로써, '세계 최초의 블록체인 추적 커피'를 제공
토큰리	• 블록체인 기반 음원판매 서비스 '토큰.FM'은 기존 음원사이트의 유통구조인 음악인과 음원 유통업체, 제작사, 소속사 등과 계약을 맺고 수익을 정산한 뒤 배분받았던 구조중개 없이 음악인과 소비자 간 직접 거래함으로써 음악인 수익 증가 및 거래 정보를 블록체인에 기록하여 정확한 정보 제공 가능

* 출처: 블록체인허브 2018.09, 헤럴드 경제 2019,04, 이코노믹 2018.04

‖ 금융/보험 분야에서의 블록체인 기술 활용 사례 ‖

구분	주요내용
지브롤터 증권거래소	• 지브롤터 증권거래소는 2016년 비트코인ETI라는 암호 해독 기능을 공개한 유럽 최초의 비트코인 제품을 출시. 블록체인을 사용하는 핀테크 기업의 맞춤형 라이선스 도입
마스터 카드	• 분산 원장 기술을 도입해 기록된 보증을 사용해 즉석 지불을 위한 방법 및 시스템을 개발하는 '블록체인으로 지불카드 검증을 위한 방법과 시스템'에 대한 특허 출원. 계정 프로필 저장, 계정 번호 및 잔액 포함, 인수 금융기관으로부터 결제 네트워크를 통한 거래 메시지 수신 등의 전자거래 처리 과정을 거치는 블록체인 송금서비스 특허 출원
IBM	• Northern Trust와 파트너십을 맺고 하이퍼레저 패브릭 기반 플랫폼 제작. 관료주의가 팽배한 사모펀드 거래시스템의 검증 속도를 높이고 거래 전반에서 투명성을 높임

	• 리눅스재단에서 추진한 오픈 소스 블록체인 프로젝트인 '오픈 소스 하이퍼렛져 패브릭(Hyperledger Fabric)' 플랫폼에서 금융 기관이 블록체인을 사용하여 국경 간 결제를 처리할 수 있도록 돕는 뱅킹 솔루션을 개발
R3	• 100개 이상의 회원사가 참여하는 그룹으로 오픈 소스 블록체인 플랫폼인 코타(Corda)와 비즈니스 • 사용자를 위해 최적화된 블록체인 플랫폼인 코다 엔터프라이즈(Corda Enterprise)를 개발함. RBS은행과 영국 금융감독청(Financial Conduct Authority, FCA)은 코다 플랫폼을 사용하여 은행에 대한 모기지 납부 영수증 및 데이터 전송 자동화

* 출처: 블록체인허브 2018.09, 헤럴드 경제 2019,04, 이코노믹 2018.04

미국에서는 블록체인을 산업 전반에 적용하기 위해 다양한 법률 제정을 추진하고, 다수의 부처가 적극적으로 시범사업과 연구를 추진 중에 있다. 특히 주정부 및 지방정부는 지방 경제 활성화, 투표, 의료 서비스, 공공 서비스 향상을 위해 블록체인 기술을 도입하여 산업경쟁력을 강화시키고 있다.

║ 미국 주요기업 블록체인 추진 현황 ║

분야	대표기업	주요내용
콘텐츠저작권	코닥	• 블록체인 기반 저작권 보호 플랫폼 코닥원(KodakONE)을 활용, 플랫폼 내에서 거래 시 코닥코인으로 체결
	튠토큰 (TuneToken)	• 블록체인에 음원 저작권을 기록해 데이터베이스화하고 해당 음원을 활용 가능
물류/유통	월마트	• 2016년부터 IBM과 블록체인 기반 시스템 개발을 협업, 2017년 징동닷컴, IBM, 칭화대, 전자상거래기술연구소와 함께 세이프티 얼라이언스 설립
부동산	프로피 (Propy)	• 이더리움을 기반으로 부동산 거래를 획기적으로 줄이고 안전한 거래가 가능
	유비트커티 (Ubitquity)	• 블록체인 기반의 부동산 계약 보관 플랫폼으로 부동산 거래의 고질적인 문제를 해결할 것으로 기대
의료	IBM	• 미국 FDA와 블록체인 기술을 활용하여 환자 데이터를 안전하게 공유하기 위해 공동개발 계약을 체결하고 개발 중이며, 임상시험, 게놈데이터, 사물인터넷(IoT)의 보건데이터 등을 포함한 환자 데이터를 연구
	인텔	• D.N.A.와 RNA에 있는 핵염기 순서를 규명하고 저장하는 플랫폼인 시퀀스마이닝플래폼(SMP) 기술 특허를 등록

금융/보험	나스닥	• 비트코인 및 암호화폐를 도입하였으며, 엔터프라이즈 블록체인 솔루션을 개발하는 벤처 스타트업에 상당한 금액을 투자
	연방준비은행	• IBM과 함께 블록체인을 응용한 지급 결제 시스템을 개발

* 출처: 국방통합데이터센터 작성

중국의 경우 2016년부터 본격적으로 블록체인 연구와 지원이 시작되었다. 2019년 10월에는 시진핑 국가주석이 "블록체인 핵심 기술을 인공지능, 빅데이터, 사물인터넷 등 첨단정보 기술과 융합하고 각종 산업부분에 적용"하라고 지시하였다.

▌중국 주요기업 블록체인 추진 현황▐

분야	대표기업	주요내용
물류 및 유통	알리바바	• 2019년 말 20억 달러의 자금으로 인수한 수입 e-커머스 플랫폼 코알라(Koala)가 블록체인 QR코드와 위조방지 지문서명 기능이 추가된 블록체인 추적 시스템을 도입
	테슬라	• 2020년 4월 중국 해운 기업 코스코(COSCO), 항구 운영 기업 SIPG(SHANGHAI INTERNATIONAL PORT GROUP)와 함께 '화물 통과(방출) 공정'에 블록체인 기술을 적용하는 시범 프로젝트를 완수
게임	바이두	• 2018년 2월 '라이츠거우(Letsdog)'라는 블록체인 기반 강아지 육성게임 분산형 앱(DAPP)을 출시
	텐센트	• 텐센트의 자체 블록체인 플랫폼인 트러스트SQL을 기반으로 제작된 블록체인 게임 '렛츠헌트몬스터(Let's Hunt Monster)'가 2019년 4월 중국 아이폰(iOS) 앱스토어에서 무료게임 분야 다운로드 순위 1위를 기록
부동산	이쥐치예지퇀	• 부동산 기업 이쥐치예지퇀은 2019년 1월 부동산거래, 정보서비스, 자산운용 등 네 가지 기능을 갖춘 '중국자산정보컨설팅서비스(CIAC)' 플랫폼 운영을 시작
	헝다디찬	• 2020년 4월 블록체인 플랫폼에서 중국 최초로 부동산 전자증빙 발급을 시작
	중국은행	• 2019년 4월 홍콩 ASRTI와 NWD가 공동 개발 중인 부동산 서류 공유 블록체인 플랫폼의 PropTech 활용, 거래서비스 개시
	상하이체육국	• 블록체인 기반 위챗 애플릿을 출시하여 온라인으로 일대일 헬스 수업을 받을 수 있는 '홈 헬스' 서비스 제공

| 금융/보험 | 핑안(平安) | • 중국 대형 보험금융 기업인 핑안의 핀테크 부분 자회사 등이 공유 데이터베이스 기반 단일 시스템을 통해 중국 세관과 항만, 물류 기업 등 수출입 기업들로부터의 정보를 포괄하여 관리할 수 있는 블록체인 기반 정보공유 플랫폼 개발 |
| | 인민은행 | • 2020년 2월 블록체인 보안 표준 규정인 '금융 분산식 원장 기술 보안 규범(JR/T 0184 – 2020)'을 발표, 인프라, SW, 원장데이터, 합의 프로토콜 등 보안 시스템을 규정/적용 |

* 출처: 국방통합데이터센터 작성

한편 해외 국가들의 DID 적용 사례를 살펴보면 캐나다에서는 2017년부터 캐나다 은행 및 정부기관을 중심으로 블록체인 기반의 신원인증 시스템인 '베리파이드미' 시범사업을 운영하고 있다. 스위스의 경우 유럽 블록체인 산업의 중심지로서, 2017년부터 스위스 주그시에 '크립토 밸리'를 조성하였고 블록체인 기반의 신원인증 사업을 운영 중에 있다. 스페인에서는 2019년 6월 스페인 카탈루냐 정부는 탈중앙화 신원확인 플랫폼인 '이덴티캇' 프로젝트를 수행하겠다고 밝혔으며, 영국에서는 에스토니아의 블록체인을 활용한 의료정보관리 사례를 영국의 Reform이라는 싱크탱크에서 공공서비스 신원관리 전체로 확대 적용하는 모델을 구상하고 있다.

| 03   블록체인 7가지 주요 솔루션

1. 블록체인 기반 분산 ID 및 인증 시스템

1) 정의 및 필요성

(1) 정의

분산 아이디 또는 분산 신원확인은 기존 신원확인 방식과 달리 중앙 시스템에 의해 통제되지 않으며 개개인이 자신의 정보에 완전한 통제권을 가질 수 있게 하는 기술이다. 온라인상에서 사용자가 스스로 신원 등에 대한 증명 관리, 신원정보 제출 범위 및 제출 대상 통제 등을 수행하는데, 분산원장의 암호학적 특성을 기반으로 한 신뢰성이 있는 ID 저장소를 이용하여, 제3 기관의 통제 없이 분산원장에 참여 가능한 누구나 신원정보의 위조 및 변조 여부를 검증이 가능하다.

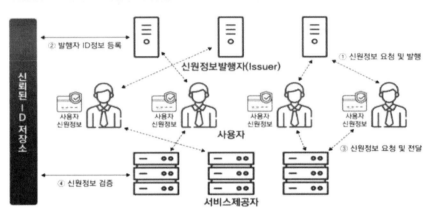

블록체인에서의 분산 ID(Decentralized ID의 개념도

<분산ID 개념도 자료:금융보안원>

* 출처: 금융보안원

(2) 필요성

인터넷 ID 시스템은 전문 공격자의 공격에 취약한 면이 있으므로 보안 문제가 심화되면 인터넷 기반의 경제 거래시스템은 신뢰를 잃어갈 수 있는 문제가 존재한다. 전 세계적으로 개인의 프라이버시를 보호하고자 하는 움직임과 더불어 실생활에서 사용자가 주민등록증 등 신원증명을 관리하는 것처럼, 온라인에서도 개별 서비스 제공기관이 아닌 사용자 스스로 자신의 신원정보를 관리 및 통제할 수 있도록 하는 새로운 인증체계의 필요성이 증대되고 있다.

2) 블록체인 기반 분산 ID 및 인증 시스템의 분류

분산 ID 또는 분산 신원확인은 현재 금융권을 중심으로 그 활용이 시작되고 있는 단계이다. 기술의 초기 생태계는 금융거래 위주로 조성되었으나, 산업, 서비스 간 경계를 넘어 의료, 유통, 부동산 등으로 적용 분야가 확대되는 추세이다. 금융권에서는 블록체인 기반의 분산원장기술 등을 활용하여 외환, 거래 신용카드 발급, 송금, 청산, 투자, 대출 등 다양한 서비스에 적용하는 것을 고려 중이다.

블록체인 기반 분산 ID 및 인증 시스템은 기술적으로 보면 DID Document 표준화 및 API 연동 기술, 대용량 신원정보 저장 및 검증 기술, 블록체인 기반 신원인증 서비스 기술, 블록체인 암호 키 관리 기술로 분류가 가능하다.

‖ 블록체인 기반 분산 ID 및 인증 시스템의 기술별 분류 ‖

분류	상세 내용
DID Document 표준화 및 API 연동기술	• DID Document란 DID Subject(대상)이 자신을 인증하고, DID와의 연관성을 증명하는 데 필요한 데이터 집합으로, 공개 키 및 익명 처리되어 있는 생체 인식 등의 메커니즘을 포함 • DID 시스템의 확대를 위해서는 DID 체계의 표준화가 요구 • API 연동 기술은 사용자가 분산 ID를 사용할 수 있게 해주는 응용 프로그램 • W3C Decentralized Identifiers, Omnione
대용량 신원정보 저장 및 검증 기술	• 분산된 시스템에서 DID에 대한 조회 및 해결의 표준 방법을 제공하고, DID와 연결된 DPKI 메타데이터를 캡슐화하는 DID Document Object(DDO)를 반환하는 서버 기술을 포함 • DID는 DPKI에 필요한 메커니즘과 기능을 제공하는 분산 시스템을 기반으로 하며, 신원 데이터 저장 및 신원 상호 작용을 용이하게 하는 클라우드 및 엣지 인스턴스로 구성된 암호화된 개인 데이터의 복제된 mesh • DID의 서명 인증을 위해 그 기반이 되는 표준 형식 및 프로토콜이 필요 • Decentralized systems, DIF Universal resolver, DIF Identity Hubs, DID Attestations
블록체인 기반 신원 인증 서비스 기술	• 신원확인 허브 개인 데이터 스토어와 쌍을 이루는 DID에 기반한 새로운 종류의 앱 및 서비스 • 사용자의 ID 허브를 사용하여 데이터를 저장하고 부여된 사용 권한의 범위 내에서 작동 • DID User agents, Decentralized apps and services

블록체인 암호 키 관리기술	• 암호 키 생성부터 폐기까지의 라이프 사이클 관리, 키 접근 시 보안 정책에 따른 접근 통제, 관리자 및 사용자의 키 접근 이력 감사 및 암호화/복호화 기능 등을 제공하는 기술 • DID User agents, Decentralized apps and services

3) 국내 블록체인 기반 분산 ID 및 인증 시스템 개발 현황

교보생명은 국내 최초로 보험금 지급 체계에 블록체인 기반 인증 기술을 활용하고 있다.

교보생명 블록체인 기반 인증 시스템

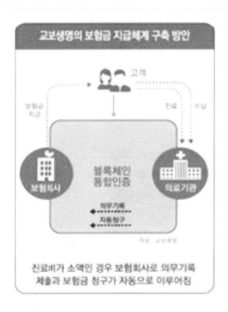

* 출처: 보험연구원 - 블록체인 적용 사례

KB국민카드는 국내 금융사 중 최초로 블록체인 기술을 활용한 개인인증 시스템을 도입하였다. 또한 2018년 8월 기존의 공인인증서를 대체할 수 있는 블록체인 기반 모바일버전 '뱅크사인'을 출시하였다.

KB국민은행 블록체인 기반 인증 시스템

* 출처: ㈜ 코인플러스

LG CNS는 사체 블록체인 플랫폼 '모나체인'을 출시하였다. 모나체인은 금융, 공공, 통신, 제조와 같은 모든 산업영역에서 적용 가능한 기업용 블록체인 플랫폼으로서 차별화된 디지털 인증 서비스를 위해 분산 신원 확인 기술 채택하였다. 모나체인을 이용한 보험금 청구 시 보험금 청구 관련 정보가 보험사와

스마트 도시 개념

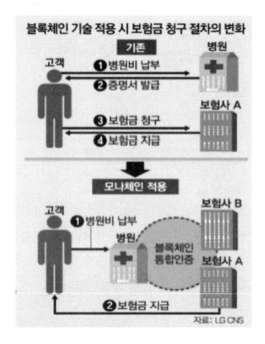

* 출처: 보험연구원 - 블록체인 적용 사례

병원에서 쉽게 공유함으로써 기존 병원에서 증명서를 받고 보험사에 청구한 후에 보험금 지급받던 방식에서 사용자가 병원에서 의료비 결제함과 동시 보험금 자동 수령이 가능하다.

병무청은 EOS 블록체인을 기반으로, '블록체인 기반 DID를 활용한 병무행정 서비스'를 제공하기 위한 DID 플랫폼을 85% 구현한 후 테스트를 거쳐 해당 서비스를 시행하고 있으며, 라온시큐어는 생체인증에 강점을 가진 기업으로 FIDO 생체인증과 블록체인 기술이 적용된 '옴니원' 서비스를 출시하였다.

2. 블록체인 기반 디지털 콘텐츠 관리 플랫폼

1) 정의 및 필요성

(1) 정의

블록체인 기반 디지털 콘텐츠 관리 플랫폼은 음원, 영상, 게임 등 디지털 콘텐츠를 블록체인 네트워크에 저장함으로써 디지털 콘텐츠 및 그에 관한 권리들의 발생 시점을 투명하고 명확하게 관리하여 고수수료를 청구하는 별도의 중개기관 없이 디지털 콘텐츠에 대한 효율적인 관리를 달성하기 위한 플랫폼이다.

기존 디지털 콘텐츠 및 저작권과 관련한 문제들인 불법복제 방지, 사용권과 소유권의 다양한 적용, 중간자의 역할 변화, 신인의 활동이나 작품 유통, 마이크로 페이먼트, 광고 생태계 변화 등에 활용할 수 있어, 콘텐츠 산업에 대한 적용 가능성이 무궁무진하다고 할 수 있다. 또한 블록체인과 콘텐츠 산업과의 접목은 생산자와 소비자를 직접 연결한다는 점에서 다양한 역할을 할 수 있고, 중간 유통자의 수수료를 절감하여 공정하고 투명한 서비스 제공이 가능하다.

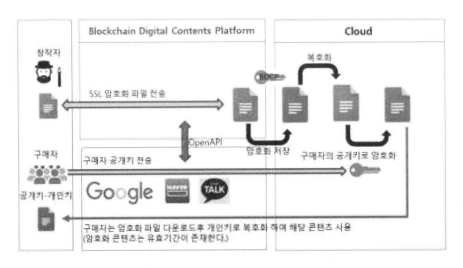

(2) 필요성

복잡한 중간유통으로 인해 콘텐츠 크리에이터들의 권익이 제대로 보호받지 못하고 있으며, 전통적인 문화산업계에서 이러한 관행을 개선할 의지가 부족한 실정이다. 음반 산업의 경우, 유통회사나 제작회사가 시장을 거의 지배하고 있으며, 유통회사가 높은 수수료를 기반으로 많은 수익을 올리고 있으나 가수나 연주자 등 실연자와 저작권자는 제값을 제대로 받지 못하고 있다.

블록체인 기반 디지털 콘텐츠 관리 플랫폼은 콘텐츠 생태계 유통 구조를 개선하고 저작권 보호를 강화할 수 있다. 또한 분산 원장 기술 및 스마트 컨트랙트 기술을 활용해 기존의 저작권 시스템을 대체하고, 개인 간 음반 거래를 실현함으로써 실연자와 저작권자에게 더 많은 수익 배분이 가능하기 때문에 필요성이 점차 확대되어 갈 것이다.

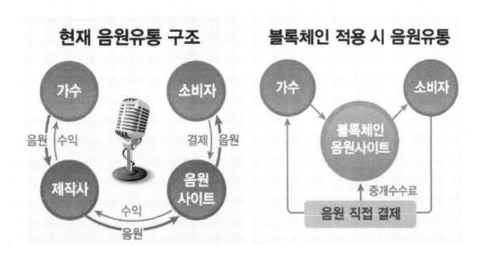

* 출처: 블록체인을 적용한 음원 유통, 2018.02.13, 머니투데이

2) 블록체인 기반 디지털 콘텐츠 관리 플랫폼의 용도별 분류

블록체인 기반 디지털 콘텐츠 관리 플랫폼은 콘텐츠 크리에이터와 콘텐츠 소비자가 블록체인 네트워크를 통해 직접적으로 디지털 콘텐츠의 창작 및 소비 활동을 할 수 있도록 하고, 동시에 디지털 콘텐츠의 보호 및 관리가 이루어지도록 하는 기술이다.

▌블록체인 기반 디지털 콘텐츠 관리 플랫폼의 용도별 분류 ▌

분류	상세 내용
블록체인 기반 토큰 경제 시스템	• 콘텐츠 생성자에게 투명하게 혜택이 돌아갈 수 있도록 하는 블록체인 기반의 토큰 경제를 구현
스마트 컨트랙트 기술	• 효과적으로 작성된 스마트 컨트랙트를 통해서 콘텐츠의 생산자와 소비자가 합리적인 비용을 지불하고 콘텐츠를 이용하도록 구현
저작권 도용방지 및 해킹 방지 기술	• 블록체인상의 블록에 저작권정보를 기록하게 함으로써 변조불가능한 블록체인의 특성을 이용한 해킹방지 가능
블록체인 기반의 지갑 관리 기술	• 콘텐츠의 생산자와 소비자는 각자의 고유한 개인 키/공개 키를 사용하여 투명하고 효과적인 콘텐츠 소모 가능

블록체인 기반 디지털 콘텐츠 관리 플랫폼의 세부기술은 블록체인 기반 토큰 경제 시스템, 스마트 컨트랙트 기술, 저작권 도용방지 및 해킹 방지 기술, 블록체인 기반의 지갑 관리 기술 등으로 분류가 가능하다.

3) 국내 인간-인공지능 협업 시스템 기술 개발 현황

토큰포스트와 케이체인은 블록체인과 토큰 경제의 장점을 언론 산업에 도입하기 위한 프로젝트 퍼블리시를 출시하였다. 해당 플랫폼은 모든 참여자에게 공정하게 보상하며, 언론사가 실제 도입·구축해 경제적으로 유효한 모델을 가질 수 있도록 지원하고 있다.

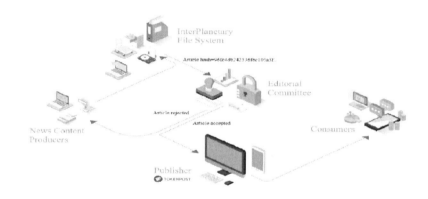

프로젝트 퍼블리시 개념도

*출처: 프로젝트 퍼블리시 개념도, Tokenpost

삼성 SDS는 기업용 블록체인 플랫폼 넥스레저 유니버셜과 시니버스의 블록체인 솔루션 유니버셜 커머스를 활용해 플랫폼을 개발하였다. 또한 '당신의 전화번호가 가장 쉬운 결제방법'을 모토로 모든 모바일 이용자가 돈, 로열티, 포인트 또는 여러 디지털 화폐를 보낼 수 있는 공동 플랫폼 역할을 하며 물류, 금융, 여행, 미디어 등 다양한 업종에 접목할 플랫폼을 개발 중에 있다.

CJ올리브네트웍스는 아마존웹서비스와 협력, 블록체인을 기반으로 한 음악 저작권 관리 시스템 구축을 하였다. CJ올리브네트웍스는 블록체인 네트워크를 생성하고 관리하는 AWS의 '아마존 매니지드 블록체인'을 활용해 방송 콘텐츠의 음원 저작권을 체계적으로 관리할 계획이며 디지털 저작권 시스템을 구현하는 첫 번째 사례가 될 전망이다.

왓챠는 블록체인 기반 '콘텐츠 프로토콜' 프로젝트를 시작하였다. 왓챠가 선보인 '콘텐츠 프로토콜'은 콘텐츠 생산자뿐 아니라 콘텐츠를 공유하는 사용자의 자발적 활동, 리뷰나 평점 행위에 보상을 제공한다.

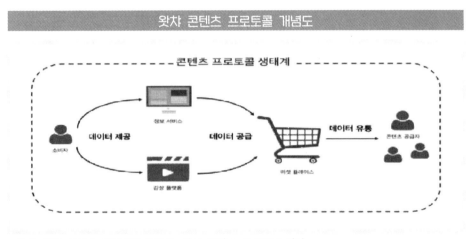

왓챠 콘텐츠 프로토콜 개념도

*출처: 왓챠 콘텐츠 프로토콜 개념도, 왓챠 콘텐츠 프로토콜 백서

예스24는 이스라엘 블록체인 업체 오브스와 협업하여 자체 기존 이더리움 메인넷보다 10배 이상 향상된 거래 속도로 디지털 콘텐츠 유통을 위한 블록체인 플랫폼 '세이체인' 메인넷을 론칭하였다.

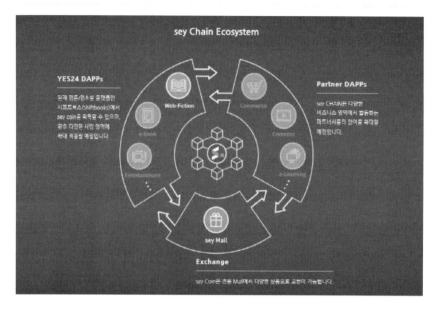

* 출처: 예스24

3. 암호자산 기반 서비스의 보호를 위한 암호 키 관리 시스템

1) 정의 및 필요성

(1) 정의

암호자산 기반 서비스의 보호를 위한 암호 키 관리 시스템은 암호자산 기반 서비스의 운영 과정에서 중요하게 활용되는 블록체인 암호 키의 노출, 누출 및 위·변조 등 보안위협에 대한 대응 방안으로 활용될 수 있는 기술로 이를 통해 블록체인 운영의 안전성 제공이 가능하도록 구축하는 시스템을 의미한다. 이 시스템은 블록체인 암호 키를 분실하여 자산을 거래하지 못하거나 도난당한 키가 공격자에 의해 악용되는 것을 방지하기 위한 시스템이다. 블록체인 참여자의 키를 안전하게 저장·관리할 수 있는 콜드 월렛 등 강화된 암호 키 보호기술을 포함하고 있다.

향후 암호자산의 거래 처리 과정에서 공개 키 및 개인 키는 각각 코인 송·수신 시 활용되는 계좌번호 역할을 하거나 본인 여부를 증명하는 전자서명에서 필수적으로 활용될 것으로 예측된다.

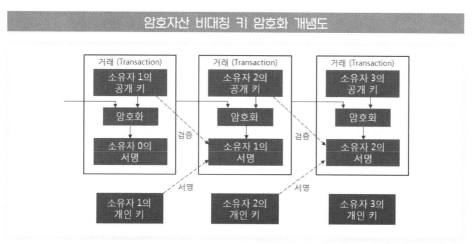

암호자산 비대칭 키 암호화 개념도

* 출처: http://new−flowing.com/9, 2018. 1

(2) 필요성

암호자산 기반 서비스를 위한 블록체인 시스템에서 '암호 키 관리'는 핵심적인 필수보안 요소이다. 따라서 블록체인 시스템의 키가 노출되면 데이터 전송 중에 사용자의 개인정보나 금융정보 등 중요한 데이터가 유출되거나 위·변조의 위험성이 높기 때문에 암호자산 기반 서비스에 있어서 암호 키는 별도의 안전한 키 관리 시스템에 보관 및 관리가 필요하다.

EU 산하 정보보호기구인 ENISA에서도 최근 발표한 보고서를 통해 블록체인 시스템 도입 시 고려해야 할 보안 이슈와 보안 강화방안으로 블록체인 암호 키 관리를 제시하였다는 점에서 암호자산 기반 서비스를 위한 블록체인 시스템이 중요성이 더욱더 커질 것이다.

▌ 블록체인 암호 키 보안위협 및 대응 방안 ▌

보안위협	세부 내용	대응 방안
키 도난 및 분실	• 사용자 단말 암호 키가 도난당할 경우 해당 키로 보호되던 자산 및 기밀거래 유출 가능 • 키가 암호화 등 보호기술이 적용되지 않은 경우 공격자가 접근 가능 • 자산 거래 서명과 거래 메시지 암호화에 동일한 키 사용 시 피해 확대 • 참여자가 키에 대한 접근권한을 상실하거나 키를 분실할 경우 자산 이전이 불가능해질 수 있으며 공격자가 키를 획득하여 악용한 경우에도 확인이 불가	• 키 도난 및 분실 대비 다음과 같은 정책 및 기술을 적용 • 키를 분실 대비 키 복구 기능을 적용하고 복구 시 추가 인증절차 마련 • 다중 서명기술 적용 불법 거래를 시도하지 못하도록 대응 • 업무 및 용도(거래 서명, 거래 메시지 암.복호화 등)별 키 구분 운영 • 서명키가 파일 저장 시 암호화하거나 키 사용 후 메모리에서 즉시 삭제 등 보호기술 적용
취약한 키 생성	• 블록체인 암호 키 재생성 공격을 통해 참여자의 키를 획득 가능 • 또한, 공격자가 양자 컴퓨팅을 활용할 경우 현재 안전한 키 생성방식도 취약해질 수 있으며, 장기적 관점에서 고려 필요	• 신뢰 가능한 기관에서 발간한 안전한 키 생성에 대한 최신 보안 가이드 준수 • 검증기관으로부터 키 생성 알고리즘 등을 확인받고 키의 안전성을 검증

* 출처: 보안기술팀, "블록체인 기술과 보안 고려사항", 금융보안원, 2017. 8.

2) 암호자산 기반 서비스를 위한 블록체인 시스템 분류

암호자산 기반 서비스의 보호를 위한 암호 키 관리 시스템은 하드웨어 또는 소프트웨어 기반의 안전한 키 보관 기술 및 신뢰 계산 기술 등의 개인 키 보관 및 안전한 사용을 위한 secure environment 관련 기술, 키의 안전한 생성, 유통 보관 및 폐기를 위한 키 관리 기술, 블록체인 자산 보호를 위한 전자지갑 기술, 블록체인 암호 키 복구 기술로 분류가 가능하다.

▌ 암호자산 기반 서비스를 위한 블록체인 시스템의 기술별 분류 ▌

분류	상세 내용
Secure environment 관련 기술	• 암호자산 기반 서비스에 사용되는 암호 키를 하드웨어 또는 소프트웨어 기반으로 안전하게 보관하거나 신뢰 계산 기술 등을 활용하여 암호 키 보관뿐만 아니라 안전하게 사용할 수 있게 해주는 기술
키 관리 기술 (KMS)	• 블록체인 암호 키 관리에 따른 암호 키 생명주기에 따른 관리(생성, 저장, 백업, 폐기 등)를 지원하기 위한 서비스 기술

전자 지갑 기술	• 키를 분실하여 블록체인 자산을 거래하지 못하거나 도난당한 키가 공격자에 의해 악용되는 것을 방지하기 위한 기술
블록체인 암호 키 복구 기술	• 사용자의 부주의 등으로 인해 키 분실 시 키 복구를 통해 블록체인 자산 분실을 방지하기 위한 기술

3) 국내 암호자산 기반 서비스를 위한 블록체인 시스템 개발 현황

카카오는 모바일 메신저 카카오톡과 연동되는 가상화폐 지갑 '클립' 공개하였다. 클립은 카카오 블록체인 자회사 그라운드X의 '클레이튼'에서 메인넷을 개발한 가상화폐 지갑으로, 개발 중인 가상화폐 '클레이'를 비롯한 자체 블록체인 플랫폼 '클레이튼' 기반의 가상화폐를 보관하는 지갑이다. 거래 정보를 저장한 블록을 모든 구성원이 네트워크를 통해 분산 저장하고 일정 시간마다 암호화 후 체인 형태로 연결하여 저장하는 '클레이튼'의 기술로 높은 보안성을 보장하고 있다.

삼성은 갤럭시S10 시리즈에 처음으로 가상화폐 지갑 '삼성 블록체인 키 스토어'를 탑재하며 블록체인 기반 분산 애플리케이션 생태계 확장에 주력하고 있다. 갤럭시S10 사용자는 '삼성 블록체인 키스토어'를 통해 스마트폰에 가상화폐를 저장했다가 필요할 때마다 지인에게 송금하거나 가상화폐로 결제가 가능한 상점에서 물건 구매가 가능하다. 또한 '이더리움' 기반의 가상화폐만 지원했던 '삼성 블록체인 키스토어'에 '비트코인'과 '클레이'를 추가하며 협력체계를 구축하였다.

네이버는 일본 자회사 라인의 블록체인 플랫폼 '링크체인'을 지원하는 가상화폐 지갑 '링크미'를 출시하였다. 사용자는 개인정보를 필요로 하지 않는 소셜 로그인 방식으로 실명인증을 거쳐 코인을 거래할 수 있다.

펜타시큐리티는 다양한 암호화폐를 한 곳에서 보관하고 관리하여 암호화폐 사용자와 암호화폐 서비스제공자에게 편의성과 보안성을 제공하는 암호화폐 전용 지갑 PALLET을 개발하였으며, 모바일, 개인 사용자 디바이스 및 카드, 거래소 및 엔터프라이즈 제품으로 구성하였다.

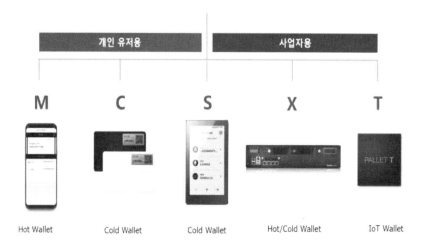

펜타시큐리티 블록체인 솔루션, PALLET X

개인 유저용		사업자용	
M	C	S	X	T

| Hot Wallet | Cold Wallet | Cold Wallet | Hot/Cold Wallet | IoT Wallet |

* 출처: 펜타시큐리티 홈페이지

PALLET X는 거래소 및 암호화폐 취급 기업을 위한 암호화폐 지갑으로 핫 월렛과 콜드 월렛으로 구성. 또한 서버 어플라이언스 타입으로 제공되어 보다 높은 보안을 제공하며, D'Amo는 KMS 개발. 양자난수 생성기와 하드웨어 보안 모듈을 추가한 보안성 강화 패키지 형태로 개발되었다.

펜타시큐리티의 D'Amo KMS 시스템 구성도

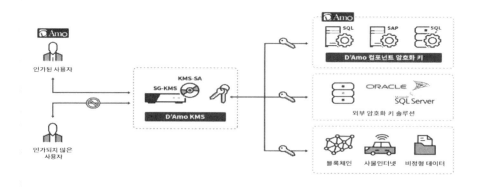

* 출처: 펜타시큐리티 'D'Amo KMS' 제품 소개

4. 블록체인 기반 공유경제 서비스

1) 정의 및 필요성

(1) 정의

블록체인 기반 공유경제 서비스는 수익형 공유기업의 플랫폼을 거치지 않고 블록체인 기술을 공유경제 메커니즘에 적용함으로써 '온라인 네트워크상 분산화된 공개 장부'만으로도 거래참여자 간에 높은 신뢰를 제공하고, 공유경제가 궁극적으로 추구하는 개인과 개인 간의 거래 활성화를 제공하는 서비스이다. 블록체인 기반 공유경제 서비스를 도입하면 중앙화된 플랫폼에서 탈중앙화된 플랫폼으로의 이동과 동시에 공유거래 메커니즘에서 발생하는 가치들이 온전히 공유경제 거래참여자들에게 돌아가며, 참여자 네트워크를 확보할 수 있다. 또한 록체인 기술이 적용된 스마트 계약을 통해 서비스 이용과 관련된 모든 정보 및 거래조건 등이 확인되고 은행이나 간편결제 기술과 같은 중간서비스 없이 이용료의 지급도 가능해진다.

(2) 필요성

공유경제는 참여자 간에 형성되는 시장인데, 현재 공유경제 서비스 시장에서는 '플랫폼 사업자'가 대부분 이윤을 가져가는 구조로 인해 진정한 공유경제의 실현에 어려움 존재한다. 특히, 공유경제의 가장 큰 문제로 기업의 독점 이슈가 있는데, 이는 공유경제 시장에서 개인 간 거래를 차단하고 중개 수수료를 취하는 형태의 불공정 시장구조가 형성되어 있다. 이로 인해, 공유경제에서 발생하는 대부분 가치들이 플랫폼 참여자가 아닌 플랫폼 기업으로 흡수되는 플랫폼 이익 독점 현상이 발생하고 있다.

블록체인 기반 공유경제는 플랫폼 기반의 공유경제의 문제점을 개선할 수 있는 기술로서 공개접근성, 변경 불가, 복원력이라는 특징을 가지고 있다. 따라서 앞으로 '플랫폼 사업자'의 필요성은 없어지고 '블록체인 기반의 공유 경제서비스'의 필요성은 확대될 것이다.

▌공유 거래 참여자 간 신뢰 확보를 위한 블록체인의 주요 특징 ▌

특징	내용
공개접근성	• 블록체인을 통해 저장된 모든 정보는 네트워크의 모든 사용자가 공개적으로 접근할 수 있으며 정보의 투명성을 제공
변경 불가	• 블록체인에 추가된 정보는 임의로 변경하거나 제거할 수 없으므로, 사용자는 스마트 계약을 통해 합의된 약관을 충실히 이행해야 함
복원력	• 네트워크의 모든 사용자는 블록체인의 분산된 장부의 모든 사본을 유지하므로, 어떤 시점에서든 오류나 오류로 인해 저장된 전체 정보의 가용성이 손상되지 않음

2) 블록체인 기반 공유경제 서비스의 용도별 분류

블록체인 기반 공유경제 서비스는 크게 공공 분야, 디지털 콘텐츠 분야, 금융 분야, 제조·유통 분야 등으로 용도별 분류가 가능하다.

▌블록체인 기반 공유경제 서비스의 용도별 분류 ▌

특징	내용
공공 분야	• 주차장, 도서관, 공공시설 개방, 공공정보 공유, 이동수단(서울시 '따릉이' 등)공유 등을 통해 기존 시설 및 시스템의 운영·관리에 있어 투입되는 막대한 인력 및 비용 등을 절감
디지털 콘텐츠 분야	• 디지털 콘텐츠를 공유경제로 활용함에 있어 블록체인 기술을 통해 위조 및 변조, 해킹 등의 위험을 최소화하고 투명한 거래가 가능해짐에 따라 디지털 콘텐츠 산업의 진흥에 기여할 수 있을 것으로 기대
금융 분야	• 중앙화된 금융기관을 통한 전통적인 금융거래 아니라 블록체인 공유 경제 서비스 메커니즘을 활용한 디지털 ID 식별, 신용정보 공유 등 다양한 기술 적용
제조·유통 분야	• 산업단지 내에서도 유휴자원 매칭 및 기업 간 거래 활성화, 근로자 편의 증진을 위해 공유경제 서비스 플랫폼을 구축

3) 국내 스마트 헬스케어 기술 개발 현황

위홈은 한국판 에어비앤비라 불리는 블록체인 기반의 공유 숙박 업체로서 정부가 위홈을 유일한 규제특례 공유숙박 플랫폼으로 지정하여 내외국인 게스트를 합법적으로 유치할 수 있다.

위홈의 온디맨드 홈을 공유숙박을 통해 소비자 권익 증대와 함께 기존 대체숙박업과 상생을 넘어 더불어 도약하는 계기를 만들고자 노력 중이다.

'위홈'의 비즈니스 모델은 아래 그림과 같으며, 현 코로나-19 사태로 인해 파생한 자가격리자와 가족을 위한 아웃스테이 추진, 바쁜 직장인을 위한 비즈스테이, 대형병원 환자가족을 위한 케어스테이 등 다양한 수요에 맞춤형으로 공유경제를 실현하고 있다.

공유숙박 '위홈' 비즈니스 모델

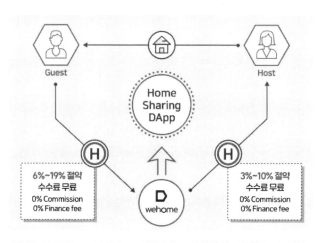

* 출처: 서울시 지정 공유기업 소개 - 위홈, 2020, 공유허브 홈페이지

'위홈' 특례 공유숙박

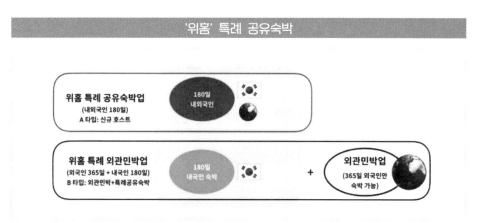

*출처: 위홈 특례 공유 숙박, 위홈 공식홈페이지

바르크 플랫폼은 블록체인 기술을 통한 탈중앙화된 사람이 지닌 가치 교환 공유경제 서비스 플랫폼으로, 인간관계를 핵심가치로 생태계를 구성하는 참여자들의 다양한 자원과 부가가치를 서로 독점이 아닌 공유 형태로서 활동적으로 소비, 경제 활동을 하게 도움을 준다.

바르크는 최저가 쇼핑몰 메이버그와 제휴를 통해 바르크 회원들만 전용으로 사용할 수 있는 폐쇄몰을 개설했다. 바르크 맴버스라는 이름의 폐쇄몰은 바르크 코인을 바르크 토큰으로 전환해 메이버그에 일정 비율로 사용 가능하며, 입점된 상품들은 유통수수료를 크게 낮춰 타 오픈마켓보다 낮은 가격에 제품을 판매하고 있다.

나르고는 세계 최초의 지인 기반 광고 공유 플랫폼으로 기존의 인플루언스 마케팅 비즈니스 모델을 뛰어넘어, 바로 내 전화번호부 속의 지인 기반 인플루언스 네트워크를 활용한 광고 플랫폼과 보다 진화된 블록체인 액션마이닝을 결합하고 있다. 나르고의 지인 기반 인플루언서 마케팅은 최근 2~3년 동안 급성장한 광고 마케팅 분야로서, 미디어킥스에 따르면, TV 시청 감소와 광고를 차단하는 '애드블로킹' 증가에 따른 광고 예산의 이동 등으로 인해 2021년에는 글로벌 인플루언서 마케팅 시장은 적계는 10조 원 규모로 이상으로 성장할 것으로 예측되고 있다.

5. 블록체인 기반 소유자 이력관리 시스템

1) 정의 및 필요성

(1) 정의

블록체인 기반 소유자 이력관리 시스템은 디지털 자산의 투명성, 신뢰성 및 제고를 위한 공적 가시성 확보를 위해 디지털 자산이 블록체인 네트워크에서 이동할 때 그 소유권의 전부 혹은 일부가 변경된 이력을 탐지, 추적 및 관리할 수 있는 시스템을 말한다. 디지털 자산이란, 개인, 기업 또는 공공기관에서 생산·수집한 문서, 그림, 사진, 동영상, 사운드 및 신호나 상품 등을 비롯하여 자산화의 가치가 있는 디지털 자료이다.

블록체인 기반 소유자 이력관리 시스템은 신원의 부여 및 인증, 개인 키 관리를 포함하는 사용자 지갑, 그리고 자산의 이동이나 거래 이벤트의 탐지 및 추적, 그리고 이를 뒷받침하는 정책의 수립 및 수행을 지원하는 관리 시스템을 포함하고 있다.

(2) 필요성

블록체인의 가장 큰 장점은 중개자 필요 없이 참여자 모두가 동등한 권한을 가지고 여러 가지 다양한 인센티브에 따라 자발적으로 네트워크에 참여함으로써 민주적인 의사결정에 의한 운영이 가능하다는 것이다.

2017년 하반기부터 전 세계적으로 일어났던 암호화폐 시장의 급격한 팽창을 필두로 가상세계에서 블록체인을 기반으로 한 탈중앙화된 경제생태계 구축이 2018년 말부터 안정세에 접어들었으나, 각종 보안 위협으로 인한 손실이 급증하였다. 이에 각국 정부와 기관들을 중심으로 블록체인의 장점을 현실세계에 활용하고자 하는 노력들이 나타나기 시작하였다. 금융 분야에서는 이미 은행 및 기존 금융회사들의 계좌를 암호화폐 거래소의 계좌와 연동시키는 방법으로 블록체인 기반 시스템과 현실세계를 매핑시킴으로써 거래내역 및 소유자 이력을 관리하고 있는 상황이다.

유통 및 물류 분야에서도 블록체인의 필요성이 높아지고 있다. 그 이유는 SCM이 근본적으로 국가 간에 무역거래에서 발생하는 복잡성에 기인한 문제를 안고 있는 상황에서 블록체인 기술의 도입으로 기존의 SCM에서 야기되어 왔던 문제점 해결이 가능하기 때문이다.

2) 블록체인 기반 소유자 이력관리 시스템의 분류

블록체인 기반 소유자 이력관리 시스템은 응용기술, 플랫폼 및 연동기술, 기반기술, 그리고 관리기술 등의 4개의 분야로 분류할 수 있다.

응용기술은 신뢰성 및 효율성 확보를 위해 블록체인을 기반으로 금융, 의료, 물류, 공공, 교육 등 다양한 방면에서 디지털 화폐, 전자기록 관리, 전자투표, 디지털 콘텐츠 제작 및 유통 등으로 활용되는 기술이다. 플랫폼 및 연동기술은 분산장부를 플랫폼으로 제공해 주기 위한 기술 및 상이한 블록체인 간의 연동을 위한 상호운용성 관련 기술이다.

기반기술은 분산장부의 저장, 탈중앙 프로토콜, 컨센서스, 신원관리 및 접근통제, 암호화 등 블록체인을 가능하게 하는 핵심기술이며, 관리기술은 시큐리티, 프라이버시, 컴플라이언스를 관리하는 기술이다.

*출처: 블록체인 ICT 표준화 전략, 2018.9

3) 국내 AutoML 기술 개발 현황

KT는 농심데이터 시스템과 블록체인 기반 식품안전 이력관리 사업 협력을 통해 식품 유통분야에서 농축산물 등 식재료를 안심하고 소비할 수 있는 서비스를 개발하였다. 해당 서비스는 마트에서 쇠고기를 구매한 소비자가 쇠고기 포장재의 바코드나 QR코드를 활용해 축산업자 및 가공업자, 중간 유통업자 등의 정보와 모든 유통경로를 확인할 수 있으며, 이러한 정보는 모두 블록체인으로 관리하고 있다.

LG CNS는 세이정보기술과 협력하여 블록체인 기반의 농산물 유통 플랫폼 개발을 발표하였다. LG CNS가 2018년 5월 출시한 기업용 블록체인 '모나체인'을 기반으로 한국조폐공사의 블록체인 오픈 플랫폼 구축 사업을 수주하였고, 2019년 2월 모바일 고향사랑 상품권 플랫폼 '착'을 개발하였다.

SK C&C는 선주와 육상 운송업자 등 물류 관계자 모두가 개인 간 네트워크로 물류 정보를 전달받아 블록체인으로 관리하는 서비스를 개발하였다. 컨테이너 화물의 위치 및 관리 정보가 자동으로 수집되어 물류 관계자 모두에게 실시간 공유를 통해 선하증권과 신용장 등 각종 거래원장을 블록체인에 등록시켜 원본임을 보장한 후 유통되도록 하였다.

스마트코어는 블록체인 플랫폼 Gbrick 서비스를 상용화해서 가동 중으로 자체 합의 알고리즘으로 특허를 출원하였다. 이 플랫폼은 ECDSA 암호를 적용하여 키를 생성/검증하고, 노드 간 합의를 통해 거래 진행 시 정상 거래인지 검증 가능하다. 또한 계정 간 거래 시에는 계정에 특정 값을 부여하여 중복 거래를 검증하며, 중복된 조건의 블록생성에 대한 문제점 해결을 위해 임의의 Nonce 적용하였다.

6. 블록체인 기반 불법거래 탐지 시스템

1) 정의 및 필요성

(1) 정의

블록체인 불법 거래 탐지 시스템은 블록체인 상에서 거래 데이터를 수집하여 해당 거래가 비정상적인지 아닌지 판단하고, 탐지된 데이터와 연계된 블록을 블록체인에 등록하는 기술이다. 다양한 블록체인 네트워크에 실시간 모니터링 에이전트를 구동하여 모든 거래를 수집하고 수집된 거래 내역을 중앙 분석 서버에서 저장 및 분석, 중앙 분석 서버에서는 수집한 거래 내역을 분석하여 특정 주소가 전송하거나 수신한 내역, 주소 간의 상관 관계, 다량의 거래 내역 발생 등의 이벤트를 추출하여 스팸 및 불법 거래를 탐지할 수 있다.

(2) 필요성

 산업 전반에 블록체인 인프라 사용이 증가하고 있는 추세이다. 금융 분야에서는 암호화폐의 사용뿐만 아니라, 핀테크 기술, 해외 송금 및 결제 시스템과 연계하여 블록체인을 사용하고 있다. 산업 분야에서는 자동차, 유통, 헬스케어, 에너지 개발, 부동산, 미디어와 같은 다양한 전통적인 산업 분야에서 데이터 무결성, 투명성을 위해 블록체인을 사용하고 있다. 공공 분야에서는 국가 차원으로 공공 행정 정보와 국민 신원 데이터, 자산거래 내역 공증, 복지서비스 제공 등에 적극적으로 블록체인 도입을 진행하고 있다. 그리고 기업 간의 컨소시움 구축 시 데이터 공동 관리, 데이터 투명성 보장을 위해 하이브리드 블록체인을 사용하고 있다.

 이처럼 블록체인이 사용이 확대되면서 불법 거래 탐지 기술에 대한 필요성 대두되고 있는 상황이다.

2) 블록체인 불법 거래 탐지 시스템의 분류

 블록체인 불법 거래 탐지 시스템은 거래 데이터 판독 시스템, 스팸 거래 판독 기술, 거래 허용 참여자 관리 기술, 블록체인 스마트 컨트랙트 악성코드 탐지 기술, 블록체인 인프라 기술, 블록체인 모니터링 에이전트 데이터 수집 기술로 분류할 수 있다.

 거래 데이터 판독 시스템은 서버에 수집된 대량의 거래 데이터에서 불법 거래를 탐지하는 기술과 탐지된 데이터에 연계된 블록을 블록체인에 등록하는 시스템을 의미한다. 그리고 스팸 거래 판독 기술은 스팸 거래 요청을 판독하는 시스템을 의미하는 것으로 공격자가 대량의 스팸 거래를 요청하지 못하도록 참여자별 거래 요청 건수를 제한하는 시스템이다.

 거래 허용 참여자 관리 기술은 IP 주소, 인증서 등을 기반으로 거래 요청이 허가된 참여자 목록을 관리하는 기술로서 블록체인에서 개인 정보 침해가 발생하지 않도록 거래와 무관한 제3자의 접근을 통제한다.

 블록체인 스마트 컨트랙트 악성코드 탐지 기술은 IP 주소, 인증서 등을 기반으로 거래 요청이 허가된 참여자를 등록 및 취소하여 참여자를 관리하는 기술을 의미하며, 블록체인 인프라 기술은 스마트 컨트랙트 코드에 존재할 수 있는 보안 취약점을 악용한 비정상거래 등 악성 행위를 탐지하는 기술을 의미한다. 블록체인 모니터링 에이전트 데이터 수집 기술은 실제 블록체인 네트워크의 풀 노드에 모니터링 에이전트를 구동해 실시간으로 블록(block), 트랜잭션(transaction), 노드(node) 등의 정보들을 수집하는 기술을 말한다. 수집된 데이터들은 에이전트-서버 통신을 통해서 모니터링 서버의 노드 인터페이스로 전송되며, 노드 인터페이스에서는 서버 안에 구현된 데이터베이스로 각각 다른 블록체인 네트워크에서 유입된 정보들을 분류하여 저장된다.

3) 국내 블록체인 불법 거래 탐지 시스템 개발 현황

삼성은 IBM과 함께 블록체인 개념을 사물인터넷에 적용하려는 시도로 Adept 플랫폼을 제안하였는데, 사물인터넷의 기반 기술로 블록체인을 활용하여 제품 제조 및 유통에 관한 모든 과정 관리가 가능한 시스템이다.

수호는 블록체인의 핵심 기술인 스마트컨트랙트의 취약점을 분석하는 솔루션을 개발하는 업체이며, 암호화폐 거래소 바이낸스가 개최한 글로벌 해커톤 행사에서 거래소이다. 암호화폐 지갑, 디앱과 같은 서비스 관점에서 필요로 하는 이상 거래 탐지 서비스를 발표하여 최고 기술상을 수상하였다.

페이게이트는 '세이퍼트' 블록체인 지갑을 이용해 위조 신분 등으로 P2P 거래를 할 가능성을 낮춰, 가상화폐 거래소의 자금세탁 거래를 탐지하고 이상 거래를 방지할 수 있는 기술을 발표하였다. 이 기술은 투자자, P2P 업체, 페이게이트 등 3자가 계정에 대한 통제권을 분산해 2곳 이상이 동의해야만 자산을 이동할 수 있는 기술을 세이퍼트에 적용하였고, 다중 서명으로 계정을 통제하여 특정 사용자 계정이 탈취돼도 다른 사용자 계정을 통해 사고를 예방할 수 있다.

인섹시큐리티는 비트코인 지갑 주소를 기반으로 입출금 트랜잭션을 분석하는 솔루션이다. 지갑주소를 이용해 해당 지갑의 모든 트랜잭션 로그를 분석할 수 있는 체인널리시스 리액터 개발하였고, 범죄에 악용된 지갑 주소를 검색해 수사에 활용이 가능하다.

7. 블록체인 기반 인증 서비스

1) 정의 및 필요성

(1) 정의

블록체인 기반 인증 서비스는 사용자, 디바이스, 기관 등 네트워크로 연결된 모든 객체에 대한 신원정보를 블록체인을 통해 관리하여 서비스에서 요구되는 신뢰할 수 있는 속성정보 또는 신원증명정보를 제공하는 서비스이다. 신원정보가 하나의 사이트 또는 도메인에만 등록되고 활용되는 기존의 중앙집중형 인증 기술과는 달리 블록체인 기반 인증 서비스는 다양한 이해당사자와 서비스가 융합되는 초연결 서비스 환경에 적합하다.

(2) 필요성

최근의 인증 서비스는 공개 키 기반구조 또는 생체인증과 같은 기존의 중앙집중방식의 개인식별과 인증 서비스를 블록체인 기술을 활용하여 탈중앙화된 개인식별이나 인증 서비스로 개선되고 있다. 특히, 블록체인 기술의 탈중앙화된 특성을 활용하여 신원증명을 직접 관리하고, 공개 대상과 범위를 스스로 선택할 수 있는 블록체인 기반의 분산형 자기주권 신원정보관리 기술로 발전되고 있다.

따라서 블록체인 기반 인증 서비스에 대한 기술 고도화가 더욱더 중요해질 것이다.

2) 블록체인 기반 인증 서비스의 분류

블록체인 기반 인증 서비스 기술은 크게 기반 기술과 서비스 기술로 구분할 수 있다. 기반 기술은 세부적으로 분산 ID 기술, 검증 가능한 클레임 기술, 익명 인증 기술, 사용자 관리 접근제어 기술, 정보 은닉 기술로 구분되며, 서비스 기술은 공개 키 기반 인증기술, 디지털 신분증 기술, 싱글사이온 기술로 구분된다.

‖ 블록체인 기반 인증 서비스의 기술별 분류 ‖

전략품목	제품분류 관점		세부기술
블록체인 기반 인증 서비스 기술	기반 기술	분산 ID 기술	• 분산 식별자(Decentralized Identifier), ID 데이터 포맷 및 구조, ID 메타데이타, ID 검색(discovery) 등
		검증 가능한 클레임(신원증명) 기술	• 객체(사람, 기관, 사물) 신원증명 문서 발급, 공유, 검증, 취소(revocation) 등
		익명 인증 기술	• 다자간 계산 기법(Secure Multi−Party Computation), 속성기반 인증, 토큰 인증 등
		사용자 관리 접근제어 기술	• OAuth(Open Authorization), UMA(User−Managed Access) 등
		영지식증명 기반 정보 은닉 기술	• zk−Snark(Zero−Knowledge Succinct Non−interactive ARgument of Knowledge), 증명가능 계산기법(Verifiable Computation) 등
	서비스 기술	공개 키 기반 인증 기술	• PKI(Public Key Infrastructure), FIDO(Fast IDentity Online), 바이오 공개 키 등
		디지털 신분증 기술	• 인증서, 분산 식별자(Decentralized Identifier), 검증 가능한 크리덴셜(Verifiable Credential), 신분증 저장소 관리 등
		싱글사인온 기술	• OpenID, SAML(Security Assertion Markup Language), ID 연합(Federation) 등

3) 국내 설명 가능한 인공지능 기술 개발 현황

국내 블록체인 기반 인증 서비스는 금융권의 PKI 대체 기술로 일부 활용되는 수준이다.

금융권에서는 블록체인과 공개 키 기반 신원증명 기술을 통해 은행권 공동인증 서비스 '뱅크사인'이 2018년에 상용화되었고, 삼성 SDS는 2017년 말에 은행 공동 블록체인 인증 사업 계약을 맺고, 은행 공동 블록체인 인증 시스템 개발하였다.

SK C&C는 2017년 상반기 별도의 가입 또는 ID 통합 절차 없이 다양한 서비스에 적용 가능한 블록체인 모바일 디지털 아이디 인증 서비스를 개발하였고, 라온시큐어는 블록체인 기업 더루프와 협력하여, 공인인증서를 대체할 블록체인 기반 FIDO 인증 시스템 개발하였다.

국내 인증 분야는 금융권 중심으로 FIDO 기반 바이오인증 서비스 기술 개발에 집중하고 있다. 금융권에서는 공인인증서 대체 인증 수단으로 FIDO 기술을 채택하여 지문, 얼굴, 홍채, 음성 등 바이오인증 기반 간편결제, 스마트뱅킹 등 서비스를 제공 중이다.

삼성SDS는 2017년 상반기에 기업용 블록체인 플랫폼인 '넥스레저'를 기반으로 계열사인 삼성카드의 디지털신분증 및 지급결제 서비스 등을 개발하였고, 카카오페이 인증에 블록체인 기술이 적용되었다.

부 록

스마트 도시 융복합 솔루션 50가지[1]

01 스마트 도시 아카이빙시스템(스마트 도시 데이터 관리시스템)

> 스마트 도시이 완벽히 구현되기 위해서는 도시 내 모든 시설들이 하나로 연결되고 관리되는 것이 필요하다. 이를 위해서는 서로 다른 시설과 기기가 하나로 IOT 기술로 하나로 통합 운영 되어야 하고, AI 서비스가 실시간 적용될 수 있어야 한다. 스마트시티 아카이빙시스템은 이러한 서비스를 구현할 수 있는 플랫폼으로서 스마트 도시 시스템 구축에 가장 필수적인 솔루션이라고 할 수 있다.

솔루션 개요	스마트 도시 데이터관리시스템으로 시민을 중심으로 한 도시 핵심데이터의 연계, 저장, 분석과 데 이터 중심 협업환경을 제공할 수 있는 스마트 도시 데이터시스템
솔루션 특징	• 도시지표관리, , 추진사업관리, 도시지도, 도시 DB 로 구성되어 데이터기반의 도시운영이 가능하 게 함. 또한 시민을 위한 스마트 도시 리빙랩 구축과 연계하여 스마트 도시 시민 커뮤니티 확장에 기여 • 실시간으로 수집, 업데이트되는 데이터의 체계적 관리, 공유를 통한 협업기능 강화
솔루션 구성 이미지	

---

1 부록1 스마트 도시 융복합 솔루션은 스마트 도시협회 등에 소개 된 스마트 도시 솔루션 중에서 빅데이터, 인공지능, 블록체인, Iot 등의 기술이 2개 이상 결합되어 제품화 된 융복합 솔루션을 소개하고 있음

02 인공지능 AI 원격검침시스템(AI 스마트워터그리드)

스마트 도시 서비스를 구현하는 솔루션 기술은 전 분야에 적용될 수 있는데, 생활 속에 필수적으로 필요한 물과 관련한 부문에서도 솔루션이 개발되고 있다. 연간 누수되는 수돗물 양이 약 7억톤에 가까우며, 금액으로 따지면 6천억원 수준이라고 한다. 이러한 경제적 손실을 예방하는 것은 효율적인 도시관리에 있어 매우 중요한 부분이다. 인공지능 AI 원격검침 시스템은 실시간으로 물을 관리하고 절약할 수 있도록 해주는 솔루션으로 앞으로 도시관리 솔루션으로서 확대되고 보편화 되어 갈 것이다.

솔루션 개요	다양한 물 원격검침 디바이스를 수용 /운영관리 할 수 있는 플랫폼
솔루션 특징	• 누수여부, 빈집, 고독사 징 후, 이상사용량 감지, AI 민원 대응 등의 다양한 AI 분석환경을 구축 • NB −IoT 등 IoT 를 통한 무선 데이터 수집, 빅데이터 구축, 이상징후 탐지 등의 기능을 제공
솔루션 구성 이미지	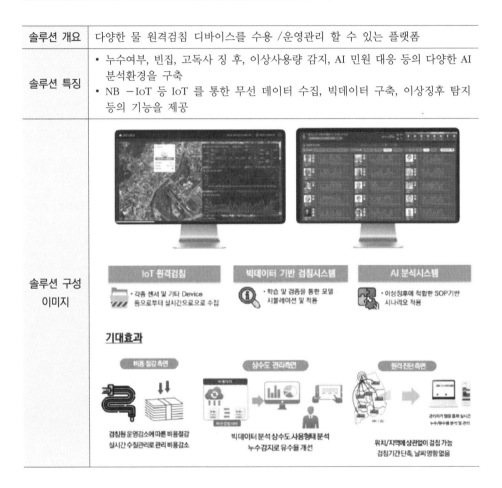

03   도로변 미세먼지 빅데이터 대응시스템

　　우리나라의 미세먼지 문제는 도시환경문제로서 중요한 이슈이다. 그렇기 때문에 이미 미세먼지와 관련한 많은 솔루션이 개발되어 적용되어 있다. 도로변 미세먼지 빅데이터 대응시스템도 미세먼지 관련 융복합 솔루션 중에 하나이며, 스마트 기술 기반의 솔루션이라는 점에서 다른 미세먼지 대응 솔루션과 차이점이 있으며, 실시간 관리 및 대응이 가능하다는 것이 특징이다. 하지만 아쉬운 점은 지리적 특성상 미세먼지에 대한 근본적인 해법 솔루션은 불가능하고, 관리 및 대응 솔루션에 그친다는 점이다.

솔루션 개요	미세먼지센서 및 환경관련 외부데이터 수집을 통한 미세먼지 빅데이터 시스템 구축
솔루션 특징	• 빅데이터분석을 통한 상관관계분석, 추이분석, 청소차량에 대한 스케쥴 관리 등의 저감활동을 위한 업무시스템 개발
솔루션 구성 이미지	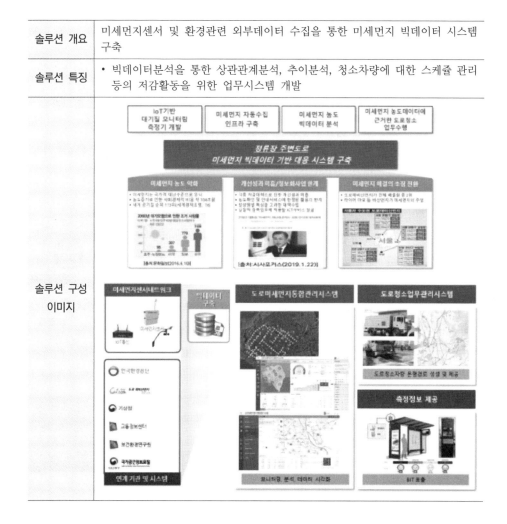

04 IoT기반 실내 공기질 개선 솔루션 (Stuckyi)

　　최근 우리나라는 미세먼지 등의 대기환경의 문제로 실내생활이 많아져, 실내 공기질에 대한 관심이 높아졌다. 거기에 코로나19로 인해 실내 환경에 대한 관심이 더욱더 커진 상황이다. 실내 공기질 개선을 위한 솔루션은 다양한 형태로 기 개발되어 있으나, 실시간 실내 공기질 관리 및 개선을 위해서는 스마트 기술 및 서비스 기반의 솔루션이 관리 및 대응에 효과적일 수 있다. Iot기반 실내 공기질 개선 솔루션은 이러한 스마트 기술 및 서비스 기반의 융복합 솔루션 중의 하나로서 현재 주요 기관에 도입이 되고 있다.

솔루션 개요	실내 공기의 공기의 공기의 온도, 습도, 미세먼지, VOCs를 측정하고 이를 바탕으로 공기를 정화시켜주는 지능화된 솔루션
솔루션 특징	• 온도, 습도, 유기화합물, 미세먼지 등 실내 환경 요소를 실시간 센서로 측정 • 실시간 측정된 데이터를 저장 및 분석을 통해 다양한 대쉬보드 제공 • 분석된 데이터를 기반으로 최적의 실내환경 조성을 위한 지능형 알고리즘 • 실내 악취 및 인체 유해물질 제거를 통한 쾌적한 실내 환경 제공 • 실내 환경 현황을 APP 을 통해 실시간 조회가 가능한 서비스 • 세계 최고 수준의 FDA FDA 승인된 천연 미네랄 성분을 기반으로 한 IoT 기반 실내 환경 공기질 개선 서비스 • SKYISH 와의 엔자임 기술 제휴를 통한 사업장 공기 오염원 제거
솔루션 구성 이미지	

05 IoT기반 타워크레인 통합 안전관리 시스템(스마트 Tower Crane)

건설기술이 발달하고, 토지의 최유효이용 측면에서 우리나라도 이제 고층, 초고층 개발이 보편화 되었다. 타워크레인은 고층, 초고층 건물 시공 시 필요한 핵심장비로서 국내 건설현장에서 사용되고 있다. 하지만 타워크레인에 대한 정보 및 위험관리가 체계적이지 못한 곳이 대부분이다. Iot기반 타워크레인 통합 안전관리 시스템은 타워크레인의 실시간 정보 및 안전관리를 위한 솔루션 중의 하나로서 향후 모든 건설현장에 적용될 것으로 전망된다.

솔루션 개요	IoT 플랫폼 기반 건설 현장의 타워크레인 정보관리와 지능형 알고리즘을 통한 타워크레인 위험도 분석 및 통합 모니터링을 제공하는 안전 관리시스템
솔루션 특징	• 설치/철거 시 체결 여부가 여부가 실시간 전송되며 APP과 경광등을 통해 실시간 위험 알림 기능을 제공 • 플랫폼 기반 타워크레인 지능형 알고리즘을 통한 위험도 분석 및 통합 모니터링 • 설치, 철거 단계에서의 텔레스코핑 케이지 슈, 턴테이블, 마스트 연결 여부 측정 • 초음파 센서에서 생성되는 데이터 임시 저장 및 LTE LTE LTE 무선통신 컨트롤러 전송 기능 • 위험 알림 및 하이브리드 APP 조회 기능
솔루션 구성 이미지	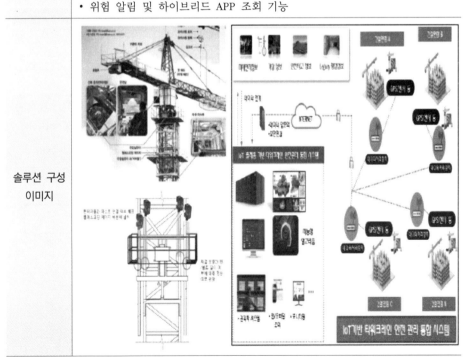

06 빅데이터 저장 및 분석 가속화 솔루션(SMARTBIGS)

스마트 도시를 구성하는 D.N.A. 중에서 빅데이터는 가장 기본이 되는 요소기술이다. 따라서 스마트 도시를 완벽히 구현하기 위해서는 분야별 빅데이터를 구축, 저장 및 관리하는 시스템이 효율적으로 운영되어야 한다. 빅데이터 저장 및 분석 가속화 솔루션은 이러한 빅데이터의 효율적 관리운영을 가능하게 해주는 융복합 솔루션으로, 향후 많은 기업과 기관에서 필요로 하게 되는 기본 솔루션이 될 것이다.

솔루션 개요	GPU 기반의 DB 엔진을 엔진을 통해 대용량 데이터의 효율적 관리를 필요로 고객에게 가장 적합한 솔루션
솔루션 특징	• 원본데이터 90 %이상 압축 저장 분석하며 표준 SQL을 사용하여 다양한 검색 및 분석을 할 수 있는 기능을 제공하기 제공하기 때문에 빠른 투자회수는 물론 높은 생산성 보장과 함께 데이터 관리 시간과 비용을 최소화 • 대용량 데이터 기반의 JOIN, GROUP BY JOIN 및 Aggregation, Min, Max Aggregation, Min, Max 등의 요약 분석에 있어 최상의 성능을 보장 • 데이터 사이즈 증가에 따른 서버노드 확장의 Dependency가 없음 . 실제 한대의 GPU 를 통해 Petabyte 영역의 데이터 분석 • 대용량 데이터를 보존하기 위한 데이터 압축 능력 우수
솔루션 구성 이미지	

07 얼굴인식 솔루션 (I Face Checker)

　　2002년에 개봉했던 영화 마이너리티 리포트에서 CCTV를 통해 얼굴로 사람들의 신원을 확인하고, 범죄자를 찾는 기술을 보여주었다. CCTV 제품의 성능이 발전하고, 다양한 서비스를 결합한 첨단 CCTV 기술이 개발되면서, 이제는 CCTV를 통한 얼굴인식 솔루션 제품까지 기 개발된 상황이다. 이미 많은 민간업체에서 관련 제품을 출시하고 있다. 현재 초기 시범설치 및 운영의 단계라고 할 수 있으며, 점차 전국의 모든 CCTV에 단계적으로 얼굴인식 솔루션이 적용되어 설치가 되게 될 것이다.

솔루션 개요	CCTV와 연동하여 사람얼굴, 나이, 성별 실시간 인식 기능 및 DVR/NVR에 녹화된 영상에서 특정인 얼굴 검출 기능 제공으로 보안 감시 분야 및 고객 관리 마케팅 등 다양한 용도로 활용 가능한 솔루션
솔루션 특징	• 얼굴 인식 알고리즘에 CNN 기반 딥-러닝 기술 적용 • 대부분의 CCTV 및 USB 카메라 지원 • 사람 얼굴, 성별, 나이 대 인식 기능 • SDK를 이용하여 고객 환경에 맞는 시스템 구현 • 빠른 얼굴 템플릿 추출 속도 (1 백만 /초) • 얼굴 검출 속도 (D1 기준) : 18ms /face)
솔루션 구성 이미지	

08 에너지 자립섬 (지도 탄소제로 섬)

우리나라에는 3천개가 넘는 섬이 있다. 섬 지역은 여전히 도시 인프라 지원이 어려워, 전기, 물 등의 문제가 심각한 곳이 많아, 지역균형발전 측면에서 정부 및 지자체의 노력이 지속되고 있다. 에너지 자립섬은 섬 지역의 전기 문제를 해결하기 위한 시범사업 중의 하나로 추진되었으나, 대부분 실패하였다. 그나마 인천 옹진군 덕적면에서 추진한 지도 탄소제로 섬은 유일하게 에너지 자립섬의 가능성을 확인한 성공적 결과를 만들어냈다. 하지만 에너지 자립섬은 앞으로 가야할 길이 멀다. 실패를 통해 얻은 경험은 앞으로 개발되는 에너지 자립섬은 섬 지역별 기후 및 환경 등의 특징을 정확히 파악하고 섬 지역에 맞는 에너지 자립섬 솔루션이 개발되기를 기대한다.

솔루션 개요	기존 디젤에 의존하여 전력을 생산하는 도서지역에 신재생에너지 (태양광발전, 풍력발전, ESS)를 구축하고, AMI를 설치하여 도서지역의 전력 생산부터 부하 관리까지 사용자가 한 눈에 알아볼 수 있도록 제공하는 솔루션
솔루션 특징	• EMS 제어를 통한 안정된 운전 시행, 효율적인 관제 모니터링 시스템 • 국내 마이크로그리드 최초 AMI구축 및 디젤발전기 연동
솔루션 구성 이미지	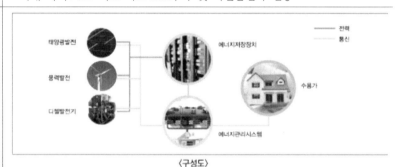 〈구성도〉 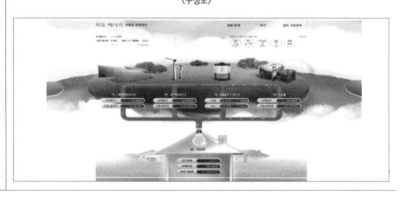

09 MG EV Station (성동 솔라 스테이션)

성동 솔라 스테이션은 국내 최초로 태양광 발전시설과 전기자동차 충전시설을 통합해 운영하는 신사업 모델로서 성동구 용답동 용답 제2주차장 남측에 조성되었다. 그동안 태양광 발전시설에서 생산된 전력을 한국전력으로부터 구매해 전기차 충전소를 운영했던 것과 달리, 태양광 발전시설에서 생산된 전력을 한국전력의 송배전망을 거치지 않고 직접 공급할 수 있는 시스템을 만들어 중간에서 발생하는 전력손실을 최소화 한 에너지 신사업 모델이라고 할 수 있다. 하루평균 213kWh를 생산가능하며, 약 5대의 전기자동차를 충전할 수 있다. 성동 솔라 스테이션은 교통분야 미세먼지 감축의 대표적인 모범사례로 현재 전국에서 벤치마킹을 하고 있다.

솔루션 개요	신재생에너지원 (태양광, 에너지저장장치)를 통한 친환경 마이크로그리드 전기차 충전인프라 구축 솔루션
솔루션 특징	• 태양광, ESS, ESS 및 EV 충전기 연계를 통한 융복합형 충전스테이션 구축 및 실시간 모니터링 제공
솔루션 구성 이미지	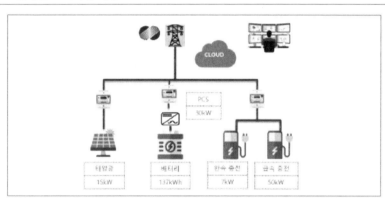 〈구성도〉 

10   SWM (스마트 Water Metering)

기후변화에 따른 물 부족, 도시 인구 증가, 코로나19 등은 물 위기를 야기하고 있다. 이로 인해 지속가능한 물 공급과 관리가 중요한 이슈가 되었다. 우리나라의 경우 높은 인구 집중도와 물소비가 큰 산업활동 등으로 물 관리가 도시관리 측면에서 중요하다. 스마트 워터미터는 전자 및 자동 캡처, 수집은 물론 물 소비량과 관련된 미터기 판독값의 실시간 통신이 가능한 물 관리 솔루션으로서 정부에서도 한국형 뉴딜사업의 핵심사업으로 스마트 워터 관리를 추진중에 있다.

솔루션 개요	통신데이터 (3G/LTE/Wi 등)와 수자원공사가 보유한 물데이터 (수자원 /압력 등)의 연계 /분석을 통해 정확한 물 수급 및 안전 관리가 가능한 서비스를 제공하는 솔루션
솔루션 특징	• IoT기반 수도 행정 서비스 (물 사용량, 요금 정보 제공, 빅데이터 누적 및 분석) 제공 • 원격검침 및 스마트 기기 연동 (전위측정단말기 등) 또는 블록 유량계 연동으로 스마트 관망 관리 운영
솔루션 구성 이미지	 〈구성도〉 

11 LPG 원격검침시스템

LPG 원격 검침 시스템이란 검침원이 세대를 직접 방문하여 가스 계량기를 직접 확인했던 일을 컴퓨터 및 통신 기술을 이용행 중앙 통합 관리 서버에서 자동으로 개별 수요자의 도시가스 사용량을 검침하는 시스템이다. 전부에서는 이미 LPG 소형저장탱크 보급사업 등에서 원격 검침 시스템을 전국적으로 도입, 확대해 나가는 정책을 시행하고 있으며, 민간 도시가스 공급 업체에서도 자체적인 솔루션 개발을 통해 원격 검침 시스템을 확대해 나가고 있다.

솔루션 개요	LPG를 사용하는 시설에 원격검침 시스템을 구축하여 가스누설, 계량기 검침값, 절체여부 등의 현장상황을 실시간으로 확인하고 가스누설 발생시 안전관리센터에 즉시 알람을 주어 즉각 대응하는 솔루션
솔루션 특징	• IoT 기술 도입으로 안전정보를 실시간 모니터링 하여 가스사고를 사전 예방
솔루션 구성 이미지	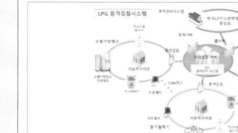 〈구성도〉 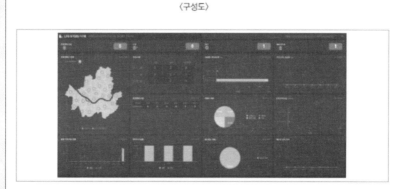

12 ZEB (Zero Energy Building)

제로 에너지 빌딩이란 단열성능을 극대화 하여 건물 외피를 통해 외부로 유출되는 에너지 양을 최소화하고 신재생 에너지를 활용하여 건물기능에 필요한 에너지를 자체적으로 공급하는 에너지 자립 건축물로서, 패시브(Passive) 공법과 액티브(Active) 공법이 있다. 패시브 공법은 건축 공법 중 가성비가 뛰어나면서 난방에너지를 획기적으로 저감하는 공법이며, 액티브 공법은 태양광, 태양열, 지열 등의 기계장치를 빌딩에 활용해 신재생 에너지를 자체 생산하여 공급하는 공법이다. 완벽한 제로 에너지 빌딩을 완성하기 위해서는 위 2가지 공법이 효율적으로 결합되는 것이 필요하며, 건물의 에너지 사용량을 실시간으로 모니터링하고 관리할 수 있는 BEMS(Building Energy Management System) 시스템이 연계되는 것이 핵심이다.

솔루션 개요	건축물 에너지 소비량을 최소화하고 태양광, 지열 등 신재생에너지 발전을 활용하여 건축물의 에 너지 자립율을 최대화하여 연간 에너지소비량 (탄소배출량)이 "0" 이 되도록 하는 솔루션
솔루션 특징	• 각 에너지 발전원별 및 에너지 용도별에 대한 데이터 분석, 에너지 발전량, 소비량을 측정하고 에 너지 모니터링 시스템으로 제로에너지 인증 구축 지원
솔루션 구성 이미지	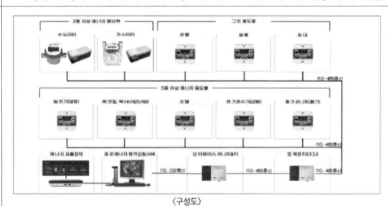 〈구성도〉 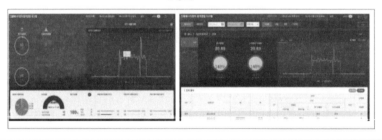

13 여성 안심 귀가길 서비스

여성 안심 귀가길 서비스는 여성의 비명, 폭행 상황 등을 자동으로 감지하여 현장에서 경보하고 관제센터에서 즉각 대응하게 하는 인공지능 기반의 스마트 안전조명 솔루션이다. 스마트 안전조명은 인공지능(AI), 센서, CCTV 등 정보통신기술(ICT)을 접목한 조명으로 보행자 위험 및 돌발 상황을 AI가 인지·판단하고 관제센터에 알리는 시스템이다. 현재 서울시 관악구에서 실증사업으로 운영하고 있다.

솔루션 개요	AI 솔루션을 탑재한 스마트 안전보안등, 가로등을 통한 생활안전 서비스 제공 솔루션
솔루션 특징	• 5대 범죄 (살인·강도·강간추행·절도·폭력사고)대응 등 방범, 치안 응용 서비스 지원 • 사고유형 별 지능형 영상 및 음원을 분석해 경광등을 통한 즉각적인 현장 사고상황 표시 및 전파 • 통신 기능을 통한 즉각적인 사고상황파악 및 정보 공유로 즉각적인 현장 대응 및 골든타임 확보 • 에너지 절감형 커넥티드
솔루션 구성 이미지	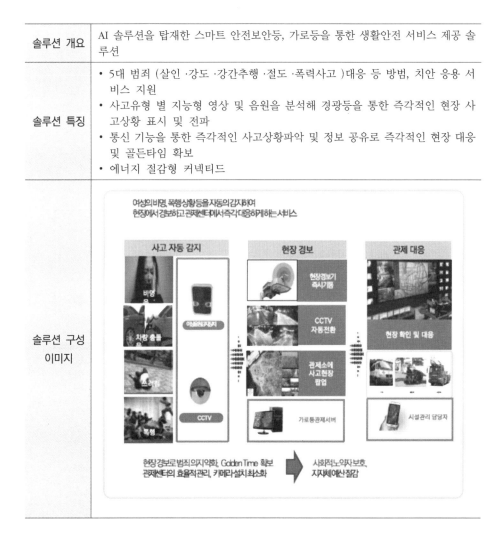

14 영상분석기반 교통사고 예방 안개가로등 시스템

영상분석기반 교통사고 예방 안개 가로등 시스템은 '안개 반응형 AI 가로등'을 의미하는 것으로, 안개영상을 실시간으로 수집하고, 지능형(AI) 영상분석을 통해 안개 위험지역에 대한 운전자 가시거리를 개선(가로등 색 온도 변화)하고, 안개 상황정보를 즉각적인 예·경보를 통해 운전자에게 미리 알려줌으로써 교통사고를 미연에 방지 하는 등 안전운행을 유도할 수 있는 시스템이다. 현재 시흥시에서 안개 반응형 AI 가로등 실증사업을 추진중에 있다.

솔루션 개요	안개 낀 도로 위 안개상황을 실시간적으로 운전자에게 알려주어 교통사고를 예방할 수 있는 스 마트가로등 및 안개분석서버 ,가로등 관제 서버로 구성된 시스템 솔루션
솔루션 특징	• 지능형 CCTV 안개 영상을 딥러닝으로 분석하여 가시거리를 산출하고 가로등 색온도를 5000K 에서 2700K 로 변경하여 운전자의 가시성을 높이고 안개가시거리에 따라 4색 칼라 (적,황,녹,청)로 단계별로 경광등을 점멸 경보를 표시하여 교통사고를 예방 • 광학산란식 시정계 대비 경제성, 정확성으로 전국의 안개 다발 지역 (국도, 지방도, 교량, 해안가 등)의 교통사고 예방으로 시만의 안전 확보 및 사고처리, 교통 혼잡에 따른 사회비용 절감
솔루션 구성 이미지	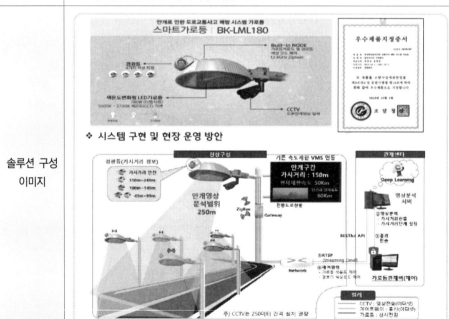

15   스마트폴

  스마트폴은 CCTV, 보안등 및 도시데이터 센서 등 스마트 도시 서비스에 필요한 IoT 통합 설치 지주를 의미하는 것으로, 스마트폴을 설치하면 LED 조명을 통한 에너지 절감, 안전한 생활환경 조성 및 범죄를 유발하는 지역환경 개선 등을 통해 시민들의 안정감을 높일 수 있다. 현재 국토교통부 스마트 챌린지 솔루션 확산사업의 보급 솔루션 리스트 중의 하나로서 전국 지자체에서 도입하고 있다.

솔루션 개요	스마트 도시 Iot 데이터 수집 및 통신 인프라 솔루션
솔루션 특징	• 각종 IoT 센서의 결합 및 통신 인프라 제공을 통해 시민에게 새로운 서비스를 제공할 수 있는 스 마트시티 IoT 데이터 ,통신 하드웨어 플랫폼 제공 • 스마트 도시 데이터 (기상대기센서, 도시환경센서 데이터 및 IoT 센서) 수집 기능 • AI Edge 를 통한 데이터 현장 분석 및 차량 및 사람통행량 분석 • 통신 게이트웨이를 포함 도시통합센터로 데이터전송 및 제어가능 • 유동인구 /차량 통행량 분석 및 환경 (안개, 눈, 비등)에 감응한 디밍 제어 응용 가능 • 가로등, CCTV, 싸이니지등 통합한 일체형 등주구조로 도시미관 개선 • CCTV 및 경광등 ,보안등, 비상벨 포함 도시안전서비스 동시 제공 • 싸이니지, 전광판 알림 기능, 전기충전기, 자동 디밍등 교통, 에너지, 안전 등 다양한 스마트 도시 서비스에 응용
솔루션 구성 이미지	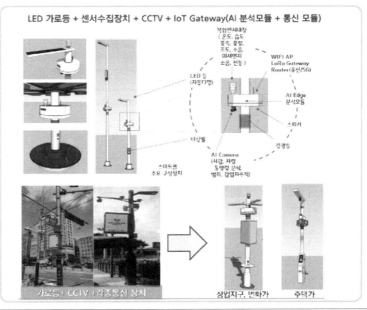

16 인공지능 영상분석

인공지능 영상분석 시스템은 컴퓨터가 학습을 통해 영상분석 방법을 직접 습득하고 이를 토대로 영상을 스스로 분석해, 관제사가 사건·사고를 빠르게 탐지하고 판단을 내릴 수 있도록 도와주는 시스템이다. 현재 관련 기술이 급속히 발전하고 있으며, 스마트 도시 서비스 구현을 위해 다양한 분야에 필수 시스템으로 도입될 것이다.

솔루션 개요	딥러닝 영상분석 기술과 더불어 다양한 영상환경에서 객체 상황, 상태, 행위행동을 인식하는 서비스를 제공하는 솔루션
솔루션 특징	• CCTV 카메라 등 영상수집 장치로부터 입수되는 영상에서 사람, 차량 등 감시 대상물을 구분 및 인식 • 행동패턴을 분석하여 설치 목적에 부합하는 이벤트 발생 시 해당 정보를 즉각 관리자에게 알람 등으로 전달 • 선별관제, 고속검색, 침입, 화재, 연기, 폭력, 도난, 쓰레기 무단투기, 사람 /차량 카운팅 등의 서비스 구현
솔루션 구성 이미지	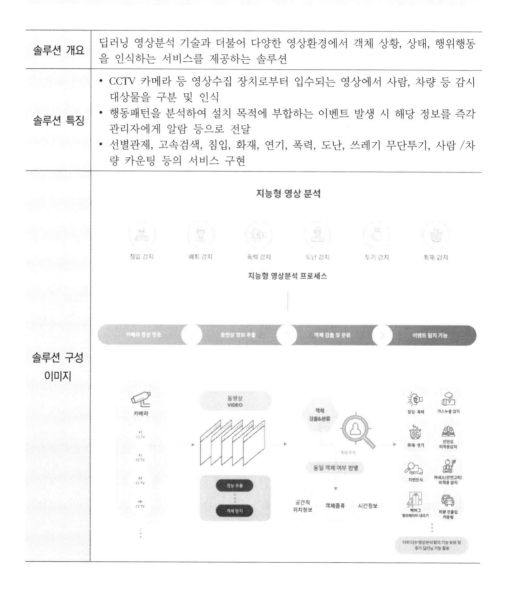

17 인공지능 음향, 음성분석

인공지능 음향, 음성분석 시스템은 어느 순간부터 인간과 컴퓨터 간의 인터페이스로 자리 잡아나가고 있다. 이미 국내에도 다수의 기업들이 인공지능 기반의 음향, 음향 시스템을 적용하여 만든 다양한 서비스들이 있으며, 음악, 뉴스, 날씨 등의 서비스를 제공하고 있다. 인공지능 음향, 음성분석 기술은 스마트도시 융복합 서비스를 제공하는 핵심기술로서 앞으로 더욱 더 고도화 될 것으로 전망된다.

솔루션 개요	음성/음향 데이터베이스를 기반으로 추론 모델을 지속적으로 학습하여, 구조요청, 욕설 등 위급상황과 관련된 음성과 비명음, 타격음, 차량충돌음, 차량급정거음 등 이상상황과 관련한 환경 음향을 인식하는 솔루션
솔루션 특징	• 현장에서 발생하는 구조요청음, 타격음, 스팀 유출음, 사람 비명음, 차량충돌음, 차량급정거음 및 욕설관련 음성을 실시간으로 인식하여 이벤트 발생 정보 및 방향을 탐지하여 관리자에게 실시간 전달 • 재난재해나 범죄예방 측면에서 CCTV로 감시가 어려운 사각지대나 환경 소리를 음향, 음성분석 기술을 활용하여 탐지하여 다양한 환경에서의 활용 가능
솔루션 구성 이미지	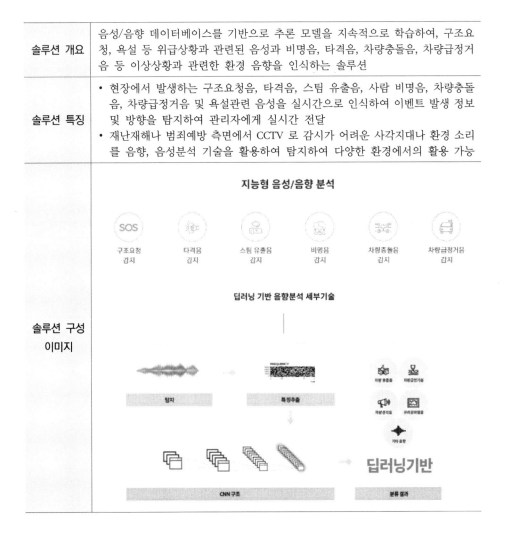

18 　인공지능 빅데이터 분석

　　인공지능과 빅데이터는 상호관계에 있다. 스마트 도시 서비스 구현을 위해서는 상호작용이 필요하다. 인공지능 빅데이터 분석 시스템은 인공지능의 주요 기술인 머신러닝, 딥러닝을 통해 빅데이터에서 주요 내용을 추출하고 시각화 및 분석을 실시간으로 가능하게 해준다. 이미 교통정보 수집 및 분석, 예측 분야에서 다양하게 적용되고 있으며, 향후 에너지, 통신, 안전, 의료 등의 분야에 확장, 보편화 될 것이다.

솔루션 개요	도시의 도시의 교통정보를 교통정보를 교통정보를 수집 /분석 /예측하는 예측하는 다양하고 다양하고 유용한 AI 서비스를 제공하는 솔루션
솔루션 특징	• 도로위에 CCTV 가 설치된 장소에서 차량인식, 차량번호, 차량속도, 정지차량, 차량밀도, 통행량, 신호대기시간 등 모빌리티 정보를 실시간으로 분석 • 교통 인프라 데이터 분석을 통해 차량들의 교통량 분석, 도로별 차량 점유율 분석, 과속량 분석, 기타 돌발상황분석 서비스를 제공
솔루션 구성 이미지	

19 스마트 유지관리/재난관리/안전관리 플랫폼

최근 사회구조의 복잡화, 산업구조의 다변화, 기후변화 등에 의해 자연재해 및 산업재해, 도시재난이 급증하고, 그 규모 또한 대형화되면서 국가와 도시의 재난, 안전관리가 매우 중요해졌다. 첨단 기술의 발전은 이러한 재난, 안전 상황에 대해 사전진단, 실시간 대응이 가능하도록 스마트 관리 플랫폼이 개발, 고도화되고 있으며, 국가재난 등의 상황에 활용, 시민들을 위한 실시간 재난, 안전 대응 서비스 등을 가능하게 하고 있다.

솔루션 개요	공공기관에서 설치되어 있는 모든 시설물 (CCTV, 가로등 등 기타 시설물)에 대해 언제 어디서나 휴대하고 다니는 스마트폰을 활용하여 보안 인증을 처리하고, 접속된 시설물 정보를 실시간으로 도킹하여 문제상황에 능동적으로 대처할 수 있도록 접근성과 편리성을 극대화한 스마트 유지관리 시스템을 제공하는 솔루션
솔루션 특징	• 효율적인 시설물 관리를 위해 GIS 기반으로 운영 • 카카오 API와같은 오픈망 환경의 GIS시스템과 시스템과 그 외 특수한 상황을 위한 폐쇄망 GIS 시스템을 제공
솔루션 구성 이미지	 시설물 장애발생　시설물 유지보수처리　시설물 이력 등록　시설물 장애처리 보고    GIS상에 시설물 표시　시설물의 유지관리 보드　기자재 관리 기능 리눅스 기반 가상화　다양한 웹브라우저 호환성　GS 1등급 인증　모바일 연동

20 지능형 교통관리 시스템

지능형 교통시스템(ITS, Intelligent Transportation Systems)은 교통수단 및 교통 시설에 전자·제어 및 통신 등 첨단 기술을 접목해 교통정보 및 서비스를 제공하고 이를 활용함으로써 교통 체계의 운영 및 관리를 자동화해 교통의 효율성과 안전성을 향상시키는 교통 체계를 의미한다. 이미 지능현 교통관리 시스템은 다양한 민간 솔루션이 개발되고 있으며, 정부 및 지자체 관련 사업에 시범도입되어 실증사업을 추진 중에 있다. 특히 한국형 뉴딜 중 디지털 뉴딜사업의 핵심과제 중의 하나로서 현재 대도시 중심의 지능형 교통관리 시스템은 지방 중소도시로 확대되어 가까운 미래에는 대한민국 전체가 단일화 실시간 교통관리 관제 및 운영이 가능해질 것이다.

솔루션 개요	시스템과 네트워크 성능 향상에 힘입어 이에 발맞추어 향상된 웹 기반으로 개발된 교통관리 시스템 솔루션
솔루션 특징	• 스마트 유지관리 플랫폼과 통합 운영이 가능
솔루션 구성 이미지	기본 구성 GIS　교통관리　VMS관리　사용자관리　시설물정보　기자재정보　센터정보　시스템설정 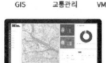 **교통전용 대시보드 구성** 교통 몰러그인을 적용하고, 교통 관리 운영 권한이 있는 사용자로 시스템에 접속할 경우, 교통 관리용 기능들로 메뉴 화면이 구성됩니다. **Vector방식 도형식 편집기** 기존에 내용에 의해 생성되던 도형식 교통 이미지를 ActiveX 없이 html Vector로 이 응하여 구현하고, 여러 동적인 자원들을 선정을 그리고 편리할 수 있습니다. **VMS 메시지 관리** Vector 방식의 편집기를 이용하여 작성된 다양한 VMS 메시지를 쉽게 관리할 수 있습니다.   **도로별 교통정보 빅데이터 가공** 다양한 교통정보 수집공으로 수집된 정보와 공단에 연계된 정보 들과 많은 량의 교통정보를, 지자체에 연합한 도로정보와 연결하여 이를 빅데이터 클러스트링 기법을 사용, 정확하고 효율적으로 관리할 수 있습니다. **GIS 교통정보 가공 조건 설정** GIS 기반의 시스템을 이용하여 다양하게 수집되는 교통정보들의 소통들을을 설정하기 위한 가공조건을 GIS를 이용하여 시각적으로 설정할 수 있습니다.   **CCTV 실시간 모니터링** 최신 라이브 스트리밍에 사용되는 WebRTC 미디어 스트리밍을 이용하여 자연시간을 최소화 하여 도로상에 설치된 CCTV를 모니터링하고 제어할 수 있는 기능입니다.

21 LED 바닥형 신호등

LED 바닥형 신호등이란 횡단보도 대기선 바닥에 LED 패널을 설치해 만든 보행 보조 장치로 신호등이 초록불로 바뀌면 붉은색의 LED 패널과 연동돼 초록색으로 변해 보행자들이 바닥만 보고도 신호 확인이 가능하게 만든 신호등 솔루션이다. 서울시 금천구, 충남 당진시 등 국내 여러 지자체에서 LED 바닥형 신호등을 설치하고 시범운영 중에 있다.

솔루션 개요	횡단보도와 지상신호등과 연동하여 보행자에게 추가적인 신호정보를 제공함으로써 보행편의와 교통사고 예방에 기여하고자 하는 보조 신호장치 솔루션
솔루션 특징	• 전선 켄넥트부분은 실리콘 O링을 사용하여 방수에 큰 장점 (방수 /방진) • 바닥미끄럼방지 기능 (Embossing (Embossing (Embossing처리기법)으로 미끄럼 및 눈부심방지에 도움 • 제어부에 국내유일의 EDR 기능 [사고기록장치] 기능 탑재 • 상부에 반사경을 이용해 복사열 방지 및 내부열기를 알루미늄 익(최초)을 통해 외부로 실시간 방출 (방열기능)
솔루션 구성 이미지	 신호제어함 옵션보드 Control box 표출부

22 BEMS (Building Enwrgy Management System)

BEMS(Building Energy Management System)은 건물 에너지 관리 시스템을 의미하며, 제로 에너지 빌딩, 스마트 빌딩을 위해 필수적으로 갖추어야 하는 건물관리 시스템이다. EMS은 에너지 사용량과 탄소 배출량을 절감할 수 있도록 건물을 관리해주며, 건물의 실내 환경과 설비운전 현황을 실시간으로 관제하는데 활용된다. 이미 국내·외 사례를 통해 BEMS 운영을 통해 10~30%의 에너지 절감 효과가 있는 것으로 조사되었고, 최근 건물의 에너지 효율화에 대한 관심 증가로 유지관리 비용을 줄이려는 시장수요가 증가하여 향후 BEMS 시장의 수요는 지속적으로 확대될 것으로 전망되고 있다.

우리나라에서는 2017년 1월부터 건물에너지 이용의 효율화를 위해 연면적 10,000㎡ 이상의 건축물 신축시에는 BEMS를 의무적으로 설치하도록 제도화 하였고, 설치 후에는 한국에너지공단을 통해 확인을 받아야 한다. 정부에서는 설치확인을 받은 건축물은 에너지 진단 주기를 5년에서 10년으로 연장해주며, 에너지 절약시설 투자에 대한 세액공제를 해주는 등 보급 및 활성화 정책을 진행 중이다.

솔루션 개요	BEMS는 통합 에너지정책 수립 및 관리를 지원하는 시스템으로 운영자가 시스템 고유의 기능만 으로도 전문적인 에너지 측정 및 분석 보고서를 생성하는 솔루션
솔루션 특징	• 건물 에너지 소비량 분석에 따른 최적 운영으로 에너지 소비량 절감 • 에너지 분석으로 인한 효율적인 설비운영 및 유지비용 절감
솔루션 구성 이미지	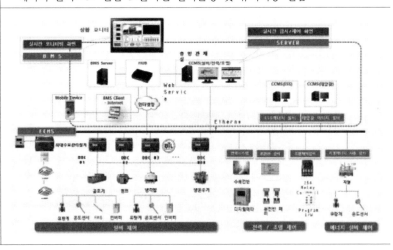

23 긴급차량 우선신호 시스템

긴급차량 우선신호 시스템은 우선신호를 요청하는 차량단말기를 탑재한 긴급차량이 우선신호 제어 교차로에 접근하면 정지하지 않고 통과할 수 있도록 교통신호를 제어하는 솔루션이다. 경찰청에서는 이미 긴급차량 우선신호 시스템을 도입하였으며, 국토교통부에서도 스마트 신호운영 시스템 중의 하나로 긴급차량 우선신호 시스템을 전국 2000여곳으로 확대하는 사업을 추진 중에 있다.

솔루션 개요	긴급차량(소방차, 구급차, 경찰차) 및 버스에 대한 우선신호 제어를 가능케 하는 시스템
솔루션 특징	• 차량의 위치를 실시간 검지하여 신호제어 수행 • 긴급신호에서 일반신호 변경 시 연동 및 현시보상 실시 • 여러 대의 긴급차량(군집주행) 이동시에 대한 고려와 적용 • 시간대별로 적절한 제어플랜의 적용 　– 표준 신호제어기와 호환이 가능한 사이즈 및 표준 인터페이스 제공 　– 교통신호제어기((규격버전:2010/7)에 적용 VME_OPT 보드 사양 및 규격 준용 　– Standard POE 기능 제공으로 TCE와 100m 까지의 통신거리 제공 　– TCE와 100m 까지의 통신거리 제공
솔루션 구성 이미지	

24   얼굴인식 기능의 ICT융합 스마트 횡단보도, 스마트폴

국토교통부 스마트챌린지 솔루션 확산 사업 보급리스트에 있는 스마트 횡단보도, 스마트폴이 복합된 솔루션으로 빅데이터, 인공지능, 클라우드, Iot기술이 결합된 융복합 솔루션이다. 최근 발효된 '민식이법' 적용의 최적화 된 솔루션이라고 할 수 있으며, 어린이, 노인 등 사회적 약자의 안심활동을 보장하는데 효과적이다. 기존 도시에서 스마트 도시의 서비스를 구현하는 실증적 솔루션으로서 사람들의 생활안전을 가능하게 하는 생활밀착형 스마트 솔루션의 대표적인 사례라고 할 수 있다.

솔루션 개요	성범죄자의 어린이 보호구역 접근방지 등 도로상 특별기능이 없는 보행신호등 철주를 활용하여, 효율적 구조로 현재의 전방배치 신호등의 사각방지와 신호등 아래에서의 신호인지 향상을 통한 교통사고 예방 서비스를 제공하는 솔루션
솔루션 특징	• 모든 기능이 하나의 ICT 융합 철주 상에서 이루어지기에 이를 설치할 경우 각각 책정됐던 CCTV 예산을 대폭적으로 줄일 수 있고, 좁은 도로상 여러 가지 설치된 표지판을 하나로 통일하여 운영 가능 • 스마트 도시에 최적화된 지속발전 가능한 미래형 스마트 횡단보도 모델을 제시하며, 지역사회 도시재생이나 기타 안전사회를 이끌 실질적인 인공지능 기반 시스템으로 도시가치와 기능을 놀라울 정도로 변화시킬 수 있음 • 융합기능을 통하여 도로문제와 사회적 문제를 동시에 해결 가능
솔루션 구성 이미지	

25 융복합 Iot 스마트놀이터

융복합 Iot 스마트놀이터는 Iot기술로 아이들의 놀이를 관찰하고 기록하여 교육적 진단을 지원하는 플레이 리포트 서비스를 제공하는 스마트놀이터로서, IoT 디바이스 등을 매개로 방문객 이용정보 등을 수집 및 분석하는 솔루션 적용을 통해, 스마트서비스와 운영을 지원하는 Total Platform이다. 현재 세계 최초로 동대문 디자인 플라자(DDP)에서 운영되고 있다.

솔루션 개요	아날로그 놀이에 Born Digital 세대에 친숙한 디지털매체를 결합, 아이들의 전인발달과 통합교육이 가능한 융합놀이터 서비스를 제공하는 솔루션
솔루션 특징	• 세계 최초로 IoT놀이 리포팅 기술을 놀이터에 적용 • 플러그 엔 플러그 형식 차용, 제3자의 솔루션을 쉽고 빠르게 추가 가능 • 놀이 빅데이터 수집, 관리를 통해 운영 및 놀이데이터 통계 제공
솔루션 구성 이미지	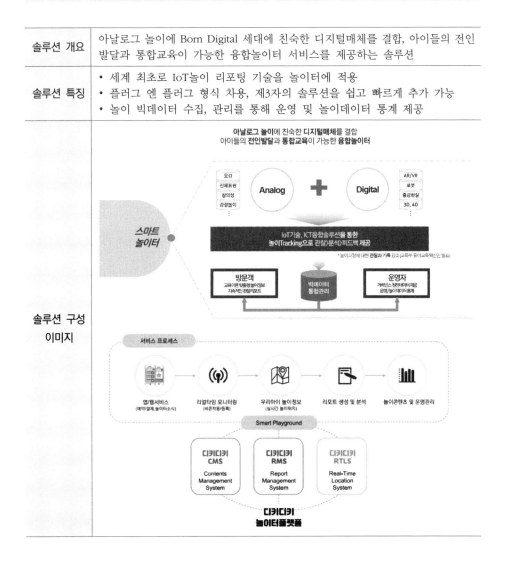

실시간 유동인구/관광객/방문객 분석 솔루션은 스마트폰의 무선 신호 탐지를 통해 실시간으로 데이터를 분석하는 솔루션이다. 이미 서울시, 마포구, 경기도 오산시, 한국공항공사, 고속도로 휴게소 등 다양한 곳에서 도입하여 운영하고 있으며, 관광지, 도서관, 전통시장 등 다수의 시민들이 이용하는 장소에 활용하여 통계분석을 위한 자료로 활용되고 있다.

솔루션 개요	라이브워크(LIVEWALK) 솔루션은 방문객이 휴대한 스마트폰에 내장된 Wi-Fi 모듈에서 발신되는 무선 신호를 탐지-분석하여, 실시간으로 방문객에 대한 계수는 물론 이동 동선, 지역에서 지역으로의 방문객 분산, 체류시간, 재방문율 등을 분석할 수 있는 솔루션
솔루션 특징	• 실시간 체류 인원 계수 : 최소 1분 단위로 Wi-Fi 센서를 통해 모니터링 되는 범위 안에 체류하고 있는 인원을 계수 • 방문객 계수 : 시간별, 일별, 주간, 월간 등 선택기간에 대한 지역별 방문객 계수 통계(동일인 제거한 순수 방문객) • 평균 체류 시간 : 개별 모니터링 지역 내에서의 평균 체류 시간 및 체류 시간별 방문객 분포 분석 • 재방문 : 특정 기간 동안의 재방문객 비율과 신규 방문객 비율 분석, 재방문 빈도 분석, 재방문 주기 분석 • 지역간 방문객 수 비교 : 다수의 지역에 센서가 설치되어 있을 경우 해당 지역 간 방문객 증감 추세 비교 • 유입율 분석 : 매장 주변 유동인구 대비 실제 매장 진입 인구 분석 • 방문객 분산 분석 : A에서 B, C지역으로 이동한 방문객, B에서 A, C지역으로 이동한 방문객의 분산도 분석 • 최다빈도 고객 이동 경로 분석 : Top10, Top5, Top3 주요 방문객 이동 경로 분석
솔루션 구성 이미지	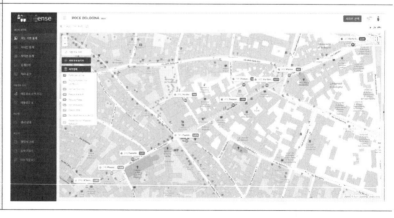

27   세이프메이트 화재예방 솔루션

　　세이프메이트 화재예방 솔루션은 인공지능 기반의 화재감지 솔루션이다. 인공지능, 빅데이터, 클라우드를 바탕으로 화재 조기 감지를 위해 불꽃·연기·온도 등 네 가지 종류의 화재 원인을 감지가 가능하며, 소방청 서버와 연동해 GPS를 화재 발생장소까지 최적 경로를 인근 소방서에 전달해 빠른 출동을 지원한다.

　　2020년 12월말에 대전의 한 전통시장에서 해당 솔루션으로 대형화재를 효과적으로 예방하여 화재예방 솔루션이 검증되었다. 현재 서울의 지하쇼핑센터 28개소, 전통시장 83개소 등 전국에 총 6,800여개의 점포 및 문화재와 사찰 등에도 설치되어 있다. 과천에 소재한 관제센터에서 365일 24시간 모니터링을 하고 있으며, 화재 감지부터 소방신고까지 실시간으로 신고가 접수되며, 화재감지부터 출동까지 골든타임 내 이루어질 수 있도록 플랫폼이 연동되어 있다.

솔루션 개요	IoT기반 다중 화원감지센서(불꽃. 연기. 온도)를 통한 화재조기대응 및 대형화재 예방 솔루션
솔루션 특징	• 1차 조기감지를 통한 화재초기 대응 지원 • 2단계 화재상황 심화시 소방청 신고서버로 자동 신고 지원
솔루션 구성 이미지	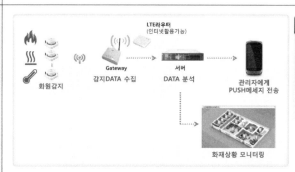  

28 클라우드 공공미디어 솔루션

클라우드 기반의 공공미디어 솔루션은 클라우드 서버를 통해 디지털 콘텐츠(이미지, 동영상 등)를 운영 관리하는 CMS(Contents Management System)를 의미한다. 평상시 디지털 게시보드로 사용하다가, 재난재해 발생 시 실시간 재난재해 알림을 디스플레이할 수 있다. 현재 코로나19 현황판, 경기도 지자체 자막뉴스 등을 제공하는데 활용되고 있다.

솔루션 개요	스마트 도시를 위한 재난재해스마트 미디어보드 콘텐츠 관리 시스템으로서 클라우드를 통해 콘텐츠(이미지, 동영상, 유튜브)을 LED 디스플레이에 전송하는 솔루션
솔루션 특징	• 지자체 한줄 뉴스, 코로나10 현황, 미세/초미세먼지 등 공공정보 제공 • 지역별 / 생활밀접형 공공데이터를 지속적으로 추가 개발 제공 • 장소와 상관없이 다수의 디스플레이를 일괄적으로 관리 • 낡은 공공미디어도 4차 산업혁명에 맞게 시대적 변화 필요
솔루션 구성 이미지	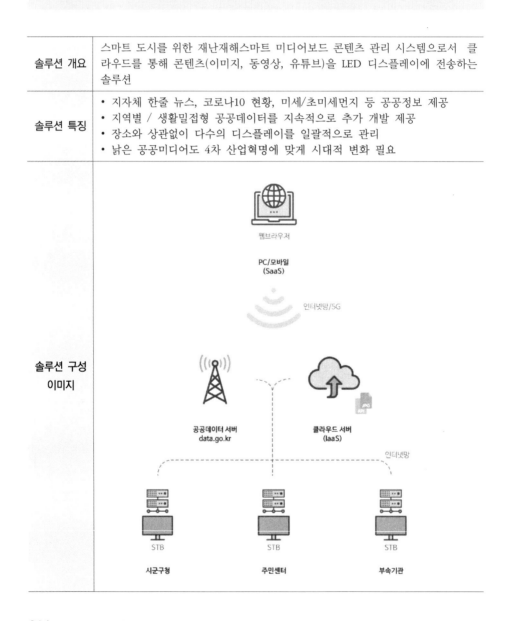

플러그 스테이션은 3D 맵 기반 지하철 역사 가시화를 통해 긴급 상황 발생 시 공간 정보를 쉽게 파악할 수 있고, 비상 시 모니터에 보이는 현장의 실제 위치 및 방향 감각 확보가 쉬워 역 직원이 상황을 빠르게 판단, 정확한 대응이 가능한 디지털트윈 기반의 비대면 지하철/철도 관제 솔루션을 말한다. CCTV를 통해 실시간으로 역사 통합 모니터링이 가능하고, 역사 내 설치 된 장비 현황 및 상태 정보를 시각적으로 확인이 가능하다. 또한 신규로 설치된 설비 배치를 확인할 수 있으며, 해당 설비의 이력 조회도 가능하다. 현재 서울에서는 서울교통공사의 스마트 스테이션 3D 통합관제 시스템 구축과 스마트 스테이션 2호선 확대 구축사업에 도입되었고, 지방에서는 부산교통공사의 스마트 스테이션 시범구축 사업에 도입되었다.

솔루션 개요	디지털트윈 기반의 지하철/철도 관제 솔루션
솔루션 특징	• 전체/구역별 역사 3D 모델링 및 가시화 • 역사 내 이상 상황 발생 시 이벤트 알림 팝업 및 지도 내 해당 위치 표시,인접 CCTV영상 자동 표출 • PSD, CCTV, 출입관리, 셔터, 침입탐지, SOS, 소방시설 등에 대한 상태 및 제어 관리 • 열차 운행 정보(진입/정차/출발) 가시화 • 운영자가 설정한 경로에 대한 가상순찰 • 비상 시 대피경로, SOP 통합 안내
솔루션 구성 이미지	

30 Iot 기반 환경모니터링 서비스

    Iot 기반 환경모니터링 서비스는 환경오염 취약지역에 다양한 Iot기반 환경 센서를 설치하여 스마트 도시 통합운영센터와 연계하여 실시간 환경오염 상황인지 및 대응 솔루션이다. 본 솔루션은 환경오염사고 발생 시 신속한 상황전파 및 효과적이고 체계적인 대응을 통해 인적·물적 피해를 최소화할 수 있다. 또한 IoT기반의 첨단센서와 스마트시티 통합운영센터를 연계하여 상시 감시체계 운영이 가능하며, 실시간 환경오염 상황 감지와 신속한 오염원 발견 및 제거로 피해를 최소화할 수 있도록 해준다. 현재 부산 강서구, 대전광역시, 세종시 등에 해당 솔루션이 구축되었으며, 민간에서는 서비스 기능을 확대 및 강화한 새로운 솔루션이 개발되고 있는 상황이다.

솔루션 개요	악취, 소음, 수질, 안개. 미세먼지 등 오염 취약지역에 설치한 다양한 IoT기반 환경 센서를 스마트 도시 도시통합운영센터와 연계하여 환경오염 사고 발생 시 신속한 상황인지 및 대응이 가능하도록 한 솔루션
솔루션 특징	• 환경오염 상황발생 인지 • 환경오염 상황발생 전파 • 실시간 모니터링
솔루션 구성 이미지	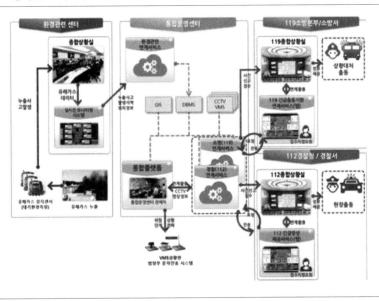

스마트 헬스케어 서비스를 제공하는 본 솔루션은 스마트 디바이스를 통해 제공되는 생체 신호 및 위치신호에 인공지능 기술을 접목하여 사용자의 헬스케어를 제공하며, 환자 보호관리를 위해 사용된다.

스마트 디바이스 핵심기능으로는 생체신호 측정을 위한 맥박, 혈당, 산소포화도, 심전도가 있으며, 3D 모션을 통해 움직임을 감지한다. 인공지능 핵심기능으로는 실시간으로 개인에 맞춰 생체신호/이동경로 모니터링이 가능하며, 비정상 데이터 수신 즉시 환자 응급상황 파악 및 응급신호를 전송한다. 그리고 싱글리드 심전도 분석을 통해 질병 유무를 예측이 가능하다. 현재 부천시 커뮤니티 케어 실증사업의 스마트 헬스케어 구축 부분 기술로 도입되었다.

솔루션 개요	스마트 디바이스의 생체신호(맥박, 혈압, 혈당, 심전도, 혈중산소포화도) 및 위치신호(GPS) 측정 기술에 인공지능을 접목한 실시간 사용자 보호 관리 솔루션
솔루션 특징	• IoT 와 인공지능 신기술이 접목된 IT헬스케어 솔루션 • 기존보다 향상된 인공지능 분석 기능 • 심전도 분석을 통해 파악 가능한 질병 종류 확대 • KOITA 인증 인공지능 R&D 연구소 자체 보유 • 24시간 혈압, 혈당, SPO2, 맥박 측정
솔루션 구성 이미지	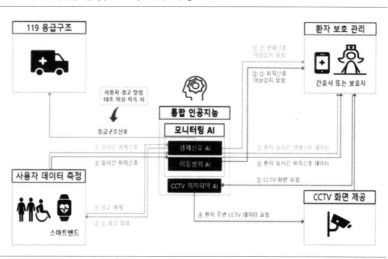

32 도심 폭염감지 대응 시스템

　폭염은 열사병, 열경련 등의 온열질환을 유발할 수 있으며, 심하면 사망에 이르게 되며, 가축·수산물 폐사 등의 재산피해와 여름철 전력 급증 등으로 생활의 불편을 초래하게 된다. 도심 폭염감지 대응 시스템은 이러한 폭염 상황을 실시간으로 관측하고 대응할 수 있는 서비스를 제공하는 솔루션이다. 주요기능은 온도값 측정, CCTV관제센터로 온도값 전송, 설정 온도값 초과시 팝업창 발생, 해당지역 경고방송, 도심지 온도값 저장 후 빅데이터 활용 등이 있으며, 현재 경기도 동두천시에 구축되었다. 지구온난화로 여름 폭염이 점차 빈번해질 것을 감안하면, 앞으로 여러 지자체에서 본격적으로 도입하여 운영할 것으로 예상된다.

솔루션 개요	지구 온난화로 인한 기상 이변 발생 기록적인 폭염으로 사망 하는 경우가 있어 IoT 기술을 접목 온도센서를 설치하여 LoRa 통신으로 CCTV망을 통해 도심지 온도값을 CCTV관제센터로 전송 설정온도 초과시 팝업발생 알림과 함께 시민들에게 경보방송 함으로서 시민의 생명을 보호 하는 시스템
솔루션 특징	• 기 구축된 CCTV 망을 활용 구축비 저렴 • 유, 무선으로 연결된 온도 감지기에서 오는 온도 값을 CCTV 관제센터로 전송 표출함으로서 많은 돈을 들여 구축된 CCTV 관제센터 활용도 제고 • 도심지 온도 측정값을 저장 빅데이터로 활용하여 도시계획수립에 이용 • 저전력 장거리 통신인 LoRa통신을 이용 광범위한 서비스 지역 확보 • 매쉬 그물망 설계로 가까이 있는 LoRa 게이트웨이 장애시 우회 통신하여 근처에 있는 LoRa 게이트웨이로 접속 정보전달 장애 극복
솔루션 구성 이미지	

33 스마트 클린 버스셸터

스마트 클린 버스셸터는 스마트 버스정류장이라는 명칭으로 국토교통부 스마트 챌린지 솔루션 확산사업 보급리스트 중의 하나로서 시민들의 체감 만족도가 가장 높은 솔루션이다. 고양시, 진주시, 서울시 서초구, 성동구 등에서 시범도입하여 성공을 거두었으며, 현재는 전국의 많은 지자체에서 버스셸터를 설치하고 있다.

스마트 클린 버스셸터는 외부의 미세먼지를 측정하고 유입을 방지하며, 버스셸터 내부에서 미세먼지 정화 기능을 갖추고 있다. 또한 출입문에 설치된 열화상 카메라를 통해 발열 체크를 통과해야 출입문이 열리고 공기중 바이러스와 초미세먼지, 유해가스를 완벽 제거하는 자외선(UV) 살균기와 공기정화장치가 설치되어 있다. 그리고 내부의 디지털 화면을 통해 정확한 도착예정 시간과 정류장에 접근하는 버스의 모습 등을 실시간 확인할 수 있으며, 더위와 추위를 피할 수 있는 냉난방 시스템과 휴대폰 무선충전, 공공 Wi-Fi도 무료로 제공된다.

솔루션 개요	미세먼지, 매연으로부터 안전한 IoT 기반 스마트 클린존 (CLEAN ZONE)으로 조성한 버스 정류장 솔루션
솔루션 특징	• 비상시 재난안전 쉼터 공간 역할 • 4차산업의 핵심 기술을 적용 • 버스정차 자동안내 시스템 제공 • 버스셸터 전용 PSD 시스템 제공
솔루션 구성 이미지	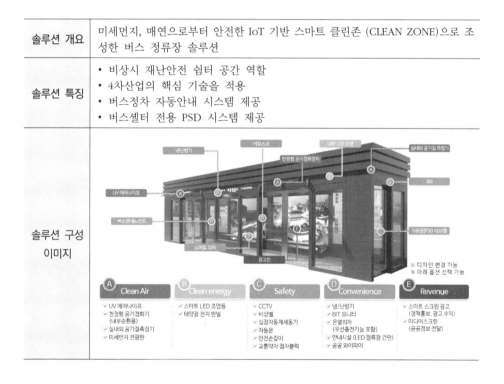

34 지능형 차량 과속경보 시스템

지능형 차량 과속경보 시스템은 보행자 보호구역과 사고가 잦은 지역의 교통사고 예보 시스템 솔루션이다. 제품이 설치될 도로의 과거사고 이력정보(TAAS), 노면 상태(결빙·젖음), 차량 속도 정보 등을 바탕으로 실시간 위험도를 분석하고 경고해 준다. 또한 취득된 정보는 관제센터로 전송해 사고 원인 분석 및 대책 수립 자료로 활용이 가능하다. 2020년에 세종시에 시범설치되었으며, 한국형 뉴딜 중 디지털 뉴딜사업과 관련이 있어, 향후 전국적으로 확대될 것으로 전망된다.

솔루션 개요	IoT와 Big Data 기반의 '사용자 중심 차량과속경보시스템'은 어린이보호구역, 노인보호구역, 사고다발지역에 접근하는 차량(자율주행차량) 및 운전자에게 위험도를 경고하는 시스템 솔루션
솔루션 특징	• 차량의 현재 속도 표출 • 주의, 경고, 위험 등 위험정도를 문자, 숫자, 픽토그램, 애니메이션 등 다양하게 표출 • 장착된 센서에 의해 노면 상태(빙결, 젖음)와 속도정보(레이다)를 파악 제동거리 표출 • 취득된 다양한 센서 정보와 분석된 위험도를 관제서버로 전송(빅데이타 분석) • 관내 교통혼잡도를 표시하는 VMS기능으로 활용 • 기상청 기상정보 표출(온습도, 기압, 미세먼지 농도 등) • 긴급재난문자 표출
솔루션 구성 이미지	

35 스마트 안심이 통합 플랫폼

　스마트 안심이 통합 플랫폼은 시민들이 생활속에서 발생할 수 있는 모든 위급상황을 신속하게 전달, 대응할 수 있는 안전관리 솔루션이다. 벡디어터, 인공지능, Iot 기술을 기반으로 긴급신고, 안심귀가 지원, 생활안전 정보제공, 웨어러블 스마트 센서 연계 신고서비스 등을 제공한다. 2016년 서울시에서 시범사업으로 솔루션을 도입한 후, 2018년까지 서울시 25개 지자체로 확대 구축하였다. 안심이 앱으로 불리우는 해당 솔루션은 서울 전역 약 4만대 CCTV와 스마트폰 앱을 연계해 구조 지원까지 하는 24시간 시민 안심망서비스를 제공하고 있으며, 2019년 6월 안심이 앱이 성범죄자 현행범 검거에 일조하며 실효성을 검증한 것을 계기로 국토교통부, 여성가족부와 전국사업으로 본격 추진 중이다.

　전국 서비스는 각 지자체에서 개발한 여성안심 앱에 서울시 안심이 앱의 '긴급신고', '안심귀가 모니터링'을 주요 기능으로 포함시켜 시행을 추진하는 방식으로 진행 중에 있다.

솔루션 개요	생활속에서 발생할 수 있는 모든 위급상황(화재,사건사고)발생하거나 예측이 될 경우 안심이앱이 설치된 스마트폰을 흔들거나 IOT디바이스를 통해 신호를 보내면 해당 지자체의 도시통합안전(CCTV) 관제센터에서 신호를 받아 지역경찰에게 신고를 하여 신속하게 대응하여 골든타임 내에 위급상황에 대응하여 소중한 생명 및 재산을 안전하게 보호하게 할 수 있는 민관합동 대민생활안전 서비스 솔루션
솔루션 특징	신고 접수까지 걸리는 시간이 30초이내이며 신고시 자동 동영상촬영되어 전송되며 이동영상과 신고자이동경로등이 현장대응(경찰,소방대원,병원관계자등)에게 전달되어 사건사고를 처리
솔루션 구성 이미지	

36   공원녹지 관리 시스템

　공원녹지 관리 시스템은 지자체에서 쾌적하고 안전한 공원 관리운영을 위해 필요한 스마트 공원관리 솔루션이다. 공원녹지 관리시스템이 구축되면 위치정보 기반 통합 공원녹지정보를 한눈에 볼 수 있게 된다. 또한 지도서비스 기반 공원녹지 조성현황 조회 및 공원녹지의 기초정보, 도시계획, 토지정보 등을 활용해 체계적인 공원조성관리 업무를 수행할 수 있다. 뿐만 아니라 공원녹지의 공사이력 및 도면 및 조서 조회, 공원조성의 사업예산, 보상비 및 공사비 산출 등을 통해 투명한 공원조성과 공원녹지 통계자료를 활용한 공원조성 의사결정에 합리적 수단으로 사용할 수 있다. 현재 아산신 등 일부 지자체에서 도입하여 운영 중에 있다.

솔루션 개요	지자체 공원, 녹지 및 관련 시설물의 조성과 유지를 위한 통합 정보관리 시스템 솔루션
솔루션 특징	• 공원과 녹지의 토지, 수목, 시설물에 대한 과거에서 현재까지 조성 현황, 이력, 계획 관리 • 공원, 녹지, 시설물 관리 대장 작성과 영상 및 사진을 활용한 정확한 현장정보 조회 • TTA의 GS 품질인증 획득
솔루션 구성 이미지	

37 기초조사 정보체계 시스템

기초조사정보체계는 2019년 2월 22일 "국토의 계획 및 이용에 관한 법률(이하 국토계획법)" 개정에 따라 기초조사정보체계 구축·운영의 필요사항이 규정되면서 많은 관심을 가지기 시작했다. 이를 계기로 기초조사 정보체계 시스템이 개발, 도입되기 시작하였는데, 한 마디로 표현하자면 기초조사 정보체계 시스템은 단순 통계조사에서 탈피하여, 시각화와 증거 기반의 분석방법을 제시하는 시스템이다.

지자체에서 기초조사 정보체계 시스템을 구축하게 되면 생활권역별의 인구 증감 원인을 분석해 대안 방안을 검토하고, 연령별 현황 비교 분석으로 공공시설물 이용권을 분석하는 등 다양한 분야에서 시설물 관리운영의 통계분석 데이터 산출이 가능하다. 또한 토지이용, 지가 등 시계열 분석을 통해 개발 축을 설정하고, 개발행위허가 집중지를 검토해 도시의 발전방향을 제시하는 등 도시의 현재 문제점을 정확하게 진단해 도시정책 수립에 현실성 있는 의사결정에도 활용할 수 있다. 현재 전국의 주요 지자체에서 필요에 의해 기초조사 정보체계 시스템을 도입하여 스마트 도시행정 및 관리에 활용하고 있다.

솔루션 개요	각종 도시행정 관련 통계데이터, 샌싱 데이터를 공간정보기반으로 수집, 분석, 시각화 하여 정책 의사결정지원과 대시민 서비스를 지원하는 솔루션
솔루션 특징	공간정보와 통계데이터를 융합 분석한 결과를 다양한 형태로 시각화 가능하며, 도시계획, 시설물관리 등 행정정업무에 적용 가능
솔루션 구성 이미지	

38 스마트 파크 운영 플랫폼

스마트 파크 운영 플랫폼은 4차 산업 IoT 기반 '플러그 앤 플러그' 형식을 차용하여 지속 가능한 디지털 통합 운영 플랫폼 솔루션이다. 주요 기능으로는 양질의 방문객 서비스를 제공하고 데이터 거버넌스를 구축, 운영할 수 있도록 해준다. 공원 방문객에게는 Iot와 빅데이터 시스템을 활용한 이용자 행태 및 행동패턴 분석을 통해 더욱 편하고 재미있는 컨텐츠를 제공할 수 있다. 최종적으로는 공원 관리자에게 방문객의 실시간 니즈를 반영한 효율적인 공원 운영 및 효과적인 컨텐츠 창출이 가능하도록 해준다.

2018년에 혁신기술 공공테스트베드 제공 사업을 통해 어린이 대공원에 스마트 파크 매니지먼트 시스템이 구축되었으며, 현재까지 활발히 운영되고 있다.

솔루션 개요	4차 산업 IoT 기반 '플러그 앤 플러그' 형식을 차용, 지속 가능한 디지털 통합 운영 플랫폼 솔루션
솔루션 특징	• 시설 위치 정보 제공 및 길찾기 서비스 제공 • 공원 운영 관련 정보 전달 • 관람코스 추천 • 동·식물 학습 정보 제공 • AR보물찾기, OX 퀴즈 등 디지털 놀이 콘텐츠 제공
솔루션 구성 이미지	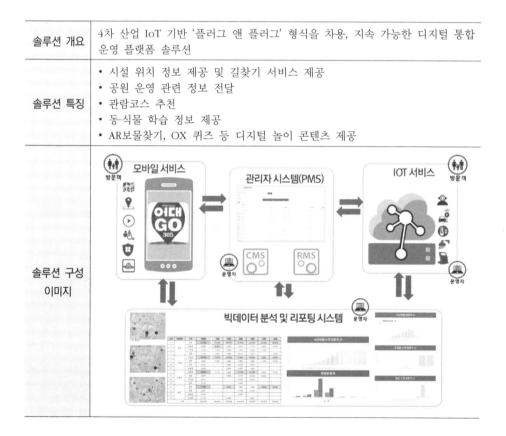

39 스마트 도시 데이터 플랫폼

데이터 중심 스마트시티 실현을 위해 실시간 도시의 데이터를 수집·분석·처리하는 스마트 시티 데이터 허브 플랫폼 기술 개발이 매우 중요하다. 그렇기에 여러 민간기업에서는 스마트시티 데이터 플랫폼 솔루션을 개발하고 있
다. 스마트 융복합 솔루션 1번에 소개되었던 스마트 아카이빙 시스템도 스마트 시티 데이트 플랫폼 솔루션 중의 하나이다.

진정한 의미의 스마트 도시를 실현하기 위해서는 스마트 도시에서 수집되는 수집되는 데이터를 융합해 복잡하고 다양한 도시 문제 해결하는 것이 매우 중요한데, 스마트시티 데이터 플랫폼은 다양한 도시 내 기존 시스템으로부터 데이터를 수집하고 변환·저장해 관리하고 이를 활용할 수 있는 다양한 데이터 응용 기술을 포괄하는 솔루션이다. 현재 국가에서는 '스마트시티 데이터 허브 연구개발 프로젝트'가 진행 중으로, 도시에 흩어진 다양한 시스템으로부터 데이터를 수집하고 표준 인터페이스와 데이터 모델로 관리, 이를 활용하는 기능을 제공해 다양한 도시 서비스 개발을 용이하게 하는 것을 목표로 하고 있다.

솔루션 개요	정형데이터와 비정형데이터를 수집, 저장, 가공, 분석하여 정책의사결정과 대민 서비스를 지원하는 시스템 솔루션
솔루션 특징	데이터 처리를 통한 시각화 및 API 제공
솔루션 구성 이미지	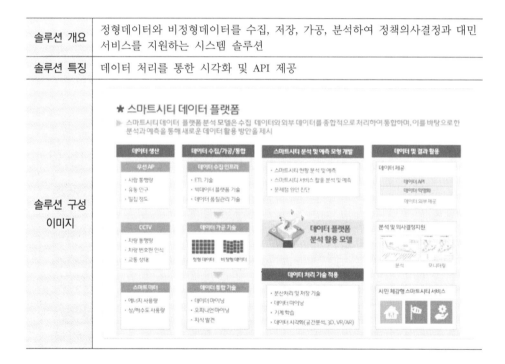

40   스마트 빌딩관리 시스템

    스마트 빌딩관 리시스템(Smart BMS)는 빌딩이나 공공시설물과 같은 건축물에 설치한 전력. 냉난방기, 입출입 보안관리시스템, 화재, 온습도등 다양한 센서나 디바이스를 게이트웨이를 통해 연결해 통합관제 서비스를 제공하는 솔루션으로 스마트 융복합 솔루션 22번에 소개한 BEMS 솔루션과 유사한 개념이다. 해당 솔루션은 지능형 시설관리서비스를 구축하도록 데이터 분석기, 규칙 온톨로지 추론엔진, 워크플로우 엔진을 제공하고, 특정 이벤트 상황이나 프로세스별로 손쉽게 관제할 수 있는 클라우드 시스템 기반으로 운영된다.

솔루션 개요	스마트 빌딩관리시스템(스마트 BMS)는 빌딩이나 공공시설물과 같은 건축물에 설치한 전력. 냉난방기, 입출입 보안관리시스템, 화재, 온습도등 다양한 센서나 디바이스를 게이트웨이를 통해 연결해 통합관제 서비스를 제공하는 솔루션
솔루션 특징	• 클라우드 기반 통합관리/ 모니터링 • 레거시 시스템 및 공공정보활용 • 통합 화재 관리서비스 ㅇ 실내 환경 관리 서비스 • 손님맞이 서비스 제공
솔루션 구성 이미지	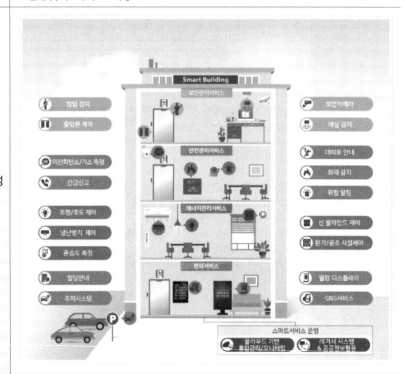

41 스마트 헬스케어 (Argos-HMS)

　　스마트 헬스케어란 기존 U-헬스(유비쿼터스 헬스)의 개념이 포괄하고 있던 U-메디컬, U-실버, U-웰니스와 건강관리, 영양, 운동처방, 환자 교육 등을 포함하는데, 스마트 기술을 활용하여 병원과 가정 등 언제 어디서나 환자의 상태를 지능적으로 모니터링하면서 관리하고 환자 정보와 질병 정보 들을 분석하여 실시간으로 맞춤형 서비스를 제공하는 것을 의미한다. 그리고 스마트 헬스케어 플랫폼은 스마트 헬스케어 서비스를 통해 구축된 정보 및 자료를 저장하고 빅데이터 분석을 통해 지능형 서비스를 제공하는 헬스케어 플랫폼 솔루션을 의미한다. 현재 실증사업, 솔루션 개발사업 등이 다양하게 진행되고 있으며, 규제샌드박스 지역을 시작으로 스마트 헬스케어 서비스가 본격적으로 시행될 것으로 예상된다.

솔루션 개요	다양한 형태의 헬스케어 디바이스에서 수집되는 센싱 정보들을 유/무선 네트워크를 통해 헬스케어 표준 규약 및 비표준 방식으로 빠르고 안정적으로 수집하고, 또한 빅데이터 분석을 통해 자동화된 지능형 서비스 제공이 가능한 개방형 헬스케어 플랫폼 솔루션
솔루션 특징	• 실시간 헬스케어 디바이스 데이터 수집 및 분석 • Workflow 엔진을 이용한 이벤트 통지 기능 • 다양한 헬스케어 정보제공을 위한 OPEN API 제공 • 맞춤형 운영관리 화면 제공 • 개발자 지원 웹서비스 운영 및 기술지원 • 개발 가이드 및 단말 SDK 라이브러리 제공
솔루션 구성 이미지	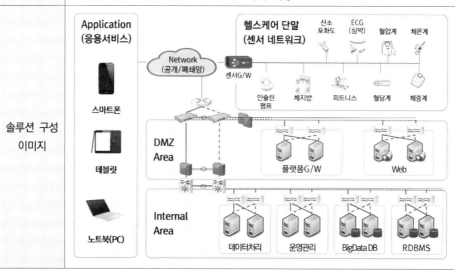

42 수질관리 시스템

　　수질관리 시스템 솔루션은 취수장, 정수장, 배수지 등의 수질 모니터링 또는 감시제어 시스템과 연동을 통한 실시간 수질자료 수집 및 분석을 가능하게 하는 솔루션이다. 주요 기능으로 수질모니터링, 수질정보 조회, 통계 분석, 상관성 분석, 경보조회, 약품 사용량 조회 등이 가능하며, 현재 울산광역시 통합 물 관리센터 구축에 도입되어 있다.

솔루션 개요	취수장, 정수장, 배수지 등의 수질 모니터링 또는 감시제어시스템과 연동을 통한 실시간 수질자료 수집 및 분석하는 솔루션
솔루션 특징	실시간 수질 계측 데이터 기반의 모니터링 및 수질항목별 트렌드 분석 수질 항목별 기준값 설정으로 경보 이력 관리 계절, 시간, 기온 등 수질 영향인자에 대한 상관 관계 분석
솔루션 구성 이미지	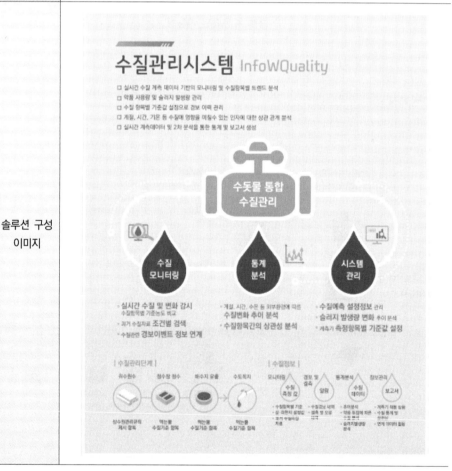

43   맑은공기 에어돔

　맑은공기 에어돔은 공기밀도 제어 기술로 돔(Dome)형상의 공기막을 형성하여 외기 미세먼지 유입을 방어하고 돔 내부는 맑은 공기로 채우는 옥외용 대피 솔루션이다. 해당 솔루션은 3시간 마다 축구장 1개 정도의 넓이를 정화할 수 있으며, 미세먼지 방어 및 저감, 폭염 시 쿨링, 미세먼지 로컬 정보 등 다양한 기능을 제공하며 4계절 운영이 가능하다. 또한 외부 온도 15도 이하가 되면 자동으로 벤치에 온열기능이 작동하며, 급속 무선 충전기능도 제공한다. 2019년 서울시 및 SBA(서울산업진흥원)의 실증사업으로 양재역 1번 출구에 설치된 이후 국립부산과학관, 동작구 흑석역, 강남구 및 서초구 등에 설치가 되었다.

솔루션 개요	매년 증가하는 초/미세먼지의 공격에 능동적인 대응과 최소한의 야외안전을 보장하기 위한 옥외용 대피 쉼터 솔루션
솔루션 특징	• 초/미세먼지 저감, 방어 (초/미세먼지 나쁨 시 자동가동) • 혹서기 쿨링 기능 (외부온도 33도 이상 시 자동가동) • 21.5인치 디스플레이 (미세먼지 저감율, 지자체 공지사항 표출) • 미세먼지 신호등 역할 (해당지역의 정확한 로컬정보) • 초/미세먼지 데이터 제공 일, 주, 월, 년 단위로 축척된 데이터를 엑셀 자료로 활용할 수 있는 기능 제공 (지속적인 관리 기능)
솔루션 구성 이미지	

44 여성거주지 안심 서비스

  여성거주지 안심 서비스는 1인 여성 인구 증가하고 있는 성범죄, 여성폭력 등을 예방하고, 긴급상황 발생 시 즉각 대응할 수 있도록 거주지 내 침입 및 움직임 감지 센서를 통해 외부인 침입 정보를 수집하여 개인 스마트폰에 SMS 알람 정보 및 통합관제센터로 침입 정보를 전송하는 서비스 솔루션이다.

  여성거주지 안심 서비스는 안양시에서 행정안전부 특별교부세 공모사업에 선정되어 성공적인 사업으로 전국 지자체로 확대되고 있다. 안양시의 경우 여성만 거주하는 가정의 보안이 취약한 장소(창문이나 베란다 등)에 ① 침입(동작)감지 센서와 ② 스마트 스테이션을 설치하고, ③스마트폰을 연계하면 외부 침입자 발생시 스마트폰으로 SMS를 받을 수 있다. 그리고 방범 CCTV와 최첨단 인프라를 바탕으로 외부 침입자 도주경로를 U-통합상황실에서 모니터링하고 긴급상황 발생시 신속한 대응을 위해 유관기관(112, 119)에 침입정보를 전파하여 긴급출동을 지원하는 형태로 운영되고 있다.

솔루션 개요	적외선 열감지 센서와 스마트스테이션을 기반으로 외부침입을 감지하여 통합플랫폼과 연계하여 실시간 대응하는 서비스 솔루션
솔루션 특징	• 침입(동작)감지 센서, 스마트 스테이션을 설치하고 스마트폰과 연계하면 침입자 발생 시 SMS를 받을 수 있으며, 통합관제센터에 침입 정보가 실시간으로 전송
솔루션 구성 이미지	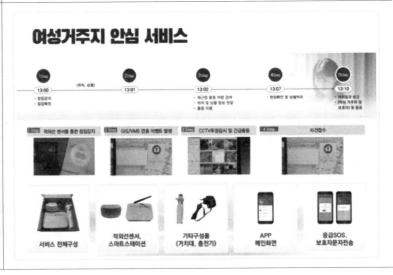

45 스마트 교차로 시스템

　　스마트 교차로 시스템은 딥러닝 기술을 이용한 차량과 보행자를 검출/추적 기능을 이용하여 각종 교통정보(통행량, 차량속도, 차량밀도, 정지차량수)를 생성하고, 교차로의 교통정보를 활용해서 기존 TOD방식의 비효율성을 개선할 수 있는 스마트 교통 솔루션이다. 스마트 교차로 시스템 솔루션은 효율적인 교통신호를 생성하고 교차로 감응 신호분석을 통한 신호제어 시스템 연계로 효과를 증대시키며, 모빌리티 빅데이터와 교차로 분석데이터 결합하여 연계활용이 가능하다.

　　국토교통부에서도 교통량이 많은 시간대(첨두시, peak time)와 그렇지 않은 시간대가 큰 주요 도로의 교통흐름 개선에 효과가 있는 것을 확인하고 2020년까지 전국 746개소에 스마트 교차로 시스템을 도입하였으며, 2021년에는 전국 31개 지자체 1,224개소에 스마트 교차로 시스템 구축을 추진하고 있다.

솔루션 개요	주요교차로에 카메라를 설치하고 수집되는 영상을 이용, 다양한 차로별 교통정보(교통량, 차종구분, 점유율 등)를 수집하고 교차로간 구간속도정보 생성 및 최적의 신호주기를 산출하는 솔루션
솔루션 특징	• 차량 검지 - 접근로별 회전교통량, 점유율, 대기행렬길이 • 수집 구간 - 단속류(교차로), 연속류 • 차종 분류 - 소형(세단, SUV, 승합, 2.5톤 미만 트럭 등), 대형(2.5톤 이상 트럭 등), 버스 • 구간링크 통행속도 산출 (다구간 구축 시) • 보행 검지 - 보행자, 자전거, 개인교통수단 등
솔루션 구성 이미지	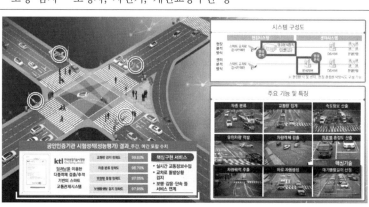

45 지능형 물류 관제 시스템

지능형 물류 관제 시스템(Intelligence Supply Chain Management System)은 물류 솔루션과 자동화 설비를 통한 물류 프로세스의 표준화, 자동화 및 정보 가시화를 지원하는 솔루션이다.

지능형 물류 관제 시스템을 도입하여 운영하게 되면 실내측위 기술을 포함한 IoT기술을 연계, 물류 현장에 투입된 자원(인력, 장비, 설비)의 위치와 운영 상황을 AR/VR 기반의 실감형 관제센터를 통해 실시간 모니터링 서비스가 가능하다. 또한 물류센터 내 보관하역 및 운송업무를 표준 프로세스 기반의 운영시스템으로 구축이 가능하며, 고객의 물류운영 환경과 용량를 고려하여 최적의 물류 자동화 설비를 공급~설치~유지보수가 가능하다. 그리고 생산성을 극대화하기 위한 창고관리 시스템 운영이 가능하게 된다. 현재 국내 주요 물류기업에서는 자체 시스템을 개발하여 스마트 물류 시스템을 운영하고 있다.

솔루션 개요	물류 현장의 운영 및 위험 상황을 실시간 모니터링하고 제어하는 지능형 '통합 관제센터', 물류 운영 시스템 ELiSS를 통한 물류 현장 효율화와 물류 자동화를 지원하는 '자동화 설비 및 설비 제어 시스템'을 구축하는 솔루션
솔루션 특징	• 지능형 통합 관제센터 구축 • 물류 표준 솔루션 기반 시스템 구축 • 물류 자동화 설비 및 제어 시스템 구축
솔루션 구성 이미지	

47   드론 다중운용 플랫폼

　　드론 다중운용 플랫폼은 무인항공기를 지상에서 조종 및 운용하기 위한 솔루션으로서 비행조종, 임무계획, 영상처리 등의 기능들을 통합적으로 제공하고, NATO의 STANAG 4586 표준 프로토콜을 수용함으로서 다기종의 무인기에 적용할 수 있는 상호 운용성을 제공하는 솔루션이다. 주요기능으로서 다중 운용 스마트 비행 컨트롤러, 복수 임무 스마트 미션 컨트롤러, 융·복합 처리로 정보분류 및 전달, 클라우드기반 임무·정보서비스 등이 가능하다. 현재 군 기관, 전북 고창군, 충남 서산시 등에서 플랫폼이 구축되어 운영되고 있다.

솔루션 개요	이종/다종의 무인항공기를 동시에 조종 및 운용하기 위한 IOT기반의 다중운용 플랫폼으로 표준, 비표준의 네트워크 및 클라우드 기반의 정보수집과 처리를 통해 End-User의 서비스 설정에 따른 비행조종, 임무계획, 임무정보처리등의 기능을 Layer기반의 통합 GUI를 통해 통합 드론 서비스 플랫폼을 구축하는 솔루션
솔루션 특징	• 기술적 완성도가 높은 ICBM기반 이종·다종 드론플랫폼의 적용으로 다양한 임무서비스 창출 • IoT/ESB 메시징 인프라의 이기종 동시제어 및 시맨틱 기반의 정보관리로 운용성 제공 • 공통기능 및 인터페이스 제공으로 비용 절감 및 구축기간 단축 • 표준/비표준 프로토콜 지원 및 PaaS기반 데이터처리로 맞춤형 서비스 제공
솔루션 구성 이미지	

48 블록체인 기반 Iot 스마트캠퍼스 시스템

블록체인 기반 Iot 스마트캠퍼스 시스템은 각종 센서들을 활용하여 캠퍼스 공간 안의 다양한 정보를 수집하여 안전하고 편안한 공간을 제공하며, 웹, 앱에서 스마트 공간 사용을 예약하고, NFC, 인터넷 연결을 통해 공간에 출입하고 모든 공간 사용을 제어 관리 및 모니터링이 가능한 솔루션이다.

블록체인, 인공지능, Iot의 기술이 결합되어 환경센서를 통한 캠퍼스 공간 상태 관리 서비스, 블록체인 기반 캠퍼스 공간의 스마트 출입제어 서비스, 웹, 앱에서 공간 사용을 예약하고, NFC, 인터넷 연결을 통해 공간에 출입할 수 있도록 하는 서비스, 출입기록 등은 블록체인에 저장하여 위변조 방지하는 서비스, 캠퍼스 공간 조회, 예약 등 관리 서비스 등 스마트캠퍼스 통합관리를 위한 종합 서비스를 제공한다. 특히 환경센서를 통한 캠퍼스 내 시설에 대한 공간상태를 실시간으로 모니터링하고, 공간상태에 다른 최적화 된 환경 상태 정보를 제공하는 것이 특징이다.

2019년에 고려대학교 신축 건물에 AI 공간관리시스템에 처음 도입되었으며, 코로나19 이후 대학에서 캠퍼스 공관리시 시스템 구축에 대한 관심이 높아지고 있다.

솔루션 개요	각종 센서들을 활용하여 캠퍼스 공간 안의 다양한 정보를 수집하여 안전하고 편안한 공간을 제공 서비스를 지원하는 솔루션
솔루션 특징	• 캠퍼스 공간의 출입제어 수단으로 다양한 방법을 선택하여 적용 가능 • 블록체인 기반 캠퍼스 공간의 스마트 출입제어 서비스 • 웹, 앱에서 공간 사용을 예약하고, NFC, 인터넷 연결을 통해 공간에 출입가능 • 출입기록 등은 블록체인에 저장하여 위변조 방지 • 캠퍼스 공간 조회, 예약 등 관리 서비스
솔루션 구성 이미지	

49 캅시스 (스마트 도시 이동형 전자상황판)

 스마트시티 이동형 전자상황판은 스마트 시티 공공안전관리를 위한 모든 솔루션을 담은 통합관제 상황을 제공하는 상황판 솔루션이다. 도시 공공안전관리에 필요한 교통, 시설물관리, 소방방재, 도시행정, 치안안전 등의 정보 등에 대해 서비스가 가능하다. 빅데이터, 클라우드 기능 등의 주요기술이 결합되어 상황실 대응 현황 Display 및 CCTV 영상 조회, 지도 기능, 사건 정보 등록, 사건 조회, 모바일 단말기로 정보 제공이 가능하다. 그리고 COPSYS 센터와 연계된 모바일 단말기로 화상 회의 기능, 멀티태스킹, 업무용 대화(채팅기능)가 가능하며, 지도 위 CCTV 아이콘 선택 후 영상 확인, 기존 CCTV 인프라 연계 활용, 외부 CCTV 영상 채널 확인도 가능하다. 또한 지능형 분석 결과를 제공하는데 사건 분모맵, 히트맵, 누적맵 형태로 시각화할 수 있으며, 구역별, 사건유형별, 시간대별 등으로 정보 유형을 구분하여 통계화도 가능하다.

솔루션 개요	스마트 도시의 이동형 전자상황판으로, 다양한 분야에서 적용이 가능한 콘솔형 올인원 소프트웨어 및 하드웨어 통합관제 솔루션
솔루션 특징	콘솔형 올인원 Software 및 Hardware 통합 관제 솔루션으로, 기존의 상황실 구축 대비 저렴한 비용으로 소규모 상황실 구축 가능
솔루션 구성 이미지	

▶ COPSYS Hardware 구성
- **COPSYS 합체**
- 메인 서버 (1대)
- 운영 PC (1대)
- 디스플레이용 TV 70" Ultra HD
- 화상회의용 카메라 Full HD (Full 1080 PIXEL HD)

50 실내(IN 빌딩) 유동인구 계측 시스템

   실내 유동인구 계측 시스템은 '인체를 감지하는 적외선 IR ToF 센서'와 '스마트폰의 무선 신호를 감지하는 Wi-Fi 센서'를 기반으로, 다중 이용 건축물의 실시간 유동인구 데이터를 수집하는데 특화 된 솔루션이다. 해당 솔루션을 통해 수집된 데이터는 코로나19 대비 시설물 유동인구 밀집도 분석등에 사용될 수 있으며 재난 상황 시에는 효율적인 구조를 위한 의사결정에 활용될 수 있다.

   Iot, LoRa, 빅데이터, 머신러닝 등의 기술이 융복합되어 계측 정확도가 높은 두 가지 센서를 상호 보완적으로 융합하여 솔루션을 제공하여 유동인구 계측 정확도가 높다. 또한 고도화된 정확도로 실제 재난 상황 시 유동인구 이동 동선, 체류 장소 등 실시간 데이터와 연계하여 효율적인 구조 환경을 제공하며, 실시간 모니터링 데이터를 기반으로 에너지 소비와 관련된 효율적인 방안을 마련하는데 활용될 수 있다.

   현재 서울을 비롯한 대도시의 다중이용 건축물과 지하철, 도서관, 병원, 국방시설 등에 구축되어 있다.

솔루션 개요	'인체를 감지하는 적외선 IR ToF 센서'와 '스마트폰의 무선 신호를 감지하는 Wi-Fi 센서'를 기반으로, 다중 이용 건축물의 실시간 유동인구 데이터를 수집하는 솔루션
솔루션 특징	• 다중 이용 건축물의 실내 유동인구 분석을 위한 IoT 센서 구축 • 실시간 유동인구 데이터 기반 시설물 안전 대응 통합관리체계 구축 • 실내 방문객 데이터 특성 분석 (공간 붐빔도, 재실 확인, 유동인구 추이, 체류 시간 등) 모니터링 제공 • 재실 여부에 따른 건물 경비 체계 정리 등 스마트 빌딩 관리 솔루션 연계 • 코로나19, 실내 유동인구 공간 붐빔도 분석을 통한 거리두기 성과 측정
솔루션 구성 이미지	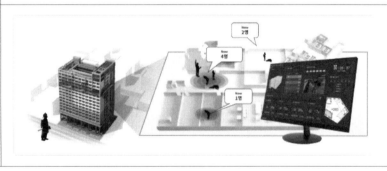

02 스마트 도시계획의 제도 및 내용[2]

| 01   스마트 도시 종합계획

1) 정의

스마트 도시 종합계획은 국가차원의 스마트 도시의 비전과 기본방향, 스마트 도시의 실현을 위한 국가차원의 추진체계 및 단계별 추진전략, 실천과제 등을 담은 종합계획으로 5년 단위로 수립하는 중단기계획임. 향후 지자체에서 수립하는 스마트 도시계획의 기본이 되며, 국토종합 계획에서 제시하는 방향과 조화를 이루어야 함

‖ 스마트 국토계획의 체계 ‖

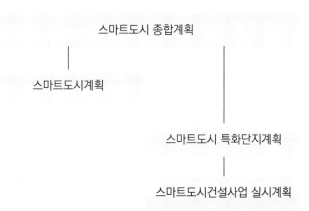

스마트도시 종합계획

스마트도시계획

스마트도시 특화단지계획

스마트도시건설사업 실시계획

2 부록2 스마트 도시계획은 국토계획 표준품셈에 제시되어 있는 스마트 도시 계획 수립에 포함되어야 하는 필수내용을 정리하였음

2) 업무범위와 추진절차

가. 업무범위

국토전역을 대상으로 하여 미래의 경제적·사회적 변동에 대응하여 민족 삶의 터전인 국토를 대상으로 스마트 도시의 미래상과 장기적 발전방향을 종합적으로 설정함으로써 스마트 도시 서비스 보급·확산을 위한 기본방향과 추진전략을 수립하고, 미래 선점을 위한 기술개발, 산업활성화 방안, 전문인력 양성, 해외진출 활성화 방안 등에 관한 정책방향을 제시하는 국가의 최상위 스마트 도시 종합계획을 작성함

나. 추진절차

‖ 계획수립추진절차 ‖

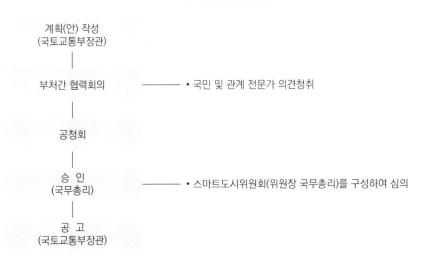

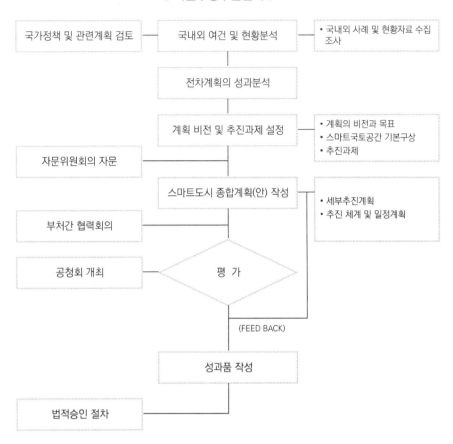

∥ 과업수행추진절차 ∥

국가정책 및 관련계획 검토 — 국내외 여건 및 현황분석 — • 국내외 사례 및 현황자료 수집 조사

전차계획의 성과분석

계획 비전 및 추진과제 설정 — • 계획의 비전과 목표 / • 스마트국토공간 기본구상 / • 추진과제

자문위원회의 자문

스마트도시 종합계획(안) 작성 — • 세부추진계획 / • 추진 체계 및 일정계획

부처간 협력회의

공청회 개최 — 평 가

(FEED BACK)

성과품 작성

법적승인 절차

3) 투입인원수 산정기준

스마트 도시 종합계획의 품 산정은 업무성격상 장기간의 계획수립기간과 계획의 특수성으로 다른 계획분야와 유사하게 산정하기가 난이(難易)하므로, 업무범위, 추진절차 등만을 수록하여 업무추진에 참고가 되도록 하였으며, 직접인건비 등에 관한 품 산정은 과업의 특수성을 충분히 감안하여 발주자와 사업수행자가 협의하여 결정하되 관련 유사부분을 준용하여 산정하도록 함

02 스마트 도시계획

1) 정의

스마트 도시계획은 스마트 도시 종합계획에서 제시된 시·군의 중단기적인 발전방향을 행정구역내에 구체화하고 실현시키는 계획으로 행정·교통·보건·의료·복지·환경·에너지·수자원 ·방범·방재·시설물관리·교육·문화·관광·스포츠·물류·근로·고용·주거 등에 관한 스마트 도시 서비스 및 스마트 도시 인프라 구축 및 관리·운영, 스마트 도시 기능호환·연계 등 상호협력, 관계행정기관 간 역할분담, 재원조달, 단계별 집행계획을 포함하는 계획임

2) 업무범위와 추진절차

가. 업무범위

스마트 도시계획은 당해 도시의 장래 목표년도에 적합한 스마트 도시 목표달성을 위하여 다음의 스마트 도시계획을 그 도시의 특성에 맞게 수립하여야 함

- 지역적 특성 및 현황과 여건 분석에 관한 사항
- 지역적 특성을 고려한 스마트 도시건설의 기본방향과 계획의 목표 및 추진전략에 관한 사항
- 스마트 도시건설사업의 단계별 추진에 관한 사항
- 스마트 도시건설사업 추진체계에 관한 사항
- 관계 행정기관 간 역할분담 및 협력에 관한 사항
- 스마트 도시기반시설의 구축 및 관리운영에 관한 사항
- 지역적 특성을 고려한 스마트 도시서비스에 관한 사항
- 스마트 도시건설 등에 필요한 재원의 조달 및 운영에 관한 사항
- 그 밖에 스마트 도시건설 등에 필요한 사항으로서 대통령령으로 정하는 사항

나. 추진절차

계획수립추진절차

과업수행추진절차

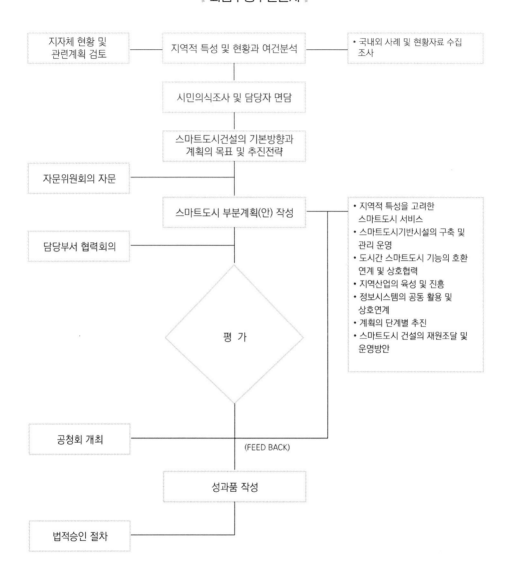

```
지자체 현황 및          지역적 특성 및 현황과 여건분석          • 국내외 사례 및 현황자료 수집
관련계획 검토                                                      조사

                      시민의식조사 및 담당자 면담

                      스마트도시건설의 기본방향과
                        계획의 목표 및 추진전략

자문위원회의 자문

                      스마트도시 부분계획(안) 작성          • 지역적 특성을 고려한
                                                            스마트도시 서비스
                                                          • 스마트도시기반시설의 구축 및
담당부서 협력회의                                            관리 운영
                                                          • 도시간 스마트도시 기능의 호환
                                                            연계 및 상호협력
                                                          • 지역산업의 육성 및 진흥
                                                          • 정보시스템의 공동 활용 및
                              평 가                          상호연계
                                                          • 계획의 단계별 추진
                                                          • 스마트도시 건설의 재원조달 및
                                                            운영방안

공청회 개최                   (FEED BACK)

                          성과품 작성

법적승인 절차
```

3) 기본업무별 주요내용

구 분	업무내용	내 용
1. 현황조사 및 여건분석	① 스마트 도시 관련 정책 및 계획	• 스마트 도시종합계획의 비전 및 목표, 세부내용 등을 분석하여 시사점 도출 • 중앙부처별 사업추진방향 및 정책방향 검토
	② 관련계획 및 인구, 기반시설	• 지자체 도시기본계획에서의 도시개발 방향 및 신규 개발계획 검토 • 정보화계획 또는 관련계획에 있는 정보화관련 추진계획 검토
	③ 스마트 도시건설 및 정보화 관련 법령	• 스마트 도시 서비스 및 인프라 구축에 관한 내용 검토 • 서비스구축시 관련법의 규제사항 검토
	④ 스마트 도시건설 및 정보통신 관련기술	• 정보통신관련 기술 중에서 지자체에 보급확산된 기술과 신규 기술 적용성 검토
	⑤ 스마트 도시 정보시스템 현황	• UPIS 및 KLIS 등과 같은 토지지적관련 시스템 현황조사 • 각종 정보화시스템의 운영현황 조사
	⑥ 스마트 도시 공공시설, 정보통신망, 운영센터 구축 현황	• 지자체 지능화된 시설 구축 및 유지관리 현황 • 자가망 운영현황 및 구성, 구축계획 • 도시통합운영센터 구성 및 조직 현황조사
	⑦ 스마트 도시 서비스 구축 및 운영현황	• 행정·교통·방범·방재 등 분야별 서비스 구축 및 운영현황 조사
	⑧ 스마트 도시 관련 조직 및 업무 현황	• 행정·교통·방범·방재 등 분야별 서비스를 운영 조직 • 빅데이터 및 스마트 도시관련 기획 업무 조직 현황 조사
	⑨ 도시개발사업 추진현황 및 향후 계획	• 도시개발사업의 토지이용계획과 연계되는 서비스 풀 마련 • 지자체와 정보연계가능한 도시정보체계 구축
	⑩ 시민설문조사	• 일반 시민을 대상으로 도시의 잠재력 및 주거만족에 관한 사항 조사
2. 계획의 목표 및 추진전략	① 기본방향설정	• 현황분석 및 여건분석을 바탕으로 방향설정
	② 계획의 목표 설정	• 현황분석 및 시정정책방향의 시사점을 바탕으로 비전 및 목표 추진전략 설정
	③ 계획지표 설정	• 계획 목표 달성을 위한 기간별 목표량 등을 지표 형태로 작성

구 분	업무내용	내 용
3. 부문별계획	① 스마트 도시 공공시설 구축 계획	• 도로 및 주요시설을 고려하여 지능화된 시설 구축을 위한 위치 등이 포함된 구축계획 수립
	② 정보통신망 구축계획	• 현황조사를 통한 자가망 또는 임대망 활용방안 결정과 스마트 도시 서비스 통신수요 분석을 통한 확장계획 수립
	③ 스마트 도시 운영센터 구축 계획	• 지자체 현황분석을 종합하여 기존 시설의 활용가능성 및 신규 시설확장 계획 수립
	④ 스마트 도시 기반시설 계획	• 스마트 도시 서비스와 연계 가능한 정보통신망 구축계획 수립 • 정보통신망이나 도시통합운영센터 관리 운영을 위한 계획수립
	⑤ 정보시스템의 공동 활용 및 연계 계획	• 기존 정보시스템 구축 현황 및 운영현황을 조사하여 정보시스템의 통합운영 방안 마련
	⑥ 지역산업의 육성 및 진흥 계획	• 스마트 도시 관련 지역의 산업군 마련 • 산업간 연계를 통한 진흥 및 인재 육성계획 수립
	⑦ 유관기관 및 관련계획의 연계성 확보계획	• 정부 기관의 스마트 도시계획 관련 정책이나 사업과 연계 계획 수립 • 도시·군기본계획 등 관련계획과 연계방안 제시
	⑧ 개인정보 보호 및 기반시설 보호에 관한 계획	• 스마트 도시 서비스 및 데이터 활용 시 고려될 개인정보 보호 및 기반시설 보호 계획 수립
	⑨ 도시정보의 생산·수집·가공·활용·유통 계획	• 기존 정보시스템 및 신규 정보시스템 등에서 생산되는 데이터의 생산·수집·가동·유통을 포함하는 계획수립
	⑩ 조직운영계획	• 스마트 도시의 기획 및 구축을 위한 조직체계 계획 수립
4. 도시서비스 계획	① 기본 서비스 계획	• 스마트 도시로서 기본적인 서비스 구축 및 서비스 운영 계획 수립
	② 특화 서비스 계획	• 해당 지역에 특화된 서비스를 도출하고 서비스를 위한 데이터 생산·수집·가동·유통을 포함하는 계획 수립
5. 계획추진 방안	① 단계별추진계획	• 계획기간을 고려하여 스마트 도시 서비스 및 기반시설의 구축비용 산정 • 지자체 예산규모를 고려한 구축비용의 연차별 집행계획 수립
	② 스마트 도시 건설사업 추진 체계 설정	• 스마트 도시 서비스 및 기반시설 구축을 위한 추진체계 수립

③ 관계 행정기관 간 역할분담 및 협력 계획	• 스마트 도시 서비스 관련 행정기관 간 역할분담 및 연계·협력 계획수립
④ 기반시설의 조성 및 관리·운영 계획	• 정보통신망 및 도시통합운영센터의 운영을 위한 전담조직 및 관리운영계획 수립
⑤ 재원조달 및 운영계획	• 단계별 추진계획과 연계된 재원조달 및 운영계획 수립

4) 투입인원수 산정기준

구 분	업 무 내 용	표준단위	기준인원수(인·일/표준단위)						비고
			기술사	특급	고급	중급	초급	보조원	
1. 현황조사 및 여건분석	① 스마트 도시 관련 정책 및 계획	1식	0.2	0.3	0.6	0.9	1.5	1.8	주1
	② 관련계획 및 인구, 기반시설		0.2	0.3	0.6	1.9	1.5	1.8	
	③ 스마트 도시건설 및 정보화 관련 법령		0.2	0.2	0.5	0.9	1.3	1.3	
	④ 스마트 도시건설 및 정보통신 관련 기술		0.2	0.2	0.5	0.9	1.3	1.3	
	⑤ 스마트 도시 정보시스템 현황		0.8	1.5	4.5	7.5	12.0	18.5	
	⑥ 스마트 도시 공공시설, 정보통신망 등 구축 현황		0.8	1.5	4.5	7.5	12.0	18.5	
	⑦ 스마트 도시 서비스 구축 및 운영 현황		0.8	1.5	4.5	7.5	12.0	18.5	
	⑧ 스마트 도시 관련 조직 및 업무현황		0.2	0.2	0.5	0.9	1.3	1.3	
	⑨ 도시개발사업 추진 현황 및 향후 계획		0.1	0.2	0.4	0.6	1.0	1.3	
	⑩ 시민설문조사		0.4	0.6	1.5	1.8	4.1	3.8	
	소 계		3.9	6.5	18.1	29.4	48.0	68.1	
2. 계획의 목표 및 추진전략	① 기본방향설정	1식	0.7	1.1	3.3	5.0	2.6	2.7	
	② 계획의 목표 설정		1.3	2.0	4.4	7.3	5.6	6.1	
	③ 계획지표설정		1.3	2.0	4.4	7.3	5.6	6.1	
	소 계		3.3	5.1	12.1	19.6	13.8	14.9	
3. 부문별 계획	① 스마트 도시 공공시설 구축계획	1식	1.7	2.7	8.6	11.2	12.4	13.0	
	② 정보통신망 구축계획		1.1	1.7	5.3	7.5	8.1	11.7	
	③ 스마트 도시 운영센터 구축계획		0.7	1.1	3.0	6.0	6.4	6.3	
	④ 스마트 도시 기반시설 계획		1.7	2.7	8.6	11.2	12.4	13.0	
	⑤ 정보시스템의 공동 활용 및 연계 계획		0.7	1.1	3.0	6.0	6.4	6.3	
	⑥ 지역산업의 육성 및 진흥 계획		0.7	1.2	3.5	5.0	5.4	7.8	
	⑦ 유관기관 및 관련계획의 연계성 확보계획		0.2	0.3	0.6	0.9	1.5	1.8	
	⑧ 개인정보 보호 및 기반시설 보호에 관한 계획		1.7	2.7	8.6	11.2	12.4	13.0	
	⑨ 도시정보의 생산·수집·가공·활용·유통계획		0.7	1.1	3.0	6.0	6.4	6.3	
	⑩ 기반시설 관리·운영계획		0.7	1.1	3.0	6.0	6.4	6.3	
	소 계		9.9	15.7	47.2	71.0	77.8	85.5	

구분	세부항목	단위							비고
4. 도시서비스계획	① 기본 서비스 계획	1식	4.9	7.8	23.4	35.4	38.9	42.8	
	② 특화 서비스 계획		4.9	7.8	23.4	35.4	38.9	42.8	
	소　　계		9.8	15.6	46.8	70.8	77.8	85.6	
5. 계획추진방안	① 단계별추진계획	1식	0.3	0.5	1.7	2.3	3.3	2.4	
	② 스마트 도시건설사업 추진체계 설정		0.3	0.5	1.7	2.3	3.3	2.4	
	③ 관계 행정기관 간 역할분담 및 협력 계획		0.4	0.6	0.9	1.4	2.2	1.6	
	④ 기반시설의 조성 및 관리·운영계획		0.4	0.5	1.7	2.5	3.3	2.4	
	⑤ 재원조달 및 운영계획		0.5	0.8	1.8	3.5	3.7	3.3	
	소　　계		1.9	2.9	7.8	12.0	15.8	12.1	
6. 성과품작성	① 보고서작성 및 편집	1식	1.0	1.6	3.9	7.4	8.0	8.7	
	② 관련도서작성		0.5	0.8	2.0	3.7	11.9	13.0	
	소　　계		1.5	2.4	5.9	11.1	19.9	21.7	
계			30.3	48.2	137.9	213.9	253.1	287.9	
7. 기술협의	① 공청회/주민설명회	1식	1.0	1.0	1.0	2.0	2.0	2.0	주3
	② 위원회심의 지원		1.0	1.0	1.0	2.0	2.0	2.0	
	③ 관계기관 협의		1.0	1.0	1.0	2.0	2.0	2.0	
	소　　계		3.0	3.0	3.0	6.0	6.0	6.0	

처주 : 1) 기초자료는 발주자가 제공하여야 하며, 제공하지 못하는 자료에 대하여는 도시계획 기초조사 품을 참조하여 별도 산정함
2) 스마트 도시 건설사업 실시계획은 별도의 품셈을 적용함
3) 기술협의는 2회 이내 기준이며, 횟수가 늘어날 경우 증가배수에 해당하는 작업품과 비용을 가산함
4) 스마트 도시 시민 리빙랩은 별도의 품셈을 적용함
5) 계획면적은 당해 도시의 용도지역상 도시지역 면적을 원칙으로 함

5) 작업량 보정계수 산정

가. 과업면적의 대소에 대한 작업량 보정계수 산정

도시의 계획면적이 기준면적을 초과하거나 못 미치는 경우의 직접인력 소요작업량의 산정을 위한 보정계수(α)는 다음의 식에 의해 산정함

$$\alpha = \left(\frac{계획면적}{기준면적}\right)^{0.5} = \left(\frac{A}{50}\right)^{0.5}$$

α = 보정계수

A = 계획면적(km^2)

〈계획단위 면적별 보정계수〉

계획면적(㎢)	보정계수(α)	계획면적(㎢)	보정계수(α)
10	0.447	60	1.095
20	0.632	70	1.183
30	0.775	80	1.265
40	0.894	90	1.341
50	1.000	100	1.414

주: 계획면적이 10㎢ 미만인 경우에는 계획면적 10㎢를 기준으로 하며, 100㎢ 이상인 경우에는 100㎢를 기준으로 산정함

나. 대상지 특성에 따른 난이도 보정계수 산정
　　원활한 스마트 도시 서비스 제공·연계를 위한 해당 지자체의 정보통신 인프라 및 정보시스템 운영현황 등에 따른 난이도 보정계수(β)는 다음의 식에 의해 산정함

〈계획단위 면적별 보정계수〉

구 분	난이도 보정계수(β)
정보자원이 빈약, 제한적 대시민 서비스 운영 중	0.8
정보자원이 보통이면서 보편적 대시민 서비스 운영 중	1.0
정보자원이 풍부하면서 다양한 대시민 서비스 운영 중	1.2

6) 표준 성과품

성과구분	표준성과도서			비 고
	구 분	규 격	제출부수	
구상도	•스마트 도시 종합구상도	1/25,000	2부	
보고서	•스마트 도시계획 보고서 (요약보고서 및 자료집 별도)	A4	30부	

주: 1) 제출부수 및 성과품 종류가 증가할 경우에는 증가배수에 해당하는 작업품과 비용을 가산함
　　2) 계획보고서 및 기타 관련 자료의 규격 및 제출부수는 발주자와의 협의에 의하여 비용을 산정함

03 스마트 도시 특화단지계획

1) 정의

스마트 도시 특화단지계획은 기성시가지를 대상으로 지역 수요에 최적화된 상용화 단계의 스마트 도시서비스 적용방안과 스마트 도시서비스의 효율적 운영을 위한 정보통신망 구축계획, 특화단지에서 수집되는 데이터의 도시통합운영센터로의 연계방안, 단계별 집행계획 등이 포함된 계획임

2) 업무범위와 추진절차

가. 업무범위

스마트 도시 특화단지계획은 당해 도시의 장래 목표년도에 적정규모의 도시개발지표 달성을 위하여 다음의 도시계획을 그 도시의 특성에 맞게 수립하여야 함
- 대상지 현황 및 사업의 필요성 조사
- 특화단지 비전 및 전략에 관한 사항
- 특화단지 추진계획에 관한 사항
- 단계별 세부사업 추진방안에 관한 사항
- 스마트 도시구축에 필요한 기타에 관한 사항

나. 추진절차

‖ 계획수립추진절차 ‖

과업수행추진절차

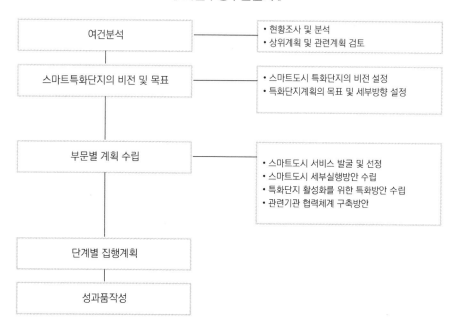

여건분석
• 현황조사 및 분석
• 상위계획 및 관련계획 검토

스마트특화단지의 비전 및 목표
• 스마트도시 특화단지의 비전 설정
• 특화단지계획의 목표 및 세부방향 설정

부문별 계획 수립
• 스마트도시 서비스 발굴 및 선정
• 스마트도시 세부실행방안 수립
• 특화단지 활성화를 위한 특화방안 수립
• 관련기관 협력체계 구축방안

단계별 집행계획

성과품작성

3) 기본업무별 주요내용

구 분	업무내용	내 용
1. 현황조사 및 여건분석	① 관련 정책 및 계획 분석	• 스마트 도시종합계획의 비전 및 목표, 세부내용 등을 분석하여 시사점 도출 • 중앙부처별 사업추진방향 및 정책방향 검토
	② 스마트 도시 기반시설 조사 분석	• 지자체 지능화된 시설 구축 및 유지관리 현황 • 자가망 운영현황 및 구성, 구축계획 • 도시통합운영센터 구성 및 조직 현황조사
	③ 스마트 도시 서비스 현황 분석	• 행정·교통·방범·방재 등 분야별 서비스 구축 및 운영현황 조사
	④ 관련 조직 및 운영 현황 분석	• 행정·교통·방범·방재 등 분야별 서비스를 운영조직 • 빅데이터 및 스마트 도시관련 기획 업무 조직 현황 조사
2. 특화단지 계획	① 스마트 도시 서비스 계획	• 지역특성을 고려하면서 시민체감도가 높은 스마트 도시 서비스 계획
	② 정보통신망 구축계획	• 현황조사를 통한 자가망 또는 임대망 활용방안 결정과 스마트 도시 서비스 통신수요 분석을 통한 확장계획 수립
	③ 스마트 도시 운영센터 구축 계획	• 지자체 현황분석을 종합하여 기존 시설의 활용가능성 및 신규 시설확장 계획 수립
	④ 스마트 도시 기반시설 계획	• 정보통신망이나 도시통합운영센터 관리 운영을 위한 계획수립
	⑤ 단계별추진계획	• 계획기간을 고려하여 스마트 도시 서비스 및 기반시설의 구축비용 산정 • 지자체 예산규모를 고려한 구축비용의 연차별 집행계획 수립
	⑥ 특화단지 추진 체계 설정	• 특화단지 건설을 위한 스마트 도시 서비스 및 기반시설 구축 추진체계 수립
	⑦ 관계 행정기관 간 역할분담 및 협력계획	• 스마트 도시 서비스 관련 행정기관 간 역할분담 및 연계·협력 계획수립
	⑧ 재원조달 및 자금투자계획	• 단계별 추진계획과 연계된 재원조달 및 운영계획 수립
	⑨ 스마트 도시 운영관리계획	• 정보통신망 및 도시통합운영센터의 운영을 위한 전담조직 및 관리운영계획 수립

4) 투입인원수 산정기준

구 분	업 무 내 용	표준단위	기준인원수(인·일/표준단위)						비고
			기술	특급	고급	중급	초급	보조원	
1. 현황 조사	① 관련 정책 및 계획 분석	1식	0.4	0.6	1.2	1.8	3.0	3.5	주1
	② 스마트 도시 기반시설 조사 분석		0.4	0.8	1.3	3.2	4.3	7.4	
	③ 스마트 도시 서비스 현황 분석		1.5	3.0	9.0	15.0	24.0	37.0	
	④ 관련 조직 및 운영 현황 분석		0.3	0.4	0.9	1.7	2.6	2.6	
	소 계		2.6	4.8	12.4	21.7	33.9	50.5	
2. 기본 계획	① 스마트 도시 서비스 계획	1식	0.7	1.1	5.3	5.3	8.8	13.2	
	② 정보통신망 구축계획		1.3	1.6	7.4	7.4	14.9	14.9	
	③ 스마트 도시 운영센터 구축계획		1.3	1.6	7.4	7.4	14.9	14.9	
	④ 스마트 도시 기반시설 계획		0.7	1.1	5.3	5.3	8.8	13.2	
	⑤ 단계별 추진계획		0.6	1.0	3.4	4.6	6.6	4.8	
	⑥ 특화단지 추진체계설정		0.6	1.0	3.4	4.6	6.6	4.8	
	⑦ 관계기관 간 역할분담 및 협력		0.7	1.2	1.8	2.8	4.4	3.2	
	⑧ 재원조달 및 자금투자계획		0.3	2.0	7.5	7.1	15.8	16.9	
	⑨ 스마트 도시 운영관리계획		0.3	1.0	2.6	4.0	6.6	9.9	
	소 계		6.5	11.6	44.1	48.5	87.4	95.8	
3.성과품 작성	① 보고서 작성 및 편집	1식	0.7	2.3	5.1	4.3	7.7	5.6	
	② 관련도서 작성		0.3	1.1	2.6	2.9	10.0	13.9	
	소 계		1.0	3.4	7.7	7.2	17.7	19.5	
계			10.1	19.8	64.2	77.4	139.0	165.8	
4. 기술 협의	① 전문가 자문	1식	6.0	6.0	6.0	12.0	12.0	12.0	주3
	② 관계기관 협의		6.0	6.0	6.0	12.0	12.0	12.0	
	소 계		12.0	12.0	12.0	24.0	24.0	24.0	

주: 1) 기초자료는 발주자가 제공하여야 하며, 제공하지 못하는 자료에 대하여는 도시계획 기초조사의 품을 참조하여 별도 산정함
  2) 스마트 도시 건설사업 실시계획은 별도의 품셈을 적용함
  3) 기술협의는 2회 이내 기준이며, 횟수가 늘어날 경우 증가배수에 해당하는 작업품과 비용을 가산함
  4) 스마트 도시 시민 리빙랩은 별도의 품셈을 적용함

5) 작업량 보정계수 산정

가. 과업면적의 대소에 대한 작업량 보정계수 산정

도시의 계획인구가 기준인구를 초과하거나 못 미치는 경우의 직접인력 소요작업량의 산정을 위한 보정계수(α)는 다음의 식에 의해 산정함

$$\alpha = \left(\frac{계획면적}{기준면적} \right)^{0.6} = \left(\frac{A}{30} \right)^{0.6}$$

α = 보정계수

A = 계획면적(만m^2)

〈계획단위 면적별 보정계수〉

계획면적(km^2)	보정계수(α)	계획면적(km^2)	보정계수(α)
10	0.517	50	1.359
15	0.660	100	2.059
20	0.784	200	3.121
25	0.896	300	3.981
30	1.000	330	4.215

주: 계획면적이 10km^2 미만인 경우에는 계획면적 10km^2를 기준으로 하며, 100km^2이상인 경우에는 100km^2를 기준으로 산정함

나. 대상지 특성에 따른 난이도 보정계수 산정

스마트 도시 특화단지 계획은 대상지의 특성에 따라 업무내용과 범위에서 큰 차이를 보이므로 대상지의 특성을 고려한 보정계수(β)는 다음의 식에 의해 산정함

〈대상지의 특성에 따른 난이도 보정계수〉

구 분	난이도 보정계수(β)
1.신시가지 또는 신개발지 − 신시가지(신개발지)로서 현황 조사 대상이 적은 지역	0.8
2.기존 시가지 − 기존 시가지의 정비·관리·보존 등의 계획이 필요한 구역	1.0
3. 복합구역 − 기존 시가지의 정비·관리·보존 등과 신시가지(신개발지)가 혼재된 구역	1.2

주: 1개의 계획구역에 2개 이상의 특성이 다른 지역이 포함될 때에는 각 지역의 특성에 따른 보정계수로 구분 산정함

6) 표준 성과품

성과구분	표준성과도서			비 고
	구 분	규 격	제출부수	
구상도	•스마트 도시 특화단지 구상도	1/5,000 ~1/1,000	5부	대상지 규모별 적정 축적 사용
보고서	•스마트 도시 특화단지계획 보고서 (요약보고서 및 자료집 별도)	A4	30부	

주: 1) 제출부수 및 성과품 종류가 증가할 경우에는 증가배수에 해당하는 작업품과 비용을 가산함
    2) 계획보고서 및 기타 관련 자료의 규격 및 제출부수는 발주자와의 협의에 의하여 비용을 산정함

04 　 스마트 도시 시민 리빙랩

1) 정의

도시의 미래, 기존 도시의 기능회복과 활성화를 위해 계획, 개발, 정비, 관리 등 주민의 다양하고 적극적인 참여가 필요하며, 이를 위해서는 도시계획 직무에서 전문가로 활동하고 있는 도시계획 퍼 실리테이터가 적합하며 주민설명회, 주민간담회 등 기본적인 주민참여 활동은 물론 다양한 도시계 획 분야와 관련된 회의, 워크숍, 컨설팅 등에 참여함.

스마트 도시 서비스와 관련하여 참가자의 지식, 경험 및 아이디어를 결집하고 상호토의, 관계자의 협력을 통하여 의사결정 및 합의를 도출하기 위한 조력자적인 회의진행과 프로세스의 촉진자 역 할을 수행하는 것을 스마트 도시 시민 리빙랩이라고 함

2) 업무범위와 추진절차

가. 업무범위

스마트 도시 시민 리빙랩을 운영하는 전문가의 업무범위는 스마트 도시에서 발생할 수 있는 문제도 출, 솔루션 도출, 솔루션 선정, 세부기능 선정을 위해 다양한 의사결정과정을 촉진하여 합의 도출, 이해관계자의 갈등을 협력적 방식으로 해소, 그룹원의 활력증진 등의 역할을 통하여 협력적 공동 작업이 이루어질 수 있도록 공정을 관리하고 원하는 목표를 효과적으로 달성해야 함

나. 추진절차

‖ 스마트 도시 시민 리빙랩 업무흐름 ‖

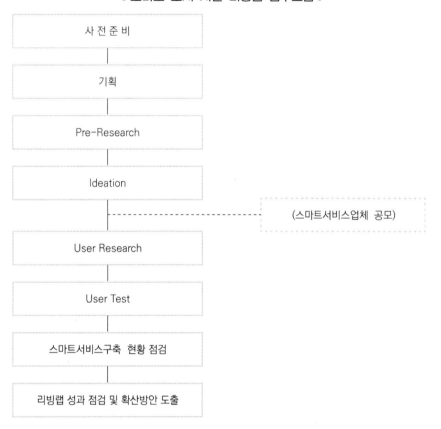

3) 기본업무별 주요내용

구 분	업무내용
1. 사전준비	• 대상지 현황분석, 상위계획 및 관련계획 검토, 시민참여단 모집
2. 핵심과제 도출	• 리빙랩 운영방안 수립, 리빙랩 세부 프로그램 기획
3. Pre–Research	• 온라인 시민니즈 분석, 오프라인 시민니즈 분석
4. Ideation	• 스마트서비스 기능구상, 시민의견 체계화/구조화 분석, RFP작성
5. User Research	• 유사서비스 사례 분석, 가상체험 프로그램 기획(UI/UX) 등
6. User Test	• 스마트서비스 만족도 조사, 효과성 측정, 개선사항 도출
7. 스마트서비스 구축현황 점검	• 구축 진척률 점검, 구현 기능 점검, 시민 요구사항 반영여부 점검
8. 리빙랩 성과 점검 및 확산방안 도출	• 리빙랩 성과 점검, 리빙랩 확산방안 도출

4) 투입인원수 산정기준

구 분	업무내용	표준단위	기준인원수(인·일/표준단위)						비고
			기술사	특급	고급	중급	초급	보조원	
1. 사전준비	① 대상지 현황분석	1식	1.0	2.0	2.0	4.0	4.0	–	
	② 상위계획 및 관련계획 검토		1.0	2.0	2.0	1.0	1.0	–	
	③ 시민참여단 모집		1.0	2.0	2.0	5.0	10.0	–	
	소 계		3.0	6.0	6.0	10.0	15.0		
2. 핵심과제 도출	① 리빙랩 운영방안 수립	1식	1.0	2.0	4.0	1.0	1.0	–	
	② 리빙랩 세부 프로그램 기획		1.0	2.0	4.0	2.0	1.0	–	
	소 계		2.0	4.0	8.0	3.0	2.0		
3. Pre-Research	① 온라인 시민니즈 분석	1식	1.0	2.0	4.0	4.0	2.0	–	
	② 오프라인 시민니즈 분석		1.0	2.0	4.0	4.0	2.0	–	
	소 계		2.0	4.0	8.0	8.0	4.0		
4. Ideation	① 스마트서비스 기능구상	1식	1.0	2.0	4.0	2.0	2.0	–	
	② 시민의견 체계화, 구조화 분석		1.0	2.0	4.0	2.0	2.0	–	
	소 계		2.0	4.0	8.0	4.0	4.0		
5. User Research	① 유사서비스 사례분석	1식	1.0	2.0	3.0	1.0	1.0	–	
	② 가상체험 프로그램 기획(UI/UX)		1.0	2.0	3.0	1.0	1.0	–	
	③ 가상체험 및 시민의견 수집		1.0	2.0	3.0	1.0	1.0	–	
	④ 시민의견 체계화, 구조화 분석		1.0	2.0	3.0	1.0	1.0	–	
	⑤ 스마트서비스 개선사항 도출		1.0	2.0	3.0	1.0	1.0	–	
	소 계		5.0	10.0	15.0	5.0	5.0		
6. User Test	① 스마트서비스 만족도 조사	1식	1.0	2.0	3.0	4.0	4.0	–	
	② 스마트서비스 효과성 측정		1.0	2.0	3.0	4.0	4.0	–	
	③ 스마트서비스 개선사항 도출		1.0	2.0	3.0	1.0	1.0	–	
	소 계		3.0	6.0	9.0	9.0	9.0		
7. 스마트서비스 구축현황 점검	① 스마트서비스 구축 진척율 점검	1식	1.0	2.0	3.0	2.0	1.0	–	
	② 스마트서비스 구현 기능 점검		1.0	2.0	3.0	2.0	1.0	–	
	③ 시민 요구사항 반영여부 점검		1.0	2.0	3.0	2.0	1.0	–	
	소 계		3.0	6.0	9.0	6.0	3.0		
8. 리빙랩 성과 점검 및 확산방안 도출	① 리빙랩 성과 점검	1식	1.0	2.0	3.0	2.0	1.0	–	
	② 리빙랩 확산 방안 도출		1.0	2.0	3.0	2.0	1.0	–	
	소 계		2.0	4.0	6.0	4.0	2.0		
계			22.0	44.0	69.0	49.0	44.0	–	

5) 작업량 보정계수 산정

가. 계획횟수에 따른 작업량 보정계수 산정

스마트 도시 시민 리빙랩이 기준횟수를 초과하거나 이에 못 미치는 경우의 직접인력 소요작업량의 산정을 위한 각 작업내용별 보정계수(α)는 다음과 같이 산정함

$$\alpha = \left(\frac{계획횟수}{기준횟수} \right)^{0.6} = \left(\frac{A}{4} \right)^{0.6}$$

α = 보정계수

A = 계획횟수(회)

나. 참여인원의 규모 변화에 대한 작업량 보정계수 산정

구 분	작업량 보정계수(β)
참여인원 30인 기준	0.8
참여인원 50인 기준	1.0
참여인원 100인 기준	1.2

6) 표준 성과품

성과구분	표준성과도서			비 고
	구 분	규 격	제출부수	
보고서	•회차별 보고서	발주자와 협의결정	2부	

주: 제출부수 및 성과품 종류가 증가할 경우에는 증가배수에 해당하는 작업품과 비용을 가산함

⠿ 윤주선

홍익대학교 건축도시대학원 교수

윤주선은 교수라고 불리기보다 전문가라고 불리기를 더 원하며, 그는 그런 삶을 살아왔다. 연구소, 대기업, 디벨로퍼, 공기업 등의 민간 실무경험과 국토교통부 중앙도시계획위원을 비롯한 각종 지자체와 공공기관의 심의위원, 감사위원 등의 공적 심사경험, 그리고 조경기사, 도시계획기술사, 부동산개발전문가, 스마트도시전문가로서의 전문가 활동을 통해 척박한 도시계획 분야 후학들의 새로운 길잡이가 되어 왔으며, 이를 기리는 '2020 도시계획 명예의전당'에 헌액된 바 있다.

이제 제4차 산업혁명시대에 도시부동산개발 분야의 개척을 위해 스마트 도시를 연구하는 과정에서 《스마트 도시의 D.N.A.》를 펴내게 되었다. 그의 또 하나의 새로운 도전을 기대한다.

그는 공저와 역서를 포함해서 《서울 집값, 진단과 처방》, 《PPT로 쉽게 배우는 부동산마케팅론》, 《부동산개발실무 16강》, 《도시개발론》, 《정보화신도시 개발마케팅》, 《도식으로 배우는 도시계획》 등이 있다.

스마트 도시의 D.N.A.

초판발행	2021년 8월 25일
중판발행	2021년 9월 30일
지은이	윤주선
펴낸이	안종만 · 안상준
편 집	배규호
기획/마케팅	김한유
표지디자인	BEN STORY
제 작	고철민 · 조영환
펴낸곳	(주) **박영사**
	서울특별시 금천구 가산디지털2로 53, 210호(가산동, 한라시그마밸리)
	등록 1959. 3. 11. 제300-1959-1호(倫)
전 화	02)733-6771
f a x	02)736-4818
e-mail	pys@pybook.co.kr
homepage	www.pybook.co.kr
ISBN	979-11-303-1382-5 93320

정 가   20,000원